高等职业教育轨道交通类校企合作系列教材

电力机车制动技术

主　编　陈　君　吴明华　郑小磊
副主编　杨　杞　单红娜
主　审　张　旭

西南交通大学出版社
·成　都·

图书在版编目（CIP）数据

电力机车制动技术 / 陈君，吴明华，郑小磊主编.
—成都：西南交通大学出版社，2017.8（2022.9 重印）
高等职业教育轨道交通类校企合作系列教材
ISBN 978-7-5643-5391-9

Ⅰ.①电… Ⅱ.①陈… ②吴… ③郑… Ⅲ.①电力机车 – 车辆制动 – 高等职业教育 – 教材 Ⅳ.①U264.91

中国版本图书馆 CIP 数据核字（2017）第 083522 号

高等职业教育轨道交通类校企合作系列教材

电力机车制动技术

主　　编 / 陈　君　吴明华　郑小磊	责任编辑 / 李芳芳
	特邀编辑 / 林　莉
	封面设计 / 何东琳设计工作室

西南交通大学出版社出版发行

（四川省成都市金牛区二环路北一段 111 号西南交通大学创新大厦 21 楼　610031）
发行部电话：028-87600564
网址：http://www.xnjdcbs.com
印刷：成都蜀通印务有限责任公司

成品尺寸　185 mm×260 mm
印张　14　插页　1　字数　353 千
版次　2017 年 8 月第 1 版　印次　2022 年 9 月第 4 次

书号　ISBN 978-7-5643-5391-9
定价　39.00 元

课件咨询电话：028-81435775
图书如有印装质量问题　本社负责退换
版权所有　盗版必究　举报电话：028-87600562

前　言

本书根据电力机车司机、机车检查保养员、制动钳工国家职业标准，在现场专业调研的基础上，进行工作岗位的工作任务分析，确定工作项目，分解出工作任务以及相应的职业能力；通过课程体系结构进行分析，将典型的工作任务归纳总结形成行动领域，提炼职业行动领域并确定学习领域，再针对学习领域确定本教材的编写。

本书引入"任务驱动教学法"的先进理念，打破了以往教材"章""节"的传统结构模式，编写思路是以项目为单位，再将每个项目分成具体的学习型或工作型任务。创新地使用【任务描述】【任务目标】【任务学习】【任务检查】【任务训练】【任务拓展】组织每个任务教材的内容，对使用任务驱动法开展教学起到了良好的导向作用。

在编写过程中，编者查阅了大量的参考资料，并多次到铁路机务现场调研，多次进行专题交流研讨。本书注重培养学生的职业能力和职业素质，侧重实用性、实践性，理论知识为实践服务。

全书配套知识内容以 SS_{4G} 型电力机车和 HXD3 型电力机车制动系统为主线，将知识和实践技能逐步展开，介绍了电力机车基础制动装置故障判断及检修、DK-1 型电空制动机主要部件检修、DK-1 型电空制动机试验台综合试验、制动机试验、制动机应急故障处理、CCB-Ⅱ型电空制动机等。

本书由辽宁铁道职业技术学院的陈君、吴明华、郑小磊担任主编，辽宁铁道职业技术学院的杨杞、长春市轨道交通集团有限公司的单红娜担任副主编，沈阳铁路局的张旭担任主审。全书共分为六个项目，其中项目1任务1-1、项目2任务2-2、项目2任务2-3、项目2任务2-4、项目2任务2-5、项目3、项目4、项目6由辽宁铁道职业技术学院的陈君编写；项目5由辽宁铁道职业技术学院的吴明华编写；项目1任务1-2、项目1任务1-3、项目2任务2-1由辽宁铁道职业技术学院的郑小磊编写；项目2任务2-6由辽宁铁道职业技术学院的杨杞编写；项目1任务1-1任务拓展、项目2任务2-6任务拓展、附录由长春市轨道交通集团有限公司的单红娜编写。

本书虽经编写人员多次讨论、修改，但由于编者水平有限，难免会存在疏漏和不足之处，衷心希望各位读者批评指正。

编　者
2017 年 3 月

目 录

项目 1　电力机车基础制动装置故障判断及检修 ·· 1
　任务 1-1　基础制动装置认知 ··· 1
　　【任务描述】 ··· 1
　　【任务目标】 ··· 1
　　【任务学习】 ··· 1
　　【任务检查】 ··· 12
　　【任务训练】 ··· 13
　　【任务拓展】 ··· 14
　任务 1-2　单元制动器检修 ·· 16
　　【任务描述】 ··· 16
　　【任务目标】 ··· 16
　　【任务学习】 ··· 17
　　【任务检查】 ··· 22
　　【任务训练】 ··· 25
　　【任务拓展】 ··· 25
　任务 1-3　停车制动装置检修 ··· 27
　　【任务描述】 ··· 27
　　【任务目标】 ··· 28
　　【任务学习】 ··· 28
　　【任务检查】 ··· 32
　　【任务训练】 ··· 33
　　【任务拓展】 ··· 33

项目 2　DK-1 型电空制动机主要部件检修 ·· 36
　任务 2-1　风源系统的检修 ·· 36
　　【任务描述】 ··· 36
　　【任务目标】 ··· 36
　　【任务学习】 ··· 36
　　【任务检查】 ··· 50
　　【任务训练】 ··· 51
　　【任务拓展】 ··· 51
　任务 2-2　电空制动控制器检修 ·· 54
　　【任务描述】 ··· 54
　　【任务目标】 ··· 55

【任务学习】 55
　　　【任务检查】 66
　　　【任务训练】 67
　　　【任务拓展】 68
　任务 2-3　中继阀检修 70
　　　【任务描述】 70
　　　【任务目标】 70
　　　【任务学习】 70
　　　【任务检查】 78
　　　【任务训练】 80
　　　【任务拓展】 80
　任务 2-4　空气制动阀检修 84
　　　【任务描述】 84
　　　【任务目标】 84
　　　【任务学习】 84
　　　【任务检查】 92
　　　【任务训练】 94
　　　【任务拓展】 95
　任务 2-5　分配阀检修 97
　　　【任务描述】 97
　　　【任务目标】 97
　　　【任务学习】 97
　　　【任务检查】 104
　　　【任务训练】 106
　　　【任务拓展】 107
　任务 2-6　制动机辅助阀类检修 109
　　　【任务描述】 109
　　　【任务目标】 109
　　　【任务学习】 109
　　　【任务检查】 119
　　　【任务训练】 121
　　　【任务拓展】 121

项目 3　DK-1 型电空制动机试验台综合试验 127
　任务 3-1　DK-1 型电空制动机试验台综合试验 127
　　　【任务描述】 127
　　　【任务目标】 127
　　　【任务学习】 127
　　　【任务检查】 137

【任务训练】 · 140
　　【任务拓展】 · 140

项目4　制动机试验 · 142
任务4-1　DK-1型电空制动机日常试验（五步闸） · 142
　　【任务描述】 · 142
　　【任务目标】 · 142
　　【任务学习】 · 142
　　【任务检查】 · 144
　　【任务训练】 · 145
　　【任务拓展】 · 145

项目5　制动机应急故障处理 · 149
任务5-1　制动机应急故障处理 · 149
　　【任务描述】 · 149
　　【任务目标】 · 149
　　【任务学习】 · 149
　　【任务训练】 · 162
　　【任务拓展】 · 163

项目6　CCBⅡ型电空制动机 · 170
任务6-1　HXD3型电力机车制动系统 · 170
　　【任务描述】 · 170
　　【任务目标】 · 170
　　【任务学习】 · 170
　　【任务检查】 · 198
　　【任务训练】 · 201
　　【任务拓展】 · 201

附　录 · 213

参考文献 · 215

项目 1　电力机车基础制动装置故障判断及检修

任务 1-1　基础制动装置认知

【任务描述】

假如你是一名机车乘务（或检修）人员或制动钳工，要求对制动机相关理论有一定的知识储备量，对机车基础制动装置有深入的认知，以保障机车的行车（或检修）工作。本任务归纳总结出机车基础制动装置的组成、作用原理及各部件的基本作用。

【任务目标】

- 能掌握制动的相关理论知识；
- 能说明制动机的种类及不同车型使用制动机的类型特点；
- 能熟悉制动机的发展历程，掌握直通式与自动式空气制动的区别；
- 能说明列车管减压量与制动缸压力的关系；
- 能说明机车基础制动装置的作用；
- 能说明基础制动装置的组成。

【任务学习】

制动机技术的发展对铁路的行车工作具有重要意义。在铁路运输中，为了保证列车行车安全，每台机车和每辆车辆上均装有制动机。装在机车上的制动机称为机车制动机，装在车辆上的制动机称为车辆制动机。列车的制动作用就是由每一辆车上的制动机产生的。

一、制动基本理论

人为地使列车减速、停车或防溜所采取的措施即为制动。使运行中的车辆停止运动或减速，人为施加的与运行相反的力称为制动力。闸瓦压紧车轮踏面或闸片压紧制动盘，阻止车辆或列车运行的作用称为制动作用，解除制动作用的过程称为缓解作用。

由实施制动开始到列车完全停车为止，这段时间列车所行驶的距离称为制动距离。制动装置指机车或车辆上能产生制动作用的零部件所组成的一整套机构。列车制动装置由机车制动装置与所牵引的所有车辆的制动装置组合而成。制动装置一般包括三个部分，即制动机、基础制动装置和手制动机。

传递制动机所产生的力，并将该力扩大后传递给闸瓦的部分，称为基础制动装置。用人力转动手轮或手把，以代替制动机产生制动力的动力来源部分称为手制动机。

列车制动作用的产生一般是将机车上的制动阀手柄置制动位，制动作用由机车制动机产生，沿列车纵向由前及后的车辆制动机逐一产生制动作用。

(一)制动的种类

产生制动力的方法有很多种，铁路运输现场广泛使用的有动力制动和摩擦制动两种。

1. 动力制动

动力制动是把机车车辆运动的巨大能量，通过转换装置转换成热能或电能，达到制动目的。根据运动能量转换结果的不同，可将制动分为电阻制动、液力制动、再生制动、磁轨制动、轨道涡流制动和旋转涡流制动等。

(1) 电阻制动：其广泛用于电力机车、电动车组和电传动内燃机车。在制动时将原来驱动轮对的串励牵引电动机改变为他励的发电机发电，并将电流通往专门设置的电阻器，采用强迫通风，使电阻器产生的热量消散于大气，从而产生制动作用。

(2) 液力制动：其应用于液力传动内燃机车上，在液力传动装置内装液力制动器（液力耦合器），制动时向它充入液体，车轮带动它旋转时液体与液体之间、液体与耦合器之间摩擦生热，这部分热量再经由散热器消散于大气，从而产生制动作用。

(3) 再生制动：其也是将牵引电动机变为发电机，不同的是，它将电能反馈回电网使用，在经济上是合算的，但技术上比较复杂，而且它只能用于电网供电的电力机车和电动车组。

(4) 磁轨制动：在转向架侧架下面同侧的两个车轮之间，各安置一个制动用的电磁铁（又称电磁靴），制动时将它放下并利用电磁吸力紧压钢轨，通过电磁铁上磨耗板与钢轨间的滑动摩擦产生制动力，把列车动能转化为热能，消散于大气。

(5) 轨道涡流制动：把电磁铁悬挂在转向架侧架下面同侧的两个车轮之间，制动时电磁铁不放在钢轨上。利用电磁铁与钢轨相对运动使钢轨感应出涡流，产生电磁吸力作为制动力，把列车动能转化为热能，消散于大气。轨道涡流制动既不受黏着限制，也没有磨耗问题，但消耗电能太多，约为磁轨制动的10倍，电磁铁发热也很厉害。所以，它也只能作为高速列车紧急制动时的一种辅助制动方式。

(6) 旋转涡流制动：在牵引电动机轴上装设金属盘，制动时金属盘在电磁铁形成的磁场中旋转，盘的表面被感应出涡流，产生电磁吸力并发热消散于大气，从而起制动作用。圆盘虽然没有装在轮对上，但同样要通过轮轨黏着才能产生动力，也要受黏着限制，且消耗的电能也很多。

2. 摩擦制动

(1) 闸瓦制动。闸瓦制动是利用制动装置的闸瓦抱紧车轮踏面产生摩擦力，将列车动能转化为热能而散发于空气中，从而达到制动目的。闸瓦制动是自有铁路以来使用最广泛的制动方式，用铸铁或其他摩擦材料制成的瓦状制动块紧压滚动着的车轮踏面，通过闸瓦与车轮踏面的机械摩擦，将列车动能转化为热能消散于大气，从而产生制动力。

机车、车辆或列车具有的闸瓦压力总和与其所受重力之比，称为"制动率"。它表示该车或该列车单位重力所具有的制动能力。制动率太大可能发生滑行擦伤，太小则制动力不足，制动距离要增长。

（2）盘形制动。盘形制动是利于摩擦的作用将列车动能转变为热能而消散于大气，从而产生制动力。制动盘和闸片的材质及结构可根据制动的要求进行多种方案的自由选择，使其具有最佳的制动参数。盘形制动是在车轴上或在车轮辐板侧面安装制动盘，用制动夹钳使以合成材料制成的两个闸片紧压制动盘侧面，通过摩擦产生制动力，把列车动能转化为热能，消散于大气，如图1-1-1所示。

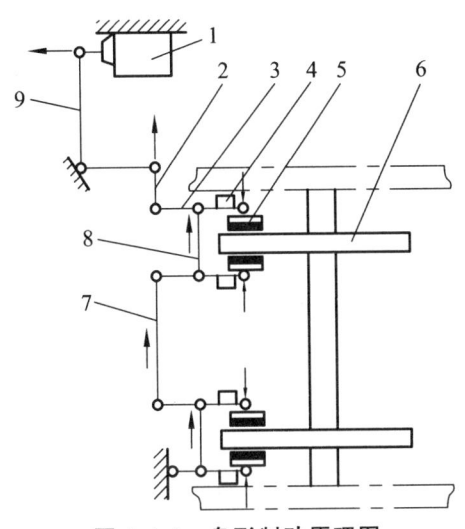

图 1-1-1 盘形制动原理图
1—制动缸；2—拉环；3—水平杠杆；4—缓解块；5—制动块；
6—制动盘；7—中间拉杆；8—水平杠杆拉杆；9—转臂

（二）空气压力和容积的关系

气体是一种具有弹性的物质。一定质量的气体，其体积缩小，密度就会增高，压强与温度也会随之上升；若使气体的体积扩大到原状态，那么它的压强与温度又会恢复到原状态。铁路上的机车、车辆制动机就是利用空气容积与压强的变化关系来实现制动的。现将空气压强与容积变化的有关基本知识简述如下。

1. 标准大气压力

从物理学可知，大气对地球表面有一种压力，这一压力称为大气压。相当于760 mm高水银柱的压力，称为一个标准大气压，其数值等于103.36 kPa。在工业上为了计算方便起见，一般取大气压为100 kPa。

2. 绝对压力与表压力

机车或车辆空气压力表所指示的压力，即表示超过大气压力的压力叫作表压力。由于空气压力表指针位于零时，其表管内就有100 kPa的大气压力，因此，只有空气压力大于大气压时，指针才能上升。以真空为零，由此为起点将大气压力计算在内的压力叫作绝对压力。绝对压力等于表压力与大气压力之和。制动机内的均衡风缸、制动缸、列车管等处的规定压力均为表压力，而在运算过程中，必须将表压力换算为绝对压力：

绝对压力 = 表压力 + 100 kPa 的大气压强

3. 等温变化与绝热变化

气体被压缩时，密度增大，压力与温度上升；反之，被压缩的气体膨胀时，密度减小，压力与温度下降。当气体的容积变化时，在同外界没有热交换的情况下，气体的温度随之变化，这种变化称为绝热变化。如果在气体膨胀或压缩时，设法调节它的温度，使它始终保持原来温度，这种变化称为等温变化。

绝热变化与等温变化的变化状态有显著差别。绝热变化时，容积与压力的乘积的值不定；而等温变化时，容积与压力的乘积为一常数。空气压力与容积之间保持了一定的关系，即温度不变的情况下，定量气体的容积与压力成反比关系。

机车和车辆制动机的空气膨胀，应该是接近绝热变化的，但绝热膨胀的计算比较复杂。同时，实际上压力空气从总风缸向制动缸或副风缸向制动缸膨胀时，其温度变化甚微，近似于等温变化。因此，在实际应用时都按等温膨胀计算。

4. 列车管减压量与制动缸压力的关系

从分配阀的作用可知，制动位减压时，工作风缸通往容积室和均衡活塞下方的压力与列车管的减压量相等。工作风缸与容积室及均衡活塞下方的容积比为 2.5∶1，所以根据容积和压力的关系可知，机车制动缸的压力 P 与减压量 r 的关系为：$P = 2.5 r$。

客货车辆副风缸的容积是车辆制动缸的 3.25 倍，由容积与压力的关系知，客货车辆制动缸压力 $P = 3.25 r$。由于车辆制动缸在缓解状态时活塞与缸盖是密贴的，制动时活塞外移形成真空，进入制动缸的压力空气要先弥补真空部分所需的空气，相当于大气压约 100 kPa。

所以客货车制动缸实际得到的压力 P 应为 $P = 3.25 r - 100$ kPa。

（三）空气波与制动波

全列车的制动是由司机操纵机车制动阀，通过控制列车管的压力空气的增减来实现的。列车的编组由十几辆到几十辆车辆组成，其列车管又细又长，当司机在机车上排列车管的压力空气，使它开始降低时，并不是立即地、同时同步地降低，因此列车前后列车管压力是有差别的。这种不同时性使得列车在制动时发生冲动并延长制动距离。制动时，列车管的压力空气经机车制动阀或有关部件排出，靠近机车的列车管空气压力突然开始下降，原列车管内空气压力平衡状态被破坏而由密变疏。

这种压降沿着列车管以一定的速度由前向后逐渐传播时，机车处列车管的压力继续下降，新的压降又不断地向后传播。

空气波是空气压力由前向后逐层下降的波动性传播。列车管中空气压力降是以一定的速度传播的，这种传播速度就叫作空气波速。

制动波是制动作用沿列车的纵向方向由前向后逐次发生的。这种制动作用沿列车长度方向由前向后逐次传播。制动波产生在空气波之后。它在形式上和空气波相似，但在本质上又不相同，因它无波动的实质。在同一列车中，制动波的速度小于空气波的速度。它与列车管的排气方法、列车管的清洁程度、列车的长度、折角塞门的开通情况以及三通阀或分配阀的性能等都有关。制动波的传播速度叫作制动波速。制动波速是综合评定各种类型的制动机性能的主要指标之一。其数值越大，表明列车前后制动作用的同步性越好，全列车的闸瓦能较一致地压紧车轮，可缩短制动距离并减小列车纵向动力作用。制动波的传播速度越快，越能适应长大列车的要求。

与制动波和制动波速相似，当司机操纵制动机进行缓解时，缓解作用沿列车管长度方向由前向后逐次传播的现象，称为缓解波。其传播的速度称为缓解波速。缓解波速受到空气波传播快慢、三通阀（分配阀）动作灵敏性及制动机性能好坏等因素的影响。

二、制动机的发展概况

制动系统是指能够产生可控的列车减速力，以实现和控制能量转换的装置或系统，其由制动机、手制动机和基础制动装置三大部分组成。制动机是产生制动原动力并进行操纵控制的部分。基础制动装置是传递制动原动力并产生制动力的部分。

使运动着的物体停止或减低速度，或是对停止着的物体施以适当措施防止其移动，为达到上述目的而装设的机械装置，叫作制动机。按制动原动力和操纵控制方式的不同，铁路机车车辆制动机可分为手制动机、空气制动机、电空制动机等。

（一）手制动机

1825年9月27日，英国的斯托克顿至达林顿之间建成了世界上第一条铁路，于是世界上第一列由蒸汽机车牵引的列车开始运营。当时所使用的制动机是人力制动机，即手制动机。手制动机以人力为制动原动力，以手轮的转动方向和手力大小来操纵控制。其构造简单，费用低廉，是铁路历史上使用最久远、生命力最顽强的制动机。铁路发展初期，机车车辆上只有这种制动机，每车或几个车配备一名制动员，按司机笛声号令协同操纵。由于手制动机制动力弱，动作缓慢，不便于司机直接操纵，所以很快就被非人力制动机取而代之，手制动机成为辅助的备用制动机。

（二）空气制动机

空气制动机是以压力空气作为制动原动力，以改变压力空气的压强来操纵控制。空气制动机制动力大，操纵控制灵敏。中国铁路上习惯把压力空气简称为"风"，把空气制动简称为"风闸"。空气制动机的发展经历了直通式空气制动机和自动空气制动机两大阶段。

1. 直通式空气制动机

1869年，美国工程师乔治·韦斯汀豪斯发明了世界上第一台空气制动机——直通式空气制动机。在车辆上，直通式空气制动机主要由列车管和制动缸等组成；在机车上，直通式空气制动机还包括空气压缩机、总风缸及操纵整个列车制动系统的制动阀等组成部分，如图1-1-2所示。直通式空气制动机在列车分离时，制动系统会失去制动作用。因而，随着科学技术的不断发展进步，目前在铁路现场上，直通式空气制动机已不再采用。

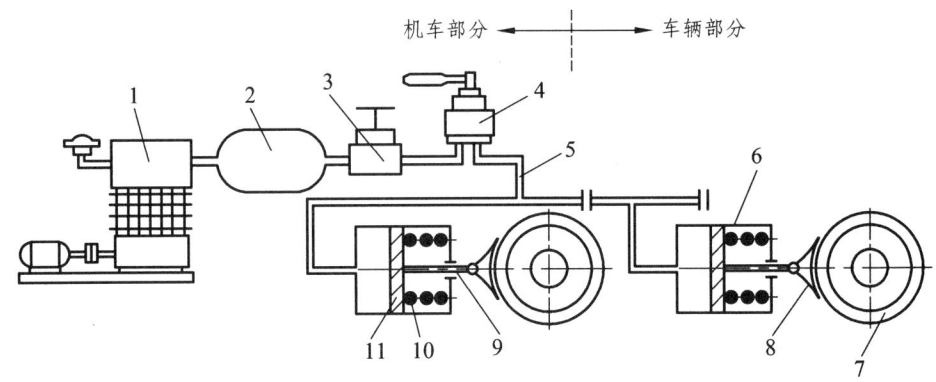

图 1-1-2　直通式空气制动机结构原理图

1—空气压缩机；2—总风缸；3—调压阀；4—制动阀；5—列车管；6—制动缸；
7—车轮；8—闸瓦；9—制动缸活塞杆；10—制动缸弹簧；11—制动缸活塞

2. 自动空气制动机

1872 年，乔治·韦斯汀豪斯研制出一种新型的空气制动机——自动空气制动机。自动空气制动机的特点是：当向列车管内充气时，制动机呈缓解状态；反之，当列车管内减压时，则呈制动状态。当列车发生分离事故，制动软管被拉断时，列车管空气压力将急剧下降，三通阀（主）活塞将自动而迅速地左移到制动位，由于各车都由副风缸向制动缸供风，制动缸动作较快，故而列车前后部开始制动作用的时间差较小，即制动和缓解的一致性较好，因此适用于编组较长的列车，并在世界各国铁路上得到了广泛、持久的应用。

自动空气制动机如图 1-1-3 所示。与直通式空气制动机相比，其在每辆车上多一个三通阀、一个副风缸。"三通"即一通列车管，二通副风缸，三通制动缸。

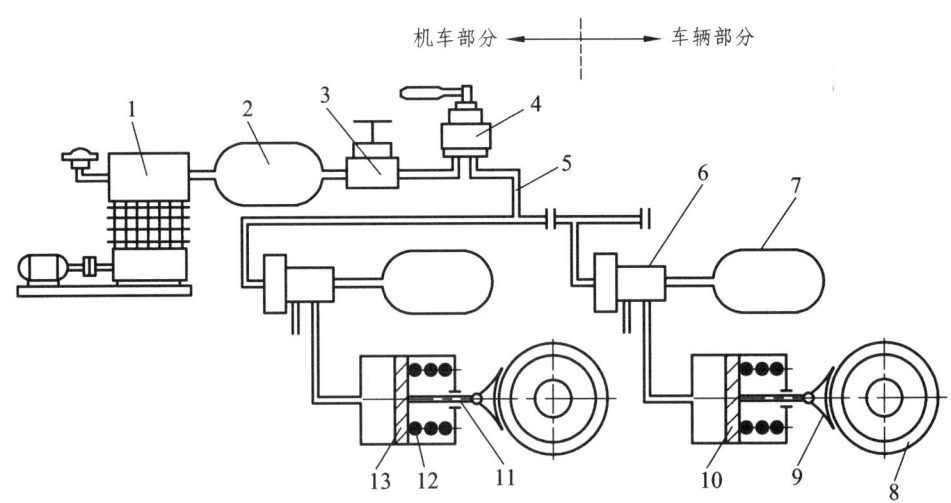

图 1-1-3　自动空气制动机结构原理图

1—空气压缩机；2—总风缸；3—调压阀；4—制动阀；5—列车管；6—三通阀（分配阀）；
7—副风缸；8—车轮；9—闸瓦；10—制动缸；11—制动缸活塞杆；
12—制动缸弹簧；13—制动缸活塞

副风缸用来储存由列车管充入的压力空气,并在制动时向制动缸供给压力空气。三通阀或分配阀的用途是:在列车管充风时,向副风缸充入相同压力的压力空气,并使制动缸排风;在列车管排风时,停止向副风缸充风,同时使副风缸向制动缸充风。

3. 自动空气制动机的基本作用原理

(1)缓解状态:如图 1-1-4 所示,司机将制动阀手柄置于"缓解位",压力空气经制动阀向列车管充风,三通阀活塞两侧压力失去平衡而形成向右的压力差,推动活塞带动滑阀、节制阀右移,一方面开通充气沟,使列车管压力空气经充气沟进入副风缸贮备;另一方面开通制动缸经滑阀的排风气路,使制动缸排风,最终使闸瓦离开车轮实现缓解作用。

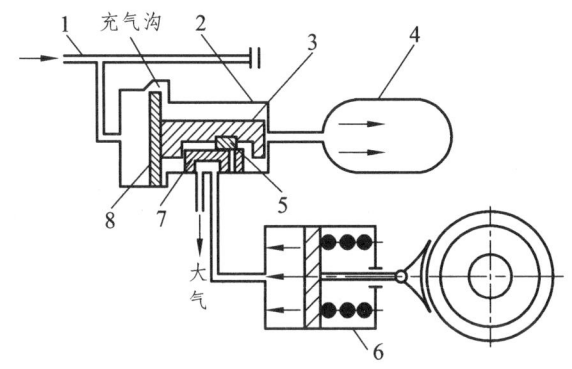

图 1-1-4 自动空气制动机缓解状态
1—列车管;2—三通阀;3—三通阀活塞杆;4—副风缸;5—节制阀;
6—制动缸;7—滑阀;8—三通阀活塞;9—充气沟

(2)制动状态:如图 1-1-5 所示,司机将制动阀手柄置于"制动位",列车管内压力空气经制动阀排风,三通阀活塞两侧压力失去平衡而形成向左的压力差,推动活塞左移,关闭充气沟使副风缸内的压力空气不能向列车管逆流;同时,活塞带动滑阀、节制阀左移,使滑阀遮盖排气口以关断制动缸的排风气路,并使节制阀开通副风缸向制动缸充风的气路,随着压力空气充入制动缸,推动制动缸活塞右移,最终使闸瓦压紧车轮产生制动作用。

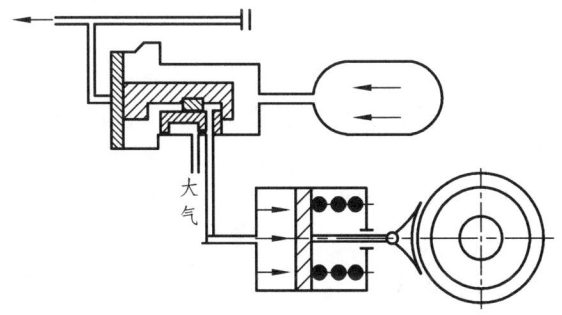

图 1-1-5 自动空气制动机制动状态

(3)保压状态:如图 1-1-6 所示,司机将制动阀手柄置于"中立位",切断列车管的充、排风通路,即列车管压力停止变化。随着制动状态时副风缸向制动缸充风的进行,副风缸压力降低,当降到稍低于列车管压力时,三通阀活塞带动节制阀微微右移,从而切断副风缸向制动缸充风的气路,使制动缸既不充风也不排风,即制动机呈保压状态。

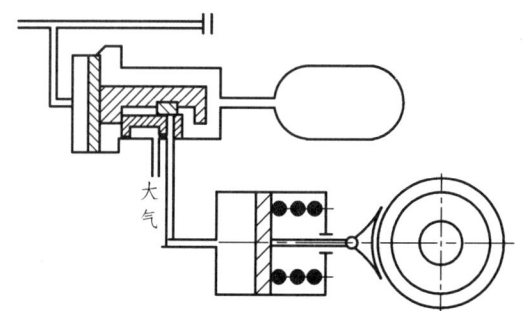

图 1-1-6　自动空气制动机保压状态

（三）电空制动机

20 世纪 60 年代,电空制动技术在铁路中广为应用,随之产生了电空制动机,为铁路运输提供了更为可靠的安全措施。电空制动机用电来操纵制动机的制动、保压和缓解等作用,而闸瓦压力的来源仍是压力空气。随着我国铁路运输事业的不断发展,铁路制动机技术也得到迅速提高。目前在铁路运输上广泛应用的电力机车制动机为我国自行研制的 DK-1 型电空制动机系统。

DK-1 型电空制动机的特点是：减压量准确,充、排风快,手柄操作轻快,司机室噪声小,结构简单,以及具有多重性的安全措施。

DK-1 型电空制动机的辅助性能有：
① 紧急制动时,自动切断动力源;
② 断钩保护性能;
③ 制动主管畅通检查;
④ 电阻制动与空气制动相互配合。

DK-1 型电空制动机由电空制动控制器、空气制动阀、电空阀、中继阀、分配阀、电动放风阀、紧急阀、压力开关、转换阀、重联阀、调压阀、分水滤气器、空气压缩机、总风缸及制动缸等组成。

在列车速度很高或编组长,空气制动机难以满足要求时,采用电空制动机可以大大提高列车前后部制动和缓解作用的一致性,从而显著减轻列车的纵向冲击,并缩短制动距离。随着机车新技术的发展和新型电力机车的出现,越来越多的高新技术应用在制动机系统上,这大大增强了电力机车制动机的性能,更进一步提高了铁路运输的安全性。

三、基础制动装置的组成

（一）制动器的构造

为满足机车及列车制动的需要,SS₄ 改型电力机车设有基础制动装置,每个动轮有一组制动器安装在两轮之间,每个制动器都带有独立的制动缸、闸瓦间隙调整器、传动杠杆、闸瓦等,形成一个独立作用单元——单元制动器。该车制动器尺子为 2.85×7 英寸(1 英寸 = 2.54 厘米),制动器内径为 178 mm。

(二)闸瓦间隙自动调整

制动器在制动与缓解的过程中,杠杆沿上螺销旋转摆动,固定在杠杆上端侧面的支杆末端,有球轴承相连的棘钩随杠杆的摆动做上下移动和左右微摆,杠杆摆动角度越大,棘钩上下移动的距离也越大。正常情况下,闸瓦间隙为 6 mm,随着闸瓦的不断磨耗,闸瓦间隙增大,杠杆摆动角度也随之增大,此时棘钩向下移动的距离要超过 1 个齿距。当制动缓解时,杠杆恢复原位,棘钩随杠杆摆动上移,驱动固定在传动螺母上的棘轮,转动相应齿数的角度,使转动螺杆推向车轮箍踏面相应的距离,也就使闸瓦间隙经常保持规定的数值。

(三)基础制动装置的日常保养

(1)经常检查制动器是否安装牢固,各部件无裂纹、开焊,螺栓齐全紧固;箱体、制动缸无破损、变形、漏泄,通气孔畅通。

(2)脱钩装置、调整手轮作用良好。

(3)闸瓦间隙为 4~8 mm,上下闸瓦磨耗均匀,不均匀时通过调整螺栓加以调整。闸瓦无裂纹、偏磨,不反装,厚度不少于 10 mm。

(4)检查孔盖、传动螺杆密封良好,各轴销油润良好。

(四)基础制动装置的布置形式

基础制动装置按照闸瓦的分布情况,可分为单侧制动式和双侧制动式。

单侧制动式也称单侧闸瓦式,即只在车轮的一侧设有闸瓦。单侧闸瓦式基础制动装置的构造较为简单,适用于速度不高、吨位不大的车辆和有其他制动形式的机车。但这种制动装置在制动时使轴箱单侧受力,轴瓦易偏磨;而且闸瓦单位面积上的压力较大,闸瓦磨耗量大,制动效果较差。

双侧制动式也称双侧闸瓦式,即在车轮的两侧都设有闸瓦,双侧闸瓦式基础制动装置结构比较复杂,但由于制动时闸瓦单位面积上所受的压力较小,因而摩擦系数较高,制动效果较好,闸瓦磨耗量也小,因此对缩短制动距离、提高运行速度都是有利的。

目前,我国货车、DF_4 型内燃机车和部分电力机车采用单侧制动,客车和部分内燃机车、电力机车采用双侧制动。随着列车运行速度的提高,大吨位货车也有采用双侧式基础制动装置的必要。SS 系列电力机车除 SS_1、SS_3、SS_7 型电力机车采用双侧制动外,其他车型均采用单侧制动。

(五)基础制动装置的检修

1. 工装、量具、材料

天车、压缩空气装置、试验装置、吊具、专用扳手、风动扳手、油枪、手锤、撬棍、清洗油盘、刻丝钳、螺丝刀、游标卡尺、内外卡钳、钢板尺、塞尺、测力计、汽油、砂布、棉丝、开口销、皮碗、橡胶密封套、橡胶密封罩、毛毡、润滑脂、清洗剂、机油。

2. 基础制动装置限度（见表 1-1-1）

表 1-1-1 基础制动装置限度表

序号	名称	原形	限度 中修	限度 禁用
1	制动机构各销磨耗量/mm		≤0.5	≥1.5
2	制动机构各销与套间/mm		≤1.5	≥2.5
3	制动缸圆锥弹簧自由/mm×mm（178×3.5）(178×2.85)	135^{+5}	≥127	
4	单缸制动闸瓦间隙/mm	6~9	6~9	

3. 基础制动装置检修工艺过程

（1）解体。

① 构架翻转后，用扳手松开管路接头，用风动扳手松动制动器的固定螺栓，用天车吊起制动器，取下螺栓，并将制动器吊放至指定地点。

② 先卸下闸瓦钎圆销并取下闸瓦钎，再取下闸瓦；用手锤和撬棍打下螺销上的开口销，用专用扳手拆卸螺销螺母并打下螺销，取下闸瓦托；用手锤和扁铲打开止退垫片，用扳手卸下螺栓，取下闸瓦定位弹簧。

③ 用手锤和撬棍打下开口销并用专用扳手拧卸螺销螺母，打开螺销后取下闸瓦托杆和螺旋扭转弹簧。

④ 用扳手拆卸压盖及护罩螺钉，取下压盖护罩、滤尘网。打下手轮开口销，取下手轮，再用风动扳手卸压盖螺钉，取下压环及密封套。

⑤ 拆卸传动螺杆。用螺丝刀拨开橡胶密封罩与箱体的合口，再旋下传动螺杆，取下密封罩并放在专用工作台上。拆卸螺销。将管接头接通 0.3 MPa 压缩空气（或用撬棍）使之压缩圆锥弹簧，再用专用扳手卸上、下螺销螺母；打下螺销，撤除压力；拆卸条簧，用手扳紧条簧从卡口处取出。

⑥ 从箱体内顺着传动螺杆方向取出滑套、传动螺母及螺盖整体，并与相应传动螺杆摆放在一起；随后取出箱内杠杆。

⑦ 分解滑套整体。用虎钳夹住传动螺母，再用手锤和撬棍打下开口销，用螺丝刀拆下紧固螺钉，用扳手拆卸螺盖，旋下棘轮。传动螺杆、传动螺母、滑套、棘轮应成套摆放，不得与其他部件混放。

⑧ 解体制动缸。用 24 mm 套筒扳手卸下制动缸连接螺栓，卸开制动缸，取下活塞及圆锥弹簧；卸下皮碗压板螺母，取下压板、皮碗，取下单毛毡防尘环。

(2)清扫、检查与修理。

① 用清洗剂清洗箱体,闸瓦托、外杠杆。用汽油清洗箱内各件,清洁度符合有关标准。

② 外观检查螺销、螺母螺纹应完好,否则应修整;闸瓦托不得有裂损,否则须铲 60~70°V 形坡口焊修,闸瓦钎穿销孔磨耗过大时应焊补;外观检查闸瓦定位弹簧及螺旋扭转弹簧不得有裂损,弹性应良好。

③ 检查制动缸内壁不得有锈蚀和磨痕,否则应用 0#砂纸沿周向打磨光滑,若有拉伤者应更新;制动缸不得有裂损变形;螺纹应完好。

④ 检查圆锥弹簧不得有裂损、锈蚀;用钢板尺测量其自由高不小于 127 mm。

⑤ 检查滑套各件,更新不良注油杯,疏通油路;传动螺母内外、棘轮、螺盖螺纹应完好,滑套与传动螺母配合应灵活。

⑥ 检查条簧性能。条簧一端固定,另一端用弹簧测力计加压 45~50 N,产生位移 20~22 mm,去掉载荷后条簧应能恢复原位。

⑦ 清洗棘钩并检查棘钩不得有裂损,弯角处及钩尖应良好,脱钩销等应完好,关节轴承不良时应更新。

⑧ 外观检查箱内外全部螺杆、销杆,清除表面锈蚀,有裂纹时更新;用游标卡尺测量各销直径磨耗大于 0.5 mm 时及各销套间隙大于 1.5 mm 时,均须更新销或套。

⑨ 清扫箱外部污物,目视检查箱体不得有裂纹、损伤及变形;焊修开裂或箱体局部开裂时焊修,变形较大或裂损严重时更新。

(3)组装。

① 制动缸的组装。

用压板及螺钉将皮碗装在活塞上并对称拧紧螺钉,在制动缸内壁及皮碗上均涂以润滑脂。毛毡条更新时应将新品预先放在 13#机油中浸泡,然后将毛毡条塞入活塞上相应的凹槽内。用螺丝刀卡住皮碗并逐步转动,将皮碗装在缸体内,再将圆锥弹簧套在活塞杆上,组装时注意不要碰伤皮碗。压缩圆锥弹簧装上制动缸,用套筒扳手紧固连接螺栓。

② 滑套整体组装。

将传动螺母夹在虎钳上,并涂以润滑脂,套上滑套,旋紧棘轮后装螺盖,三者彼此旋紧后再装沉头紧定螺钉;用油枪向滑套油杯中加注润滑脂。

③ 杠杆的组装。

分别将两杠杆放入箱体内,注意左、右方向;将组装好的滑套摩擦面涂以润滑脂放入箱体内。接通 0.3 MPa 压缩空气压缩圆锥弹簧(或用撬棍),再先后穿上上、下螺销(涂润滑脂),注意下部螺销中间应有两个隔套,上部螺销螺母应在非棘钩侧。装上垫片、螺母,用专用扳手紧固。

④ 装好脱钩杆及棘钩、条簧。注意棘钩应紧贴棘轮并位于棘轮宽度方向的中间位置。

⑤ 将橡胶密封罩套进传动螺杆上并涂油脂,再旋进传动螺母,二者配合转动应良好,用螺丝刀将密封罩与箱体卡合。

⑥ 装上闸瓦定位弹簧，紧固螺栓，打开止退垫片锁紧螺栓。

⑦ 将橡胶密封套及压环装上并紧固螺钉，然后套上手轮并穿好开口销。

⑧ 将扭簧卡组装在闸瓦托杆上，然后将闸瓦托杆、扭簧用螺销连接在固定支座上，组装扭簧卡时应使螺旋扭转弹簧插入部分相对转动灵活，使闸瓦托杆在尺寸 $f = 90$ mm（传动螺杆螺销中心与箱体外端面的距离）内处于自由状态。

⑨ 装上闸瓦托，穿上螺销、螺母（涂润滑脂），适当紧固后加装开口销。

⑩ 依次装上闸瓦、闸瓦钎、穿销等，闸瓦与闸瓦托圆弧接触不良时修磨闸瓦。

（4）检查与试验。

① 外观检查，箱内外各部件紧固，防缓件完好，手动调节灵活，棘钩作用良好。

② 将检修完毕的单个制动器分别吊装到构架的相应位置上，接好风管及接通 0.6 MPa 的压缩空气，用肥皂水逐个检查制动器及风管路的泄漏。落车调平构架以后，调整闸瓦定位弹簧螺钉使闸瓦上、下端与在轮踏面间隙均匀，间隙正常值为 6~9 mm，同时复查闸瓦方向是否正确。

③ 接通试验管路装置进行制动器制动和缓解的充风试验，检查其工作性能；当风压不超过 600 kPa，闸瓦与在轮箍踏面间隙不超过 12 mm，在尺寸 $f = 60~140$ mm（闸瓦托螺销中心距箱体距离）范围内应满足下列要求：制动、缓解平稳，不得卡滞，缓解应到位；棘轮、棘钩调整闸瓦间隙的作用须可靠，即闸瓦平均间隙大于 6 mm 时开始动作；制动缸在 450 kPa 风压时，保压 3 min，降压不得超过 0.2 kPa；制动、缓解试验后手动调节应进退灵活，不得卡滞。

（5）技术安全及注意事项。

① 用汽油清洗时禁止烟火，工作场地保持清洁。

② 制动缸组装须保证缸内清洁，无污物。

③ 制动器检修、试验合格后，应进行涂漆。

④ 涂漆后的制动器应更换产品验收合格标牌。

【任务检查】

表 1-1-2 基础制动装置——任务检查单

任务编号	1-1	任务名称	基础制动装置认知		
序号	检查内容			是	否
基础制动装置的作用检查					
1	说明机车基础制动装置的安装位置在机车走行部上				
2	叙述机车基础制动装置及机车制动机与列车管路相配合实现机车的制动作用的原理				
3	叙述基础制动装置传递制动原力（也叫制动缸活塞杆的推力）至各闸瓦的过程				
4	叙述基础制动装置将制动原力放大一定倍数的原理				

项目1 电力机车基础制动装置故障判断及检修

续表

任务编号	1-1	任务名称	基础制动装置认知		
序号		检查内容		是	否
5	叙述基础制动装置保证各闸瓦有较一致的制动力的原理				
6	叙述基础制动装置与手动制动或停车制动装置配合产生停车制动作用的过程				
		基础制动装置的组成检查			
7	说明基础制动装置由制动缸、制动传动装置、闸瓦装置及闸瓦间隙调整装置组成				
		基础制动部件识别检查			
8	根据实物（图片），对单元制动器进行指认				
9	根据实物（图片），对闸瓦进行指认				
10	根据实物（图片），对闸瓦间隙调整装置进行指认				
		基础制动部件作用及工作原理检查			
11	说明闸瓦的作用是通过与轮对踏面的摩擦来消耗机车的动能				
12	说明单元制动器的作用是，把制动缸等部件整合，实现基础制动装置的功能				
13	说明闸瓦闸隙调整器的作用是自动调整闸瓦与车轮踏面之间的间隙，使闸瓦间隙保持在规定的范围内，以确保制动作用的可靠性				

【任务训练】

1. 自动空气制动机是乔治·韦斯汀豪斯于（　　）年研制出来的。

　　A. 1825　　　　　　B. 1869　　　　　　C. 1872　　　　　　D. 1880

2. 下列制动种类中，不属于热逸散制动方式的是（　　）。

　　A. 闸瓦制动　　　　　　　　　　B. 轨道电磁制动

　　C. 再生制动　　　　　　　　　　D. 电阻制动

3. 下列制动种类中，属于摩擦制动方式的是（　　）。

　　A. 轨道电磁制动　　　　　　　　B. 电阻制动

　　C. 再生制动　　　　　　　　　　D. 轨道涡流制动

4. 由自动空气制动机的基本作用原理可知，当制动机呈缓解状态时，三通阀连通的两条气路是（　　）。

　　A. 列车管与副风缸、列车管与制动缸

　　B. 列车管与副风缸、列车管与大气

　　C. 列车管与副风缸、制动缸与大气

　　D. 列车管与制动缸、副风缸与大气

5. 由自动空气制动机的基本作用原理可知，当制动机呈制动状态时，三通阀连通的一条气路是（　　）。

　　A. 列车管与副风缸　　　　　　　B. 列车管与制动缸

　　C. 副风缸与制动缸　　　　　　　D. 制动缸与大气

6. 叙述制动、制动装置、制动距离的概念。
7. 叙述直通式空气制动机的构成及工作原理。
8. 叙述自动式空气制动机的构成及工作原理。
9. 说明列车管减压量与制动缸压力的关系。
10. 请你说出机车基础制动装置的作用？
11. 基础制动装置的结构部件有哪些？
12. 基础制动装置是如何进行分类的？

【任务拓展】

SS₄改型电力机车转向架

一、SS₄改型电力机车转向架的特点

SS₄改型电力机车有四台相同的 B_0-B_0 转向架，如图 1-1-7 所示。

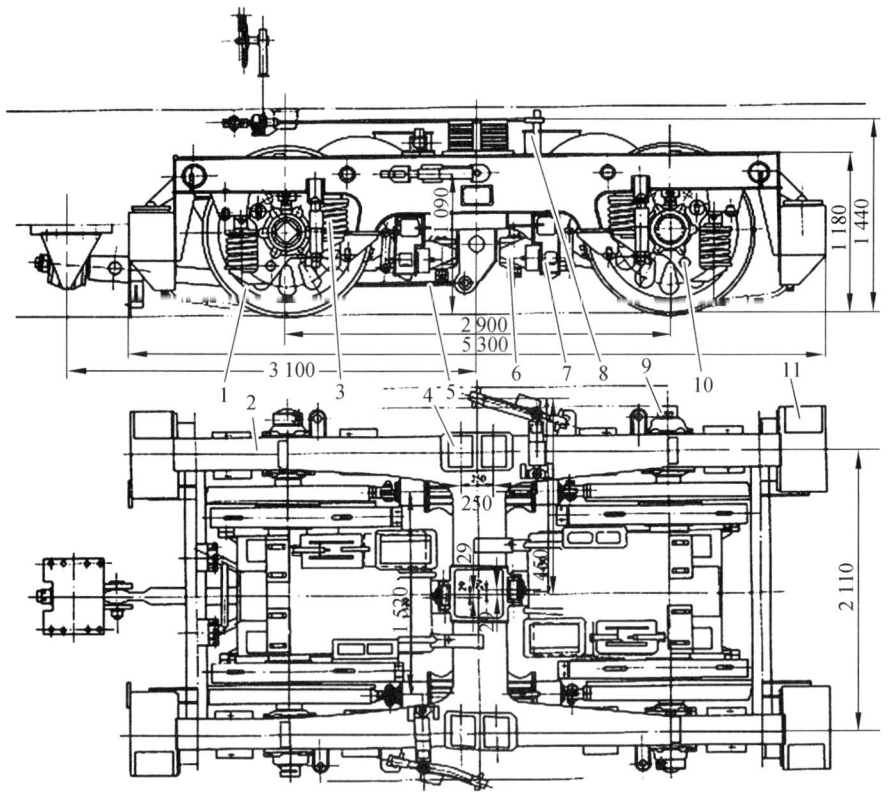

图 1-1-7 SS₄改型电力机车转向架

1—轮对电机驱动装置；2—构架；3——系悬挂装置；4—二系悬挂装置；5—牵引装置；
6—电机悬挂装置；7—基础制动装置；8—手制动装置；9—防空转传感器；
10—整体起吊连接装置；11—砂箱装置

（1）机车转向架一系悬挂采用轴箱螺旋钢弹簧与弹性拉杆定位的独立悬挂结构，并配置

垂向油压减振器;转向架二系悬挂采用全旁承橡胶堆加横向油压减振器和摩擦减振器的简单悬挂结构。

(2)机车采用低位斜拉牵引杆方式传递牵引力和制动力。

(3)机车采用能承受轴向力和径向力的圆柱滚子轴承作为轴箱轴承。

(4)机车采用刚性半悬挂的电机悬挂方式。

(5)机车转向架构架受力状态和结构合理,工艺性好。

(6)机车基础制动采用单侧制动方式,闸瓦为高摩合成闸瓦。

二、SS₄改型电力机车转向架力的传递

机车转向架的受力十分复杂,在运行中主要承受垂向、纵向和横向作用力,还受到许多其他冲击振动等动作用力的作用,如图1-1-8所示。

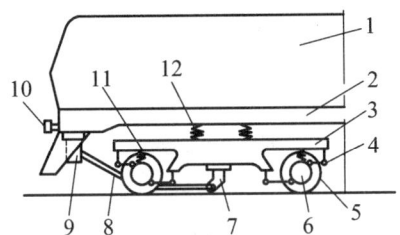

图1-1-8 机车转向架力的传递示意图

1—车体;2—车体底架;3—转向架构架;4—轴箱拉杆;5—车轮;6—轴箱;7—构架牵引梁;
8—牵引拉杆;9—底架牵引座;10—车钩;11—轴箱悬挂装置;12—车体支承装置

(1)垂向力的传递(以车体及上部重力为例,钢轨对机车的垂向冲击作用力传递顺序与重力相反):

机车上部重量→车体支承装置→转向架构架→轴箱弹簧悬挂装置→轴箱→轮对→钢轨。

(2)纵向力的传递(以牵引、制动力为例):

轮轨接触点产生牵引力或制动力→轮对→轴箱→轴箱拉杆→转向架构架→牵引杆装置→车体底架→牵引缓冲装置→车体。

(3)横向力的传递(以轮轨侧压力为例,车体所受的离心力、风力等横向力将按与上述相反的传力顺序由机车上部传到钢轨):

钢轨(内侧面)→轮对(轮缘)→轴箱→轴箱拉杆→转向架构架→车体支承装置→车体底架→机车上部。

三、SS₄改型电力机车转向架的组成

SS₄改型电力机车转向架由构架、轮对、轴箱装置、弹簧装置、电机悬挂及传动装置等部分组成。如图1-1-9所示。

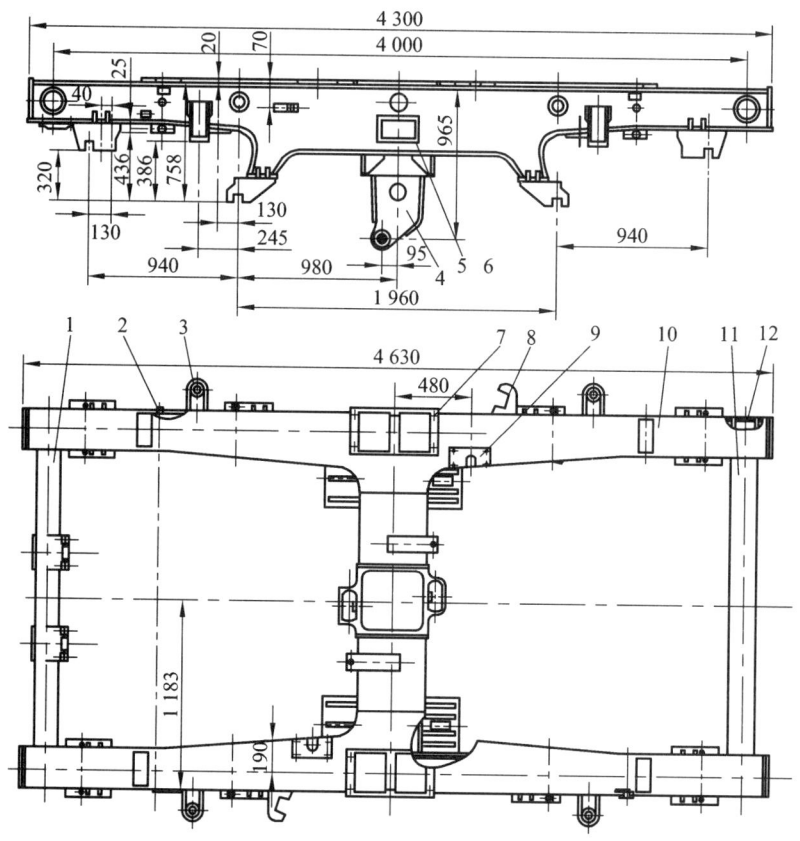

图 1-1-9　SS₄改型电力机车转向架

1—前端梁；2—接地台；3—减振器上座；4—牵引梁装配；5—铭牌；
6—螺钉；7—旁承座；8—减振器座；9—横向油压减振器座；
10—侧梁装配；11—后端梁；12—端盖

任务 1-2　单元制动器检修

【任务描述】

假如你是机车检修车间制动班组工作人员，请利用试验台及工作台（包括工机具），按照检修工艺流程、工艺要求及质量标准对单元制动器进行检修，并对单元制动器进行试验和调试。

【任务目标】

- 能按照单元制动器分解工艺流程对制动缸、制动杠杆部件进行分解；
- 能对单元制动器分解后的各部件进行指认；
- 能按照单元制动器的检修方法对其进行清洗、测量与修理；
- 能按照单元制动器组装的工艺流程对其进行组装；
- 能按照单元制动器的试验规范及要求对单元制动器进行试验。

【任务学习】

SS 系列电力机车单元制动器均采用独立箱式单元制动器,它是以制动器箱体为主体框架,将制动缸、制动传动装置和闸瓦间隙调整器安装于箱体内部,闸瓦装置安装于箱体外侧的基础制动装置,又称单缸制动器。

独立箱式单元制动器主要由制动缸、杠杆传动系统、闸瓦间隙自动调整器和闸瓦装置组成。其特点是将制动单元各部件分别安装于箱体内,内部精密配件进行全密封处理,保证稳定性。单元制动器作为独立单元吊装在机车转向架构架的制动器安装座上,并且增设其他装置以保证其稳定。

SS 系列电力机车的单元制动器的结构以及基本原理基本相同,只对部分机车的闸瓦自动调整器进行了更改设计。下面以 SS_4 改型电力机车单元制动器为例,对其结构和作用原理进行介绍。

一、SS_4 改型电力机车单元制动器的结构

(一)单元制动器的构造(见图 1-2-1)

1. 箱　体

箱体为钢板电焊结构,箱体分为内外两部分安装配件。箱体内安装制动杠杆和闸瓦间隙自动调整器;箱体外安装制动缸、闸瓦托及闸瓦。

2. 制动缸

制动缸为机车产生制动原力的部分,采用活塞式结构,其上安装有制动缸管,为压力空气进入提供通路。缸内装有带橡皮碗的活塞及活塞杆,活塞与箱体之间装有圆锥缓解弹簧,活塞杆的一端连在制动杠杆的下端。

3. 制动杠杆

制动杠杆用于传递、放大制动缸产生的制动原力。制动杠杆为两片,用销子吊装在箱体内上方的支点座上。杠杆中部孔吊装闸瓦间隙自动调整器。在外片制动杠杆的上端侧面焊装一个关节肘销,吊装棘钩。在外片制动杠杆上卡着的条簧将棘钩紧压在闸瓦间隙自动调整器的棘轮齿槽内。

4. 闸瓦装置

闸瓦装置是基础制动装置中的最后一部分,它主要由闸瓦、闸瓦托、闸瓦托杆等组成。闸瓦托杆下端以销装在箱体下方的支点座上,上端安装闸瓦与闸瓦托,并与传动螺杆相连。闸瓦托上装两块闸瓦,以闸瓦钎串定。

5. 闸瓦间隙自动调整器

闸瓦间隙自动调整器是为使闸瓦与车轮踏面保持一定间隙而设的,SS_4 改型电力机车采用单向自动式闸瓦间隙调整器,即自动减小过大的闸瓦间隙,而增大闸瓦间隙则需人工调整。

它吊装在制动杠杆上部，两端伸出箱体孔部分设密封装置，防止灰尘进入箱体内。伸出箱体一端是调整手轮，另一端是传动螺杆，连在闸瓦托与闸瓦托杆上。

箱体上部有脱钩机构，主要由脱钩杠杆及棘钩组成。撬起脱钩杠杆的长臂，压迫脱钩销可使棘钩绕关节肘销转动离开棘轮齿槽，以便反向旋转调整手轮使闸瓦离开车轮踏面，进行闸瓦更换。

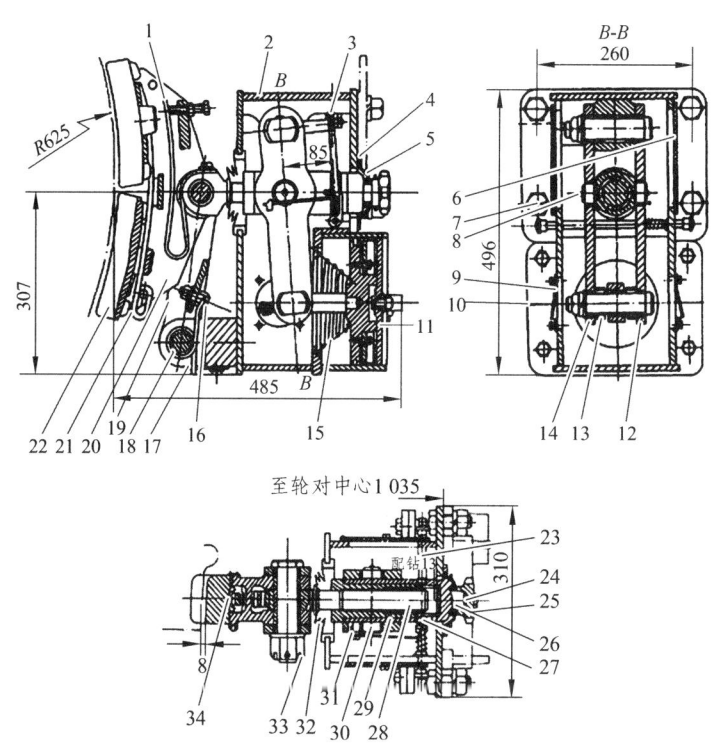

图 1-2-1 单元制动器的构造

1—闸瓦定位弹簧；2—箱体；3—棘钩；5—密封套；6—门组装；8—油杯；9—护罩；10—滤尘网；11—制动缸；12，14—杠杆；13—隔套；15—圆锥弹簧；16—扭簧卡；17—扭簧止板；18—扭转弹簧；19—闸瓦托杆；20—闸瓦托；21—闸瓦钎；22—闸瓦；23—脱钩杆；24—开口销；25—手轮；26—螺盖；27—棘轮；28—传动螺杆；29—传动螺母；30—滑套；31—条簧；32—密封罩；33—螺母；34—闸瓦钎圆销

（二）工作原理

当制动缸充气时，活塞带动活塞杆左移（活塞同时压缩了圆锥缓解弹簧），推动制动杠杆下端并以上螺销为支点向左摆动，制动杠杆带动与它相连的滑套，使传动螺母与传动螺杆推动闸瓦托，使闸瓦压在车轮踏面上实现制动作用。当制动缸排气时，活塞和活塞杆在缓解弹簧的推动下，使上述各传动零件做反方向运动，闸瓦即离开踏面而缓解。

1. 闸瓦间隙的自动调整

随着机车的使用时间增加，闸瓦与踏面间的摩擦，使闸瓦与车轮踏面之间的间隙越来越大。为了消除过大的间隙，保证制动力的正常发挥，在基础制动装置中设置了闸瓦间隙自动调整器。当闸瓦间隙过大时,闸瓦间隙调整器将自动减小过大的闸瓦间隙。

当施行制动,制动杠杆绕上轴销摆动时,通过焊在制动杠杆上端的关节肘销使棘钩也随之摆动相同的角度。棘钩在水平方向移动时,其钩尖不会落到棘轮齿槽外边,棘钩向下移动量的大小与杠杆摆角有关,摆角越大,向下移动量也越大。杠杆的摆角随闸瓦的间隙而变。若闸瓦间隙大于正常值时,杠杆的摆动幅度将使钩尖向下移动的距离等于或大于棘轮齿的一个齿距。待缓解时,棘钩随杠杆回摆上移,同时钩住达到位置的一个棘轮齿,使棘轮转动一个角度,与棘轮紧固在一起的传动螺母随之转动。传动螺母的转动使具有左旋螺纹的传动螺杆做直线移动而外伸,由此即可达到调整闸瓦间隙的目的。

2. 闸瓦间隙的人工调整

在需要手动调整闸瓦间隙或更换闸瓦时,可拧动手轮。右旋为调小闸瓦间隙,不需脱钩手续;而左旋为调大闸瓦间隙,必须拉动(或推动)设置在箱体上的脱钩杠杆,使棘钩离开棘轮后方能转动手轮。

二、SS₄改型电力机车单元制动器的解体

单元制动器解体流程如表 1-2-1 所示。

表 1-2-1　单元制动器解体流程表

(一)卸闸瓦托
1. 先卸下闸瓦钎圆销,取下闸瓦钎,再取闸瓦
2. 用手锤和撬棍打下螺销上的开口销,用专用扳手拆卸螺销螺母,并打下螺销,取下闸瓦托,目视检查闸瓦托不得有裂损,否则须铲成 60°～70°的 V 形坡口进行焊修
3. 用手锤和扁铲打开止退垫片,用扳手卸下螺栓,取下定位弹簧,并放入指定地方
(二)卸闸瓦托杆
4. 用手锤和撬棍打下开口销,并用专用扳手拆卸螺丝螺母,打下螺销,然后取下闸瓦托杆,将扭簧放到指定地点
(三)卸压盖及密封圈
5. 用风动扳手卸压盖及护罩螺钉,取下压盖、护罩及滤尘网。压盖及护罩应与制动器做好相应标记
6. 先打下手轮开口销,取下手轮,再用风动扳手卸压环螺钉,取下压环及密封套
(四)卸传动螺杆
7. 先用螺丝刀拨开橡胶密封罩与箱体的卡合,再旋下传动螺杆,取下密封罩并放在专用工作台上
(五)卸螺销
8. 先将管接头接上 300 kPa 的压缩空气压缩缓解弹簧,再用专用扳手卸上、下螺销和螺母,打下螺销,解除压力
(六)卸条簧
9. 用手扳紧条簧,从卡口处取出

续表

（七）取滑套整体
10. 从箱体内顺着传动螺杆方向取出滑套、传动螺母及螺杆整体，并与相应的传动螺杆摆放在一起
（八）取杠杆
11. 先取出不带棘钩的一块杠杆
（九）分解滑套整体
12. 用虎钳夹住传动螺母，再用手锤和撬棍打下开口销，或用螺丝刀卸沉头螺钉，用扳手卸螺盖，旋下棘轮
注：传动螺杆、传动螺母、滑套、螺套及棘轮不应与其他部件混放
（十）解体制动缸
13. 用风动或套筒扳手卸制动缸连接螺母，卸制动缸，取下活塞及缓解弹簧，卸皮碗压板螺母，取下压板、皮碗，拔下毛毡条；更换皮碗及毛毡条

三、SS_4改型电力机车单元制动器的检修

单元制动器检修流程如表 1-2-2 所示。

表 1-2-2　单元制动器检修流程表

（一）制动缸
1. 用棉丝蘸汽油擦净制动缸内壁及其他部件油垢；检查制动缸不得裂损、变形，螺丝丝扣完好，内壁不得有锈蚀和磨痕，否则应用 00#砂布打磨光，若有拉伤者应更换
2. 检查活塞套壁厚及活塞杆与制动缸盖导孔直径间隙：壁厚不小于 2 mm，间隙不大于 6 mm
3. 检查缓解弹簧不得裂损、锈蚀，用钢板尺测量塔形弹簧自由高不小于 127 mm
（二）滑套整体
4. 用汽油将各件清洗干净后用压缩空气吹净，并用压缩空气吹通油环油路；检查各部件：传动螺母内外、滑套、棘轮螺盖丝扣完好，滑套与传动螺母配合应灵活
（三）条簧棘钩
5. 洗净条簧，并检查其性能：条簧一端固定，另一端用弹簧测力计加压 45～50 N 的压力，应能产生 20～22 mm 的位移，去掉压力，条簧应能恢复原位
（四）各销杆
6. 用汽油清洗四个螺销，检查各销杆不得有裂纹、锈蚀；用游标卡尺测量其磨耗不大于 1 mm，测量各销与套间隙不大于 0.5 mm
（五）箱体
7. 先铲刮体外部油泥，并进行清洗；用压缩空气吹扫干净，目视检查箱体无变形，探伤检查箱体各焊缝处不得有裂损

四、SS₄改型电力机车单元制动器的组装

单元制动器组装流程如表 1-2-3 所示。

表 1-2-3　单元制动器组装流程表

（一）制动缸
1. 缸壁及活塞皮碗的油脂均匀，厚度为 0.2～0.5 mm，进出风口无堵塞
2. 用压板及螺丝将皮碗装在活塞上并对称紧固螺丝，在制动缸内壁适量涂抹润滑脂，并在皮碗外侧根部涂抹适量润滑脂
3. 毛毡条新品应预先放在 13# 润滑脂中浸泡，然后取出浸泡过的毛毡条，塞进活塞上相应的凹槽内
4. 用螺丝刀卡住皮碗并逐步转动，但不得碰伤皮腕
5. 压缩缓解弹簧，装上制动缸，再用套筒扳手紧固连接螺母
（二）滑套整体
6. 先将传动螺母装在虎钳上并涂以 89D 制动缸润滑脂，套上滑套，旋紧棘轮后再装螺盖；棘轮不得反向，并不得单独旋转。转动棘轮时，滑套应转动灵活，无阻滞现象；三者紧贴后再上开口销或沉头螺钉
7. 用油枪向滑套油环注 89D 制动缸润滑脂
（三）杠杆
8. 分别将两杠杆放入箱体，注意左右方向，然后将上述组装好的滑套摩擦面涂以润滑脂放入箱体内
9. 先接通 300 kPa 压缩空气压缩缓解弹簧，再先后穿上螺销，下部螺销中间隔套不得拉下，上部螺销螺母应在非棘钩侧
10. 装上垫片、螺母，用专用扳手紧固
（四）棘钩装置
11. 装上条簧，使棘钩处于正确位置，即棘钩应紧贴棘轮并位于棘轮宽度方向的中间位置；棘钩尾部上平面与脱钩销 ϕ 18 mm 处端面间隙不大于 3 mm
12. 装上脱钩销及脱钩杠杆
（五）传动螺杆
13. 先将橡胶密封罩旋进传动螺杆上并涂油脂，再旋进传动螺母，传动螺杆与传动螺母配合转动灵活，然后用螺丝刀将密封罩与箱体卡合
14. 装上闸瓦定位弹簧，紧固螺栓，打开止退垫片，锁紧螺栓
（六）压环及手轮
15. 将橡胶密封套及压环装上，并紧固螺丝，然后套上手轮，穿好开口销，开口销开度适当；更新塔形防尘罩及手轮防尘罩
（七）闸瓦托杆
16. 先将扭簧卡组装在闸瓦托杆上，然后将闸瓦托杆、扭簧用螺销连接在固定支座上，装组簧止板。组装扭簧应使螺旋弹簧插入部相对转动灵活，调整扭簧上板的孔距，使闸瓦托杆在尺寸 f = 90 mm（传动螺杆螺销中心与箱体端面的距离）内处于自由状态
（八）闸瓦托
17. 先装闸瓦托，穿上螺销，测量其间隙不大于 1 mm，然后拧紧螺母，穿上开口销
18. 装上闸瓦、闸瓦针、闸瓦针圆销；闸瓦不得装反，应与相应踏面斜面相吻合
（九）压盖护罩
19. 先正反转动手轮，检查棘钩装置是否作用良好；顺时针转动灵活，不得有卡死现象；拉动脱钩杠杆，棘钩应能脱离棘轮
20. 装上压盖，用电动扳手紧固螺丝

五、SS₄改型电力机车单元制动器的落成及试验

(一)制动器的落成

将检修完毕的12个制动器分别吊装在构架的相应位置上,接好风管,落构架前将闸瓦松到位。

接上600 kPa的压缩空气,逐个检查制动器及风管路无泄漏。

落车调平构架以后,调整闸瓦定位螺栓使闸瓦上、下端与车轮踏面间隙在6~9 mm内,同时复查一下闸瓦方向是否正确。

(二)充风试验

调整完毕后再进行制动缸制动和缓解的充风试验(风压不超过600 kPa,闸瓦与踏面间隙不超过12 mm)。各部件的移动和转动必须平稳,不得卡滞,缓解后制动缸的活塞应能抵靠缸底;棘轮、棘钩调整闸瓦间隙的作用必须可靠,即闸瓦间隙大于6 mm时开始工作。

【任务检查】

单元制动器检修任务检查单如表1-2-4所示。

表1-2-4 单元制动器检修——任务检查单

任务编号	12	任务名称	单元制动器检修		
序号	检查内容			是	否
解体					
(一)卸闸瓦托					
1	先卸下闸瓦钎圆销,取下闸瓦钎,再取闸瓦				
2	用手锤和撬棍打下螺销上的开口销,用专用扳手卸螺销螺母,并打下螺销,取下闸瓦托,目视检查闸瓦托不得有裂损,否则须铲成60°~70°的V形坡口进行焊修				
3	用手锤和扁铲打开止退垫片,用扳手卸下螺栓,取下定位弹簧,并放入指定地方				
(二)卸闸瓦托杆					
4	用手锤和撬棍打下开口销,并用专用扳手卸螺丝螺母,打下螺销,然后取下闸瓦托杆,将扭簧放到指定地点				
(三)卸压盖及密封圈					
5	用风动扳手卸压盖及护罩螺钉,取下压盖、护罩及滤尘网。压盖及护罩应与制动器做好相应标记				
6	先打下手轮开口销,取下手轮,再用风动扳手卸压环螺钉,取下压环及密封套				
(四)卸传动螺杆					
7	先用螺丝刀拨开橡胶密封罩与箱体的卡合,再旋下传动螺杆,取下密封罩并放在专用工作台上				

续表

任务编号	1-2	任务名称	单元制动器检修		
序号	检查内容			是	否
（五）卸螺销					
8	先将管接头接上 300 kPa 的压缩空气压缩缓解弹簧，再用专用扳手卸上、下螺销、螺母，打下螺销，解除压力				
（六）卸条簧					
9	用手扳紧条簧，从卡口处取出				
（七）取滑套整体					
10	从箱体内顺传动螺杆方向取出滑套、传动螺母及螺杆整体，并与相应传动螺杆摆放在一起				
（八）取杠杆					
11	先取出不带棘钩的一块杠杆				
（九）分解滑套整体					
12	用虎钳夹住传动螺母，再用手锤和撬棍打下开口销，或用螺丝刀卸沉头螺钉，用扳手卸螺盖旋下棘轮。注：传动螺杆、传动螺母、滑套、螺套及棘轮不应与其他混放				
（十）解体制动缸					
13	用风动或套筒扳手卸制动缸连接螺母，卸制动缸，取下活塞及缓解弹簧，卸皮碗压板螺母，取下压板、皮碗，拔下毛毡条；更换皮碗及毛毡条				
检修					
（一）制动缸					
14	用棉丝蘸汽油擦净制动缸内壁及其他部件油垢；检查制动缸不得裂损、变形，螺丝丝扣完好，内壁不得有锈蚀和磨痕，否则应用 0# 砂布打磨光，若有拉伤者应更换				
15	检查活塞套壁厚及活塞杆与制动缸盖导孔直径间隙：壁厚不小于 2 mm，间隙不大于 6 mm				
16	检查缓解弹簧不得裂损、锈蚀，用钢板尺测量塔形弹簧自由高不小于 127 mm				
（二）滑套整体					
17	用汽油将各件清洗干净后用压缩空气吹净，并用压缩空气吹通油环油路；检查各部件：传动螺母内外、滑套、棘轮螺盖丝扣完好，滑套与传动螺母配合应灵活				
（三）条簧棘钩					
18	洗净条簧，并检查其性能：条簧一端固定，另一端用弹簧测力计加压 45～50 N 的压力，应能产生 20～22 mm 的位移，去掉压力，条簧应能恢复原位				
（四）各销杆					
19	用汽油清洗四个螺销，检查各销杆不得有裂纹、锈蚀；用游标卡尺测量其磨耗不大于 1 mm，测量各销与套间隙不大于 0.5 mm				
（五）箱体					
20	先铲刮体外部油泥，并进行清洗；用压缩空气吹扫干净，目视检查箱体无变形，探伤检查箱体各焊缝处不得裂损				

续表

任务编号	1-2	任务名称	单元制动器检修		
序号	检查内容			是	否
组装					
（一）制动缸					
21	缸壁及活塞皮碗的油脂均匀，厚度为 0.2～0.5 mm，进出风口无堵塞				
22	用压板及螺丝将皮碗装在活塞上并对称紧固螺丝，在制动缸内壁适量涂抹润滑脂，并在皮碗外侧根部涂抹适量润滑脂				
23	毛毡条新品应预先放在 13#润滑脂中浸泡，然后取出浸泡过的毛毡条，塞进活塞上相应的凹槽内				
24	用螺丝刀卡住皮碗并逐步转动，但不得碰伤皮碗				
25	压缩缓解弹簧，装上制动缸，再用套筒扳手紧固连接螺母				
（二）滑套整体					
26	先将传动螺母装在虎钳上并涂以 89D 制动缸润滑脂，套上滑套，旋紧棘轮后再装螺盖；棘轮不得反向，并不得单独旋转。转动棘轮时，滑套应转动灵活，无阻滞现象；三者紧贴后再上开口销或沉头螺钉				
27	用油枪向滑套油环注 89D 制动缸润滑脂				
（三）杠杆					
28	分别将两杠杆放入箱体，注意左右方向，然后将上述组装好的滑套摩擦面涂以润滑脂放入箱体内				
29	先接通 300 kPa 压缩空气压缩缓解弹簧，再先后穿上螺销，下部螺销中间隔套不得拉下，上部螺销螺母应在非棘钩侧				
30	装上垫片、螺母，用专用扳手紧固				
（四）棘钩装置					
31	装上条簧，使棘钩处于正确位置，即棘钩应紧贴棘轮并位于棘轮宽度方向的中间位置；棘钩尾部上平面与脱钩销 $\phi 18$ mm 处端面间隙不大于 3 mm				
32	装上脱钩销及脱钩杠杆				
（五）传动螺杆					
33	先将橡胶密封罩旋进传动螺杆上并涂油，再旋进传动螺母，传动螺杆与传动螺母配合转动灵活，然后用螺丝刀将密封罩与箱体卡合				
34	装上闸瓦定位弹簧，紧固螺栓，打开止退垫片，锁紧螺栓				
（六）压环及手轮					
35	将橡胶密封套及压环装上，并紧固螺丝，然后套上手轮，穿好开口销，开口销开度适当；更新塔形防尘罩及手轮防尘罩				
（七）闸瓦托杆					
36	先将扭簧卡组装在闸瓦托杆上，然后将闸瓦托杆、扭簧用螺销连接在固定支座上，装组簧止板。组装扭簧应使螺旋弹簧插入部相对转动灵活，调整扭簧上板的孔距，使闸瓦托杆在尺寸 $f=90$ mm（传动螺杆螺销中心与箱体端面的距离）内处于自由状态				
（八）闸瓦托					
37	先装闸瓦托，穿上螺销，测量其间隙不大于 1 mm，然后拧紧螺母，穿上开口销				
38	装上闸瓦、闸瓦钎、闸瓦钎圆销；闸瓦不得装反，应与相应车轮踏面斜面相吻合				

续表

任务编号	1-2	任务名称	单元制动器检修	是	否
序号	检查内容				
（九）压盖护罩					
39	先正反转动手轮，检查一下棘钩装置是否作用良好；顺时针转动灵活，不得有卡死现象；拉动脱钩杠杆，棘钩应能脱离棘轮				
40	装上压盖，用电动扳手紧固螺丝				
落成及试验					
（一）制动器落成					
41	将检修完毕的12个制动器分别吊装在构架的相应位置上，接好风管，落构架前将闸瓦松到位				
42	接上 600 kPa 的压缩空气，逐个检查制动器及风管路无泄漏				
43	落车调平构架以后，调整闸瓦定位螺栓使闸瓦上、下端与车轮踏面间隙在 6~9 mm 内，同时复查一下闸瓦方向是否正确				
（二）充风试验					
44	调整完毕后再进行制动缸制动和缓解的充风试验（风压不超过 600 kPa，闸瓦与踏面间隙不超过 12 mm），各部件的移动和转动必须平稳，不得卡滞，缓解后制动缸的活塞应能抵靠缸底；棘轮、棘钩调整闸瓦间隙的作用必须可靠，即闸瓦间隙大于 6 mm 时开始工作				

【任务训练】

1. 试述箱式单元制动器的主要组成部件名称及作用。
2. 说明单元制动器的解体过程。
3. 分别叙述单元制动器制动缸、滑套整体、条簧棘钩、各销杆、箱体的检修技术要求。
4. 叙述单元制动器的组装工艺流程。

【任务拓展】

SS_9 型电力机车基础制动装置

SS_9 型电力机车基础制动装置采用单侧踏面单元制动器加粉末冶金闸瓦形式。每台转向架装有 6 套具有自动调整闸瓦间隙功能的单元制动器，如图 1-2-2 所示。

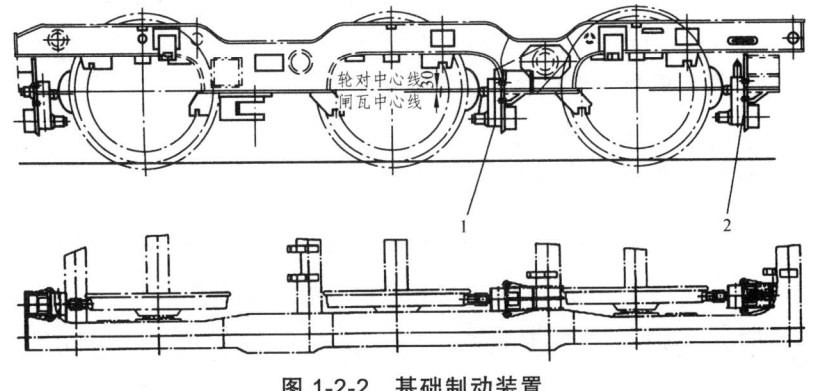

图 1-2-2 基础制动装置

1—JDYZ-4A 型单元制动器；2—JDYZ-4B 型单元制动器

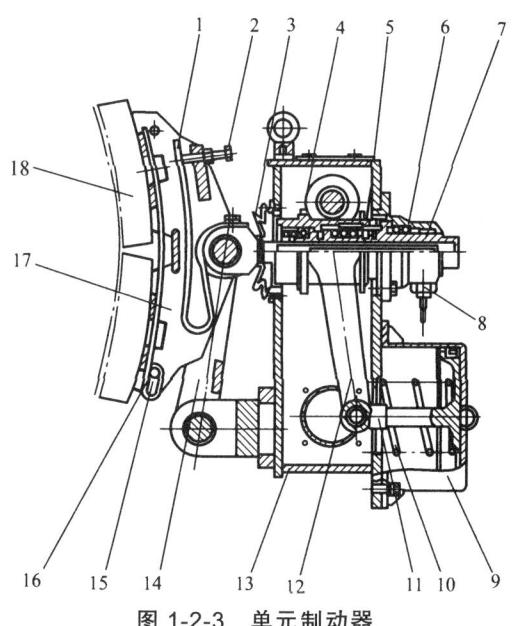

图 1-2-3 单元制动器

1—闸瓦定位弹簧；2—调整螺钉；3—防尘罩；4—调整机构；5—引导机构；6—挡套螺母；7—传动螺杆；8—锁紧机构；9—制动缸；10—弹簧；11—活塞；12—杠杆；13—箱体；14—闸瓦托杆；15—销；16—闸瓦钎；17—闸瓦托；18—闸瓦

SS_9 型电力机车基础制动装置采用独立单元式单侧制动，闸瓦间隙可以自动调节，保证机车运行时车轮与闸瓦之间有一定的间隙。基础制动装置采用 JDYZ-4A 型和 JDYZ-4B 型两种结构形式的单元制动器，JDYZ-4A 型基础制动装置结构示意图如图 1-2-3 所示。它们的区别只是后者能与停车制动装置相连。该单元制动器具有结构紧凑、制动效率高、制动性能可靠等特点。组装好的制动器可作为一个独立部件直接用螺栓连接在构架的制动器安装座上。

一、单元制动器的基本工作原理

如图 1-2-3 所示，当制动缸 9 内充气时，活塞 11 推动杠杆 12，杠杆推动间隙调整机构 4，调整机构带动传动螺杆 7 及闸瓦托 17 一起向车轮踏面方向移动，从而实现机车制动。当制动缸排气时，活塞在弹簧 10 的推动下，分别带动杠杆、间隙调整机构、传动螺杆、闸瓦托一起向相反方向运动，闸瓦离开车轮踏面从而实行缓解。

二、单元制动器的闸瓦间隙自动调整功能

机车在运行过程中，由于闸瓦和车轮踏面的磨耗，闸瓦间隙会越来越大，为了消除增大的间隙，该制动器有自动补偿闸瓦磨耗间隙的功能。其作用原理如下：

如图 1-2-4 所示，螺杆的左移带动导向螺母 8、导向螺母套 9、调隙挡 11 左移，如果制动前闸瓦与踏面的间隙小于调隙挡与压圈 10 间的间隙 X，则在制动全过程中，导向螺母、导

向螺母套、调隙挡与螺杆左移量相等。如果制动前和制动中闸瓦与踏面的间隙大于调隙挡与压圈间的间隙 X，为 $X+a$，则当传动螺杆 16 带动导向螺母 8、导向螺母套 9、调隙挡 11 左移 X 后，由于调隙挡被压圈 10 挡住，不能继续左移，导向螺母套 9 也不能继续左移，这时传动螺杆 16 和导向螺母 8 的左移使调整弹簧 3 压缩,导向螺母 8 与导向螺母套 9 间的锥形齿啮合脱开。由于传动螺杆与导向螺母间是通过不自锁螺纹连接的，故此时导向螺母在调整弹簧的弹力作用下，绕传动螺杆旋转后退而不再随之左移。

在制动过程中，传动螺杆左移了 $X+a$，而导向螺母 8、导向螺母套 9 和调隙挡 11 只左移了 X。

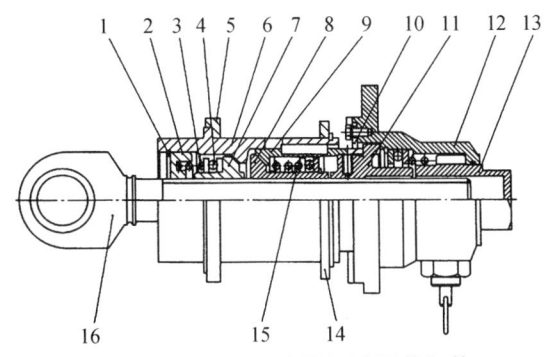

图 1-2-4 单元制动器间隙调整机构

1—卡环；2—导向套；3—调整弹簧；4—轴承；5—力推挡圈；6—调整螺母套；7—调整螺母；
8—导向螺母；9—导向螺母套；10—压圈；11—调隙挡；12—端盖；
13—挡套螺母；14—复位挡圈；15—弹簧；16—传动螺杆

缓解时，杠杆推动复位挡圈 14 带动调整螺母套、导向套、调整弹簧、调整螺母、传动螺杆、导向螺母、导向螺母套、调隙挡右移，当右移行程达到 X 后，调隙挡 11 被端盖 12 挡住，传动螺杆、导向螺母、导向螺母套也不能继续右移。由于此时传动螺杆不能右移，调整螺母 7 也不能右移。而调整螺母套 6 的继续右移便与调整螺母 7 的锥齿啮合脱开。由于**调整螺母与传动螺杆间也是通过不自锁螺纹连接的，所以调整螺母在调整弹簧 3 的弹力作用下绕螺杆旋转后退，直到调整螺母套被导向螺母挡住，调整螺母套与调整螺母的锥齿重新啮合。此时，缓解到位。在这过程中，间隙被消除，闸瓦与踏面间的间隙仍保持 X，即闸瓦间隙得到了自动调整。**

任务 1-3　停车制动装置的检修

【任务描述】

假如你是机车检修车间制动班组工作人员，请利用试验台及工作台（包括工机具），按照检修工艺流程、工艺要求及质量标准对停车制动装置进行检修。

【任务目标】

- 能按照停车制动装置分解的工艺流程对停车制动装置进行分解；
- 能对停车制动装置分解后的各部件进行指认；
- 能按照停车制动装置的检修方法对其进行清洗、测量与修理；
- 能按照停车制动装置组装的工艺流程对其进行组装；
- 能掌握人力制动的作用及种类。

【任务学习】

一、SS_4 改型电力机车停车制动装置的作用

（1）调车作业时，用于机车调速或停车，提高调车机车效率，保证调车作业安全；

（2）在运行途中，当空气制动机发生故障失去作用时，用以代替空气制动机，继续慢行到前方站，以免停留途中，妨碍运输；

（3）当列车或车辆停在有坡道的线路上时，用以防止其发生溜车而引起事故。

二、SS_4 改型电力机车停车制动装置的结构

SS_4 改型电力机车手制动机的结构如图 1-3-2 所示。当转动设置在司机室后墙上的手制动手轮时，带动小链轮、手轮滚子链、大链轮、丝杆、横杠杆、拉杆至竖杠杆，竖杠杆上端左移，下端右移作用于第二位轮对上的制动器手轮上，手轮推动传螺杆，螺杆推动闸瓦托使闸瓦制动，实现停放制动。

三、制动装置检修的技术条件

检修时，为保证拉杆环与竖杠杆对中，在组装时应使大链轮端面与丝杆端部调整为约 18 mm，并注意在焊装各托板时，丝杆、横杠杆、拉杆处于水平位置。

各部件组装完毕后应对下列项目进行检查：

（1）转动手轮时，各部件应灵活无卡滞现象；

（2）拉杆环应对中竖杠杆；

（3）手制动竖杠杆与制动器手轮之间间隙应为 2～3 mm；

（4）各部件摩擦面应注润滑剂。

四、人力制动机

在每节车辆的一位端，都装有一套手制动机，可以用人力来使单节车辆或车组减速或停车。

人力制动机是借助制动员手臂的力量来拧紧手轮盘或制动把手，对车辆进行制动的一种

简单机械。人力制动机根据用途分为货车人力制动机和客车人力制动机两大类。

（一）旋转式人力制动机

旋转式人力制动机又叫链子闸，属于标准型人力制动机，分为固定式和折叠式两种。

1. 固定式人力制动机

如图 1-3-1 所示，固定式人力制动机多用在棚车、敞车、罐车、守车等类型的车辆上。其制动示意图如图 1-3-2 所示。

图 1-3-1　固定式人力制动机

制动时：制动员站在踏板上，系好安全带，将掣轮掣子锤翻转，使它压在掣轮掣子的一端。掣轮掣子的另一端卡在掣轮齿上，防止制动轴逆转。然后顺时针方向旋转制动手轮，手制动轴亦随之转动，则制动链卷在轴上，通过基础制动装置的传动，使闸瓦紧压车轮产生制动。将手松开时，由于掣轮掣子卡住掣轮，使手制动轴不能逆转，而保持制动作用。

缓解时：将掣轮掣子锤提起，用力将手轮稍向顺时针方向旋转，使掣轮掣子靠其自身的重力离开掣轮，借此反拨力来反方向旋转手轮，制动轴逆转松开链条，制动机缓解。

此种人力制动机操作灵活，制动作用快，制动力强，性能好，我国大部分货车均安装这种旋转式人力制动机。

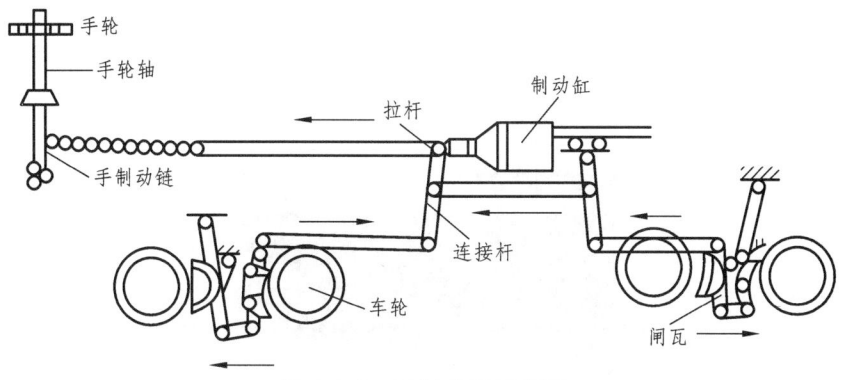

图 1-3-2　手制动机示意图

2. 折叠式人力制动机

折叠式人力制动机如图 1-3-3 所示。

图 1-3-3　折叠式人力制动机

1) 结构

这种人力制动机不设踏板，将手制动轴分为上、下两部分，用销子固定在一起，不使用时以销子为轴，把上部放倒，放在手制动轴托内，以免妨碍装货。使用时，将制动杆竖起，用轴套固定好。

2) 手制动

这种人力制动机大部分装在平车、沙石车上。

3) 制动方法

与固定式人力制动机操作方法相同。

（二）丝杠式人力制动机

制动时，顺时针方向旋转手轮，使螺杆转动，则螺母上升，带动曲杠杆及拉杆，牵动基础制动装置，使制动机产生制动作用制动。这种人力制动机比较省力，制动力大，但制动较慢，只在部分旧型棚车、敞车上使用。

（三）掣轮式人力制动机（盒式）

掣轮式人力制动机如图 1-3-4 所示。

图 1-3-4　掣轮式人力制动机

1. 制动方法

制动时上下扳动制动手把，则手把尖端拨动掣轮转动，使手制动链卷在轴上，通过曲杠杆牵动拉杆，再经过基础制动装置，使制动机起制动作用。缓解时，扳动缓解手把，使其另一端离开掣轮，则掣轮借助链条自重及反拨力而松开制动链，使制动机缓解。

2. 特点

这种制动机操作方便，制动力较强，但制动时容易卡链及断链。

3. 适用条件

一般多用在冰箱式保温车、杂型棚车上。

（四）脚踏式制动机

脚踏式制动机是铁路货车新型人力制动装置，可以替代铁路货车现行人力制动机在多种车型上使用，如图 1-3-5 所示。

图 1-3-5　脚踏式制动机

该制动机的主要特点是改变了人力制动的施力形式，即改手施力为脚踏施力。其优点是安全性能高，制动力大，操作简便、省力，利于瞭望，不需保养，如图 1-3-6 所示。

脚踏式制动机具有不上车实施就地制动的功能，对车辆防溜提供了又一方便可靠的防溜方法。

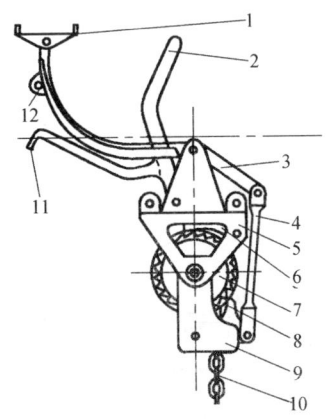

图 1-3-6　脚踏式制动机示意图

1—脚蹬；2—控制杆；3—脚踏杠杆；4—拉杆；5—壳体；6—制动棘爪；7—绕链棘轮；
8—绕链棘爪；9—重锤链块；10—制动链；11—锁鼻；12—耳环

脚踏式制动机操作规程：

（1）首次使用脚踏式制动机前必须阅读《脚踏式制动机操作维护手册》或经专门培训。

（2）首次使用脚踏式制动机前必须在车辆静止状态下对脚踏式制动机的各项功能重复操作，直至熟练后方可使用。

（3）上车前先检查脚踏式制动机是否上锁，开锁后再上车，将安全带挂钩挂在辅助扶手上，操作时两手握住扶手。

（4）车辆停稳后，操作者方可摘下安全挂钩。

【任务检查】

停车制动装置检修任务检查单如表 1-3-1 所示。

表 1-3-1　停车制动装置检修——任务检查单

任务编号	1-3	任务名称	停车制动装置检修		
序号	检查内容			是	否
	外观检查				
1	检查停车制动器外壳、拉杆无破损、变形				
	解体检修				
2	拆下 2 个 M16 螺栓				
3	拉动棘轮环，连同防尘罩一同取出棘爪销装置，并取出密封橡胶圈				
4	拆下密封罩两端喉箍，施下 M20 六角螺母，取下调整杆叉头及密封罩				
5	拆除 4 个 M10×25 螺栓垫圈，卸下外盖及盖板密封垫				
6	拆下调整杆及棘爪套筒，然后把制动器倒扣在专用检修架上				
7	在蓄能制动器专用组装台上用丝杠顶着制动器缸体，用扳手拆下 4 个 M16×40 螺栓，丝杠缓缓退出（弹簧力大，注意安全）				
8	取下制动缸、压缩弹簧及活塞等部件				
9	用卡环钳子取出卡环及挡圈、滚针轴承，并取出调整螺母				
	清洗检修				
10	清洗缸体内壁，用砂布去除内壁锈蚀				
11	检查各弹簧符合技术要求				
12	更换橡胶皮碗				
13	检查调整螺母及各轴承状态良好				
14	检查各挡圈、卡环状态良好				
15	检查调整杆无变形、破损				
16	检查棘爪套筒状态良好				

续表

任务编号	1-3	任务名称	停车制动装置检修		
序号	检查内容			是	否
组 装					
17	平面轴承、挡圈及卡圈固定在调整螺母上,用铜棒轻轻敲入,装上调整螺母后涂润滑脂,要求转动灵活				
18	把制动缸装配好,将压缩弹簧放入后,缸体与外壳对准后加压,确认对准后装上 M16×40 螺栓紧固到位后取下装配				
19	装入棘爪套筒,注意键与槽对准,将调整杆涂上润滑脂,装入调整螺母内套转动可止住棘轮,适当调低				
20	更换盖板密封垫后装上盖板,紧固 M10×25 螺栓,弹簧垫圈压紧后,调整杆旋转调整到不能转动为止				
21	装上棘爪销装置,安装时注意有键槽的一边朝外,旋转主调整杆、棘轮能转动				
22	更换不良棘爪销后,装上销子,按解体反顺序组装棘爪销于缸体上				
23	停车制动装置连杆组装长孔与单元制动器停车制动接口间隙为 1~1.5 mm				
试 验					
24	通风进行动作试验,要求能听到棘爪与棘轮撞击的"咋咋"声,运转灵活,手动操纵缓解灵活自如				

【任务训练】

1. 请叙述停车制动装置的作用。
2. 说明停车制动装置拆解的主要过程。
3. 停车制动装置检修的作业流程是什么。
4. 叙述停车制动装置组装作业顺序。

【任务拓展】

SS_9 型电力机车蓄能制动装置概述

一、SS_9 型电力机车蓄能制动装置的结构

SS_9 型电力机车在每台转向架第三位轮对上设置两套停车制动装置,每套停车制动装置由蓄能制动器、调整螺母、拉杆、水平杠杆、连杆、竖杠杆等组成。

蓄能制动器主要由制动缸体 10、主压缩弹簧 5、压缩弹簧 6、锁紧机构 3、棘轮机构、导向机构、丝杆 12、调整螺母 13、导向套筒 14、套筒 15 等部件组成。活塞 9 与套筒 15 一起,套筒 15 内有止推轴承、内卡圈、弹簧 11 等,靠这些将调整螺母 13 的头部夹在中间。调整螺母 13 内部有非自锁螺纹与丝杆 12 连接,外圆 180°对称位置有两条通长的滑槽,导向套筒 14 的右端有两个凸块插在滑槽中,其左端为一棘轮,受棘爪 4 的钳制。蓄能制动器结构如图 1-3-7 所示。

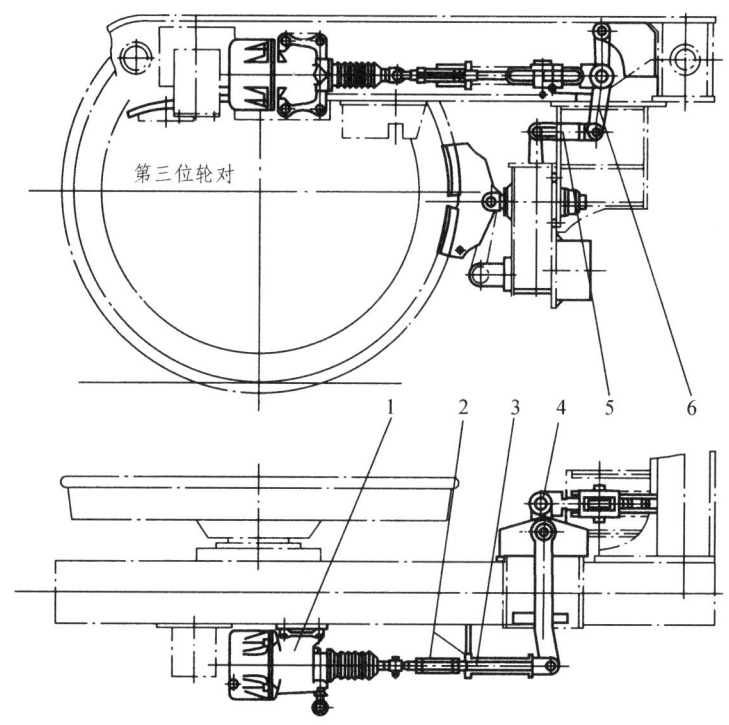

图 1-3-7 SS₉型电力机车蓄能制动器

1—蓄能制动器；2—调整螺母；3—拉杆；4—水平杠杆；5—连杆；6—竖杠杆

二、蓄能制动器的工作原理

蓄能制动器有运行缓解、停车制动、手动缓解三种状态，分别用来对机车进行制动与缓解。

1. 运行状态（缓解状态）

机车正常运行时，蓄能制动器应处在缓解位。当总风缸的压缩空气（600 kPa）充入蓄能制动器的制动缸内时，压缩空气将活塞 9 推向左端，弹簧 5、6 受压缩，丝杆 12 处于伸出位置，不起制动作用。

2. 制动状态

当制动缸排气到压缩空气低于 300 kPa 时，由于弹簧 5、6 的伸长，活塞 9 带动套筒 15 及调整螺母 13 向右移动。由于棘轮机构有反锁作用，锁住导向套筒 14 和调整螺母不能在丝杆上转动，因此也带动丝杆向右移动，拉动杠杆产生制动作用。

3. 手动缓解状态

机车在停车时要移动而又无司机操纵时，只需拉动蓄能制动器上的手动拉环 3 就可进行缓解。蓄能制动器在制动时其弹簧 5、6 并没有全部伸长，拉动拉环后棘爪提起，导向套筒和调整螺母可在丝杆上自由旋转，由于弹簧 5、6 的伸长，推动活塞 9 连同 15 向右移动直至尽头；另一方面踏面制动器制动缸复原弹簧等的反力作用将丝杆 12 向左拉，使 13、14 绕 12 旋转至完全缓解。

蓄能制动装置处于完全缓解状态要实行制动时，必须先对制动缸充气，使之恢复运行状态（缓解状态），然后放气就能转入制动状态。一旦充气压力下降到 300 kPa 以下，蓄能制动器就会自动进行工作。随着充气压力的减小，加在闸瓦上的压力也就会越来越大。所以，在运行时一定要注意风压。在无气的情况下移动机车一定要检查蓄能制动器是否处于缓解位。若处于制动位，可拉动蓄能制动器上的拉环，使机车处于缓解位方能移动机车，以防发生轮缘踏面擦伤等事故。

项目 2　DK-1 型电空制动机主要部件检修

任务 2-1　风源系统的检修

【任务描述】

假如你是机车检修车间制动班组工作人员，针对 SS_4 改型电力机车风源系统检修，请利用工作台（包括工机具），按照检修工艺流程、工艺要求及质量标准对空气压缩机进行检修。

【任务目标】

- 能按照空气压缩机分解的工艺流程进行拆解；
- 能对空气压缩机各部件进行指认；
- 能按照空气压缩机的检修方法对其进行清洗、测量与修理；
- 能按照空气压缩机组装的工艺流程对其进行组装；
- 能按照空气压缩机的试验规范及要求对空气压缩机进行试验。

【任务学习】

一、SS_4 改型电力机车空气管路系统的组成及作用

机车空气管路系统直接关系到机车的运行安全，是机车的重要组成部分之一。空气管路系统按照作用原理分为风源系统、制动系统、控制管路系统、辅助管路系统。

（一）风源系统

风源系统的作用是为电力机车提供稳定、洁净、干燥的压缩空气，一般包括空气压缩机组、辅助压缩机组、无负荷启动电空阀、调压阀、止回阀、油水分离器、空气干燥器、总风缸及高压安全阀等。

（二）制动系统

电力机车制动系统主要满足机车调速和停车的需要，保证行车安全。

（三）控制管路系统

电力机车控制管路系统主要完成电空类接触器、转换开关等电器设备的作用和受电弓的

升降、主断路器的闭合等,以保证机车的正常工作。

(四)辅助管路系统

辅助管路系统主要为机车上的一些辅助的风动器械,包括撒砂器、风笛、雨刷器、轮缘润滑装置等提供压缩空气使其正常工作,以保证机车的正常运行。

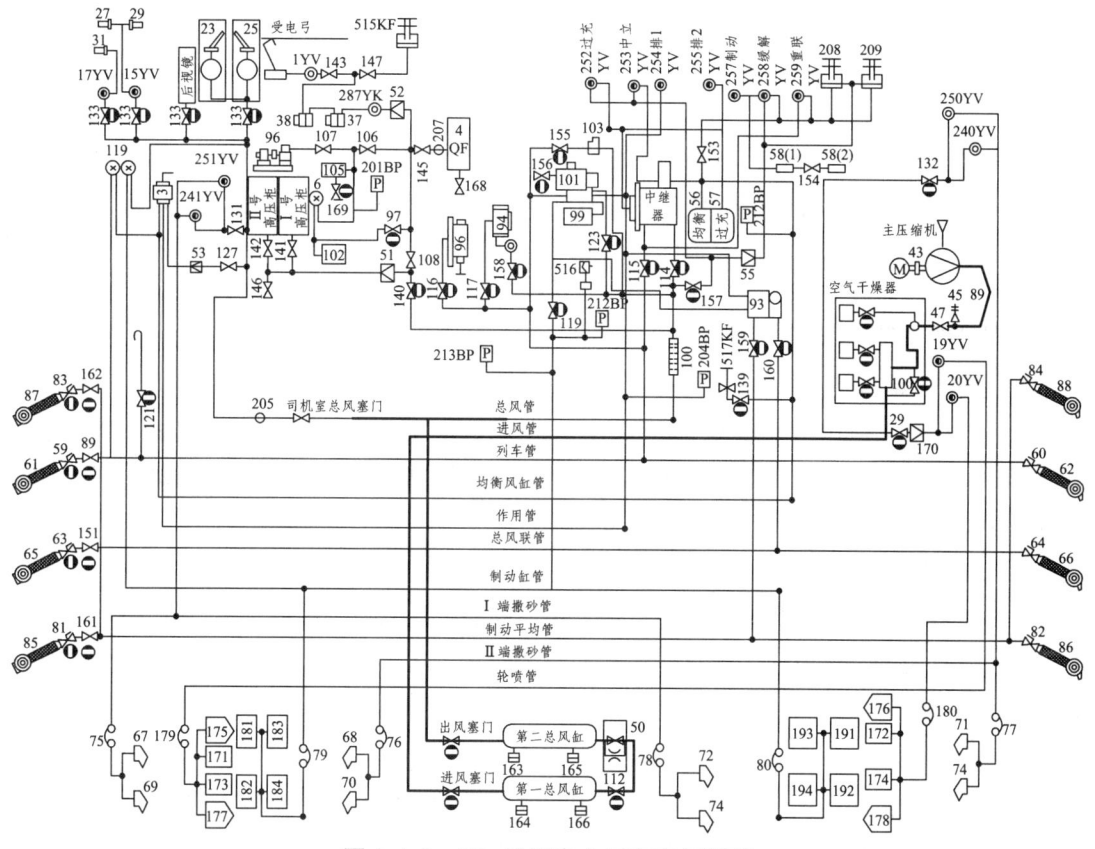

图 2-1-1　SS_4 改型电力机车空气管路

二、SS_4 改型电力机车风源系统概述

(一)风源系统的作用

机车风源系统的作用是生产、储备、调节控制压力空气,并向全车各气路系统提供所需的高质量,洁净、压力稳定的压力空气。

(二)风源系统各组成部件及功用

SS_4 改型电力机车风源系统由主空气压缩机、压力控制器、总风缸、止回阀(逆流止回阀)、高压安全阀、无负载启动电空阀、空气干燥器、塞门及连接软管等组成。

1. 空气压缩机组

空气压缩机组包括空气压缩机及其驱动电动机。其功用是制造压缩空气,可靠地供给制动装置及机车辅助设备所需要的压缩空气。

2. 总风缸

总风缸又称主风缸。其功用是储存压缩后的压力空气,供各部位使用。机车上必须配备容量足够大的总风缸。工作中,总风缸内的压力空气经总风缸管送至制动机系统、控制气路系统和辅助气路系统供其使用。

3. 空气压力控制器

空气压力控制器又称空气压力调节器。在 SS_4 改型电力机车上采用 YWK-50-C 型,代号 517 KF。压力控制器的功用是控制空气压缩机的工作,使总风缸内经常保持一定范围的压力。当总风缸空气压力达到最大规定值时,自动切断空气压缩机电动机的电源电路,空气压缩机停止工作;当总风缸空气压力低于最小规定值时,自动闭合空气压缩机电动机的电源电路,空气压缩机恢复打风。

4. 空气干燥器

空气干燥器主要用于去除主压缩机组产生的压力空气中的油、水、尘及机械杂质等杂物。空气干燥器的作用是清除压缩空气中的油、水、尘埃和机械杂质等。经过净化的空气,可避免机车车辆空气管发生冻结和锈蚀现象等。

5. 启动电空阀

启动电空阀的主要作用是在压缩机组开始启动时,排出风管中的压缩空气,以消除启动时压缩机气缸内的气体背压,保证压缩机的正常启动。用于减小主压缩机组在启动过程中的启动负载。

6. 止回阀

止回阀或逆流止回阀主要用于限制压力空气的流动方向,以防止压力空气向主空气压缩机气缸内逆流或防止压力空气逆流到无负荷启动电空阀排入大气。

三、SS_4 改型电力机车风源系统工作原理

SS_4 改型电力机车风源系统管路原理如图 2-1-2 所示。

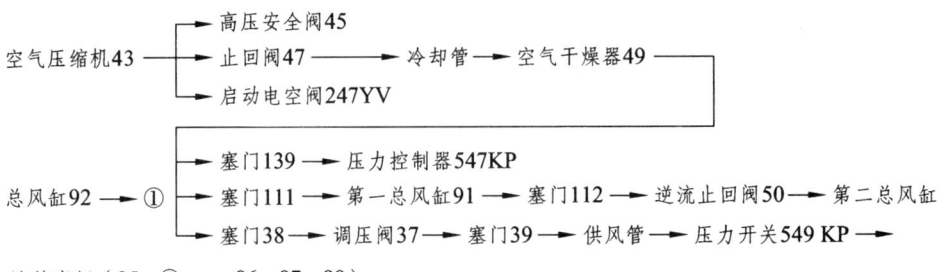

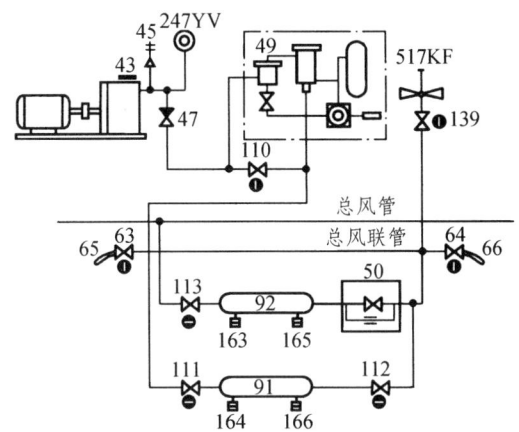

图 2-1-2　SS₄ 改型电力机车风源系统管路原理图

43—空气压缩机；45—高压安全阀；47—止回阀；49—空气干燥器；50—逆流止回；63、64—总风折角塞门；
66—总风软管连接器；91、92—第一、第二主风缸；111、112、113、139—塞门；
163、164、165、166—排水阀；247YV—启动电空阀；
517KF—压力控制器；2MA—压缩机电机

SS₄ 改型电力机车风源系统可分为压缩空气的生产、压缩空气的压力控制、压缩空气的净化、压缩空气的储存以及总风的重联五个环节。

四、压缩空气的产生——空气压缩机

SS₄ 改型电力机车风源系统压缩空气的产生依赖 V/F-3/9 型空气压缩机，每单节 SS₄ 改型电力机车主压缩空气的生产由一台生产量为 3 m³/min 的 V/F-3/9 型空气压缩机完成。

该空气压缩机的特点是四缸、V 形排列、两级压缩、中间冷却、活塞往复式式空气压缩机，其额定排气压力为 900 kPa，额定转速为 980 r/min，并由一台功率为 37 kW 的 YYD-280S-6 型三相交流异步电动机驱动。在运行中，如果压缩机组出现故障，可利用另一节机车上的压缩机组继续维持运行。

（一）V/F-3/9 型空气压缩机的构造

VF-3/9 型空气压缩机包括运动机构、空气压缩系统、冷却系统及润滑系统等组成部分，如图 2-1-3 所示。

1. 运动机构

运动机构主要包括曲轴、连杆及活塞等。曲轴采用 QT600-3 球墨铸铁制成。曲轴为双支点结构，通过轴承座和轴承盖上的一对球轴承安装在机体两端的主轴孔上，中间两曲拐上各安装有一对一、二级活塞连杆机构。连杆采用 QT450-10 球墨铸铁制成。低压气缸活塞采用轻型活塞结构，材料为 ZL108，活塞上部第一道环为密封环，第二道环为扭曲环，第三道环为刮油环。高压气缸活塞采用 HT200 铸铁制造，为筒形活塞结构，第一、二道环为密封环，第三道环为扭曲环，第四道环为刮油环。

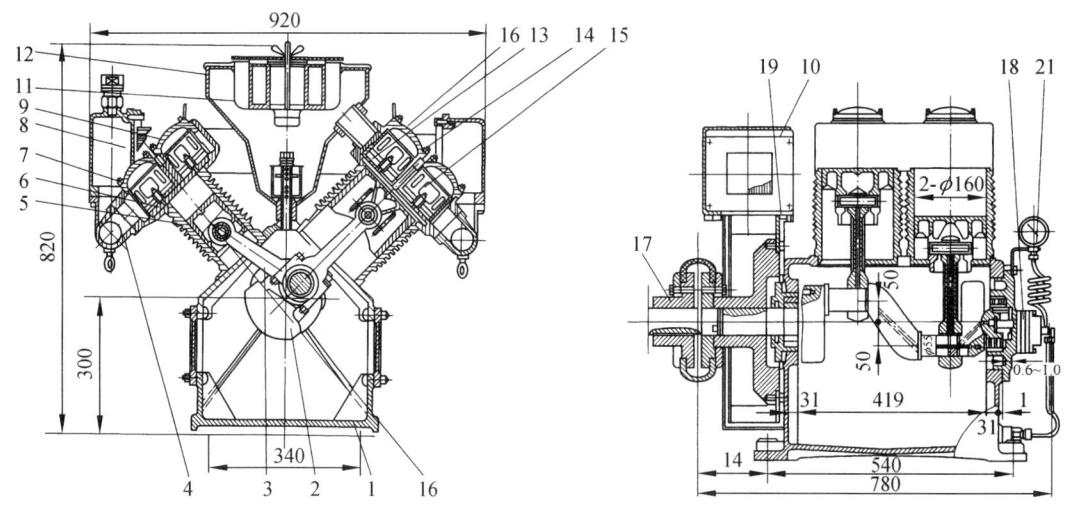

图 2-1-3 VF-3/9 型空气压缩机

1—机体；2—曲轴；3—连杆；4—气管；5—二级气缸；6—二级活塞；7—二级气阀；8—中间冷却器；9—二级气缸盖；
10—导风源；11—空气滤清器；12—消声器；13—一级气缸；14—一级活塞；15—一二级气阀；
16—一级气缸盖；17—联轴器；18—油泵；19—轴承；20—铜套；21—油压表

2. 空气压缩系统

空气压缩系统主要包括气阀、气缸、滤清器等。气阀分为进气阀与排气阀两种，均采用环状阀结构。低压气缸和高压气缸均安装有进气阀和排气阀。滤清器采用汽车空滤器纸质滤芯，采用与消声器结合的结构。

3. 润滑系统

VF-3/9 型空气压缩机润滑方式主要由飞溅式润滑和压力式润滑组成。其中，曲轴、连杆及活塞等主要部件采用压力式润滑；由油泵供给压力油从曲柄拐颈油孔溢出，润滑曲拐和连杆瓦后，进入连杆体油孔到小头衬套，润滑活塞销和小头衬套。气缸壁和活塞环等部件采用飞溅式润滑；油泵采用齿轮泵，安装在轴承座外侧，油从机体底部，经滤油器吸入油泵，并在油泵出油道路上装有油压表和调压阀。

4. 冷却系统

冷却包括一、二级压缩之间的空气冷却（压力空气进入集气箱进行冷却）和机体、气缸、缸头等受热体的冷却（利用风扇进行冷却）。

（二）V/F-3/9 型空气压缩机的空气压缩系统作用过程

当低压气缸活塞向下运动时，气缸容积增大，压力减小，进气阀在大气压力作用下被打开，空气经消音器和进气阀进入气缸；当活塞向上运动时，气缸容积缩小，压力升高，进气阀自动关闭不再吸气，随着活塞继续向上运动，气缸内空气压力不断升高，当压力高于排气阀弹簧力和排气管道中压力空气所产生的合力时，排气阀开启，经一级压缩的空气排入集气箱；经过冷却的压力空气进入高压气缸，进行二级压缩（其过程同上），然后排入机车总风缸。如此周而复始，外界大气不断吸进空气压缩机低、高压气缸，又不断被压缩，源源不断地进入总风缸，使机车总风缸中的空气压力逐渐升高。

（三）V/F-3/9 型空气压缩机的维护与保养

（1）应经常检查润滑油油位，及时补充润滑油。
（2）每班在空气压缩机启动后检查润滑油压力应为 150～350 kPa。
（3）新空气压缩机运转 50 h 后需更换全部润滑油，以后每运转 500 h 更新全部润滑油。
（4）每运转 500 h 检查并更换消声器中纸质滤芯，检查并清洗气阀和滤油器，对易损零件片阀、弹簧、活塞环应及时更换。
（5）每运转 1000 h 检查和清洗油泵。
（6）每班应开启中间冷却器的排水阀两次。
（7）润滑油应采用 N68，N100 号压缩机油或者 13 号（冬季）、19 号（夏季）压缩机油。
（8）应定期检查空气压缩机上的螺栓、螺母等紧固件有无松动，检查各处是否存在漏泄，并定期校验检查油泵油压表。

（四）VF-3/9 型空气压缩机的常见故障

VF-3/9 型空气压缩机在运行过程中要注意进行经常性的维护和保养，及时分析处理常见故障。

1. VF-3/9 型空气压缩机气阀开度过大或过小的危害

（1）进气阀开度过大时，阀片冲击力大，容易破裂；进气阀开度过小时，空气充量减小。
（2）排气阀开度过小时，活塞背压增加，气缸温度增高，易使润滑油结炭，造成阀片关闭不严，直至拉伤气缸。

2. 空气压缩机工作时，高压安全阀 45 动作频繁的原因

（1）高压安全阀 45 整定值低。
（2）止回阀 47 卡滞或装反。
（3）总风缸塞门 111、112 关闭。

3. 空气压缩机工作时，启动电空阀 247YV 排风不止的原因

启动电空阀 247YV 下阀口泄漏或阀杆卡位。

4. 空气压缩机泵风慢的原因

（1）阀泄漏，阀片或弹簧损坏，阀座与阀片接触不良。
（2）缸盖与缸头或空气管道系统存在外泄漏。
（3）空滤器堵塞。
（4）气缸顶部余隙太大。
（5）活塞环开口太大或错位。

（6）活塞、活塞环磨损严重。
（7）气阀积炭严重。
（8）气阀垫圈漏气。

5. VF-3/9 型空气压缩机运动部件产生异音的原因

（1）连杆螺栓松动。
（2）轴承和连杆大、小头间隙过大。
（3）曲轴与飞轮配合松动。

6. VF-3/9 型空气压缩机泵风时，气缸内产生异音的原因

（1）气阀故障。
（2）气缸余隙容积太小。
（3）润滑油太多或气体湿度大，产生水击声。
（4）气缸内有异物。

五、压缩空气的净化——空气干燥器

SS_4 改型电力机车采用 DJKG-A 型空气干燥器来处理压力空气。空气干燥器是利用干燥剂吸收压力空气中的水分并周期地将干燥剂中的水分除去并附有滤清装置的组合设备。空气干燥器分为双塔式和单塔式两种。

由于油水分离器在结构方面的限制，其滤清精度及油水分离效果不是很理想，目前部分电力机车已采用作用性能更好的空气干燥器来处理压力空气。

DJKG-A 型空气干燥器（单塔式）只有一个装有吸附剂的干燥筒和一个滤清筒。当机车主空气压缩机工作时，干燥器产生吸附作用；当空气压缩机停止运转时，干燥器即自动产生再生作用。由于其结构和作用的关系，该装置要求主空气压缩机间歇工作，不能长时间连续工作，否则干燥筒内的吸附剂将无法再生，最终失去干燥能力。

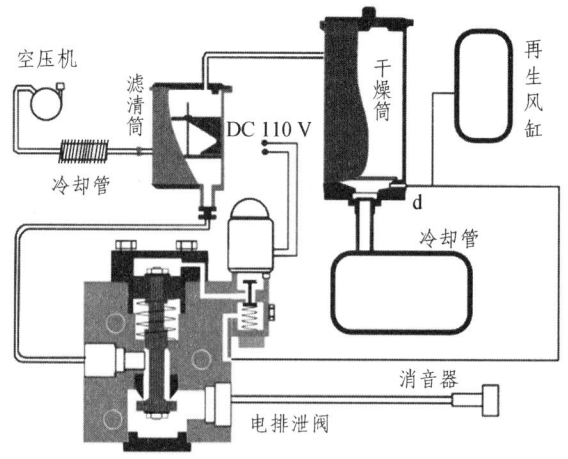

图 2-1-4　空气干燥器结构图

（一）主要部件的构造和作用

DJKG-A 型空气干燥器由滤清筒、干燥筒、再生风缸、电动排泄阀、截断塞门、消音器以及电动排泄阀防冻装置和连接钢管等组成，除消音器外，所有部件均安装在一个钢架上，构成了一个完善的"空气处理中心"如图 2-1-4 所示。DJKG-A 型空气干燥器是一种单塔无热再生空气干燥器，其工作流程图如图 2-1-5 所示。

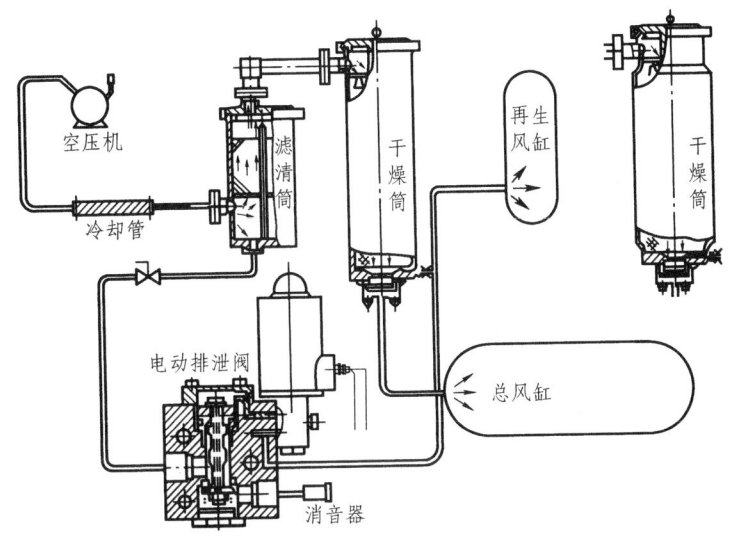

（a）干燥作用流程图

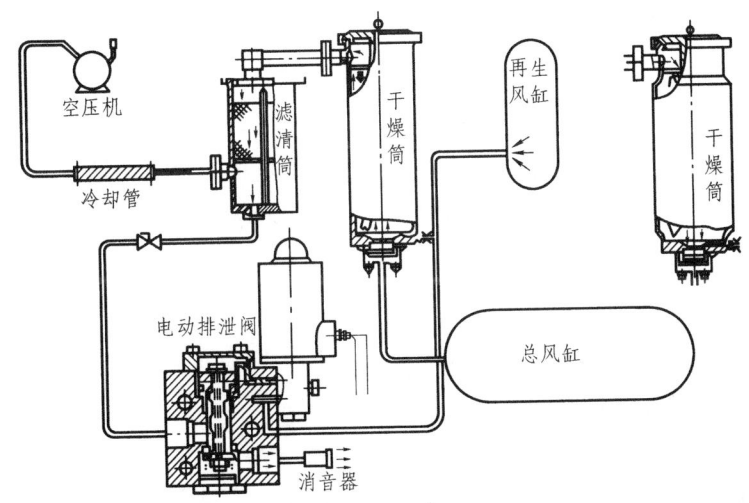

（b）再生作用流程图

图 2-1-5 空气干燥器工作流程图

1. 干燥筒

干燥筒是盛装吸附剂的筒状容器，它由筒体、筒盖、连接卡箍、压紧弹簧、橡胶 O 形圈、上滤网、支架、吸附剂、止回阀、大橡胶垫、小橡胶垫、连接法兰盘等组成。

筒体与筒盖采用连接卡箍进行连接，筒体与筒盖之间的橡胶O形圈可防止筒内压力空气外泄。下滤网通过支架安装在筒体下部，在上、下滤网间填满了吸附剂，安装在上滤网上部的压紧弹簧，可将吸附剂压紧，防止吸附剂在工作过程中的移动。止回阀安装在连接法兰盘内部，通过紧固件和大、小橡胶垫及连接法兰盘与筒体底部密封连接。干燥筒通过焊接在筒体背面的两个安装座安装在钢架上，筒体正面还有干燥器的铭牌。

2. 滤清筒

滤清筒是安装高效气液过滤网的筒状容器，它由筒体、筒盖、连接卡箍、网孔板、过滤芯子、过滤芯托架等组成。

筒体与筒盖采用连接卡箍进行连接，筒体与筒盖之间的橡胶O形圈可防止筒内压力空气外泄。由不锈钢丝网带缠绕组成的过滤芯子穿装在过滤芯托架上，并通过两端网孔板夹紧组成高效气液过滤网，过滤网的上部和下部均为膨胀气室。滤清筒通过焊接在筒体背面的两个安装座安装在干燥器安装钢架上，筒体的正面还安装了恒温器。

3. 电动排泄阀

电动排泄阀由一个 TFK_{1B} 型两位电空阀和一个柱塞式排泄阀组成。

柱塞式排泄阀由阀体、活塞、活塞杆、活塞复原弹簧、上端盖、下阀盖、排气阀、橡胶O形圈等组成。其阀体上有已安装棒形加热元件的内孔，另外还有一些暗道作为内部气路，由于阀体还起到管座的作用，故有三条气路连接管：一条为左边气路可经塞门与滤清筒底部相连通，是再生阶段排泄空气的通路；一条为右边气路可与消音器相连通，再生阶段的排泄空气经此通路排入大气；还有一条前连气路为 Dg10 管座，由此向阀体外，经管子与再生风缸相通，并经阀体内暗道、电空阀、阀体暗气路、上盖与活塞的上气室沟通，这是控制活塞动作的空气通路。

4. 止回阀

止回阀用法兰盘固定在干燥筒的底部。

通过干燥筒的干燥空气，推开止回阀阀片，从止回阀内侧的气路输入总风缸。当止回阀阀片上、下侧的压力均衡时，在弹簧的作用下，止回阀片关闭阀口。当总风缸内压力低于干燥筒侧压力时，止回阀又开启。

5. 消音器

消音器是为了消除干燥器在再生阶段排气时产生的尖锐刺耳的噪声而设置的。消音器内的填料为6层间隔放置的穿孔板。

6. 塞　门

在滤清筒至电动排泄阀之间设有一个塞门，平时处于常开位。在机车运行途中若发生因排1电空阀关闭不严而排气不止时，可关闭此阀门以防压力空气漏泄，待处理正常后再开放。该空气干燥器作用正常时，不得随意关闭此塞门，否则将使吸附剂过早失效。

7. 电动排泄阀的防冻装置

该防冻装置的作用是为了防止管路和阀冻结而设置的，它包括控温器、感温元件盒和加热元件等部分。电动排泄阀及防冻装置电路连接。

空气干燥器要求机车提供三根电源线：一根为 DC 110 V 电源正线，经常带电，提供给防冻装置，接恒控器 1 号端子；一根为 DC 110 V 电源负线，接恒控器 2 号端子；另一根为 DC 110 V 电源正线。当空气压缩机启动运转时失电，空气压缩机停止运行时得电，提供给排泄电空阀，连接电空阀接线端子。

（二）系统工作原理

1. 吸附干燥过程

当空气压缩机运转时，饱和湿空气由空气压缩机出风口经过冷却管冷却后进入滤清筒，压力空气中的油雾、水分和尘埃、机械杂质被高效气液过滤网拦截捕获。然后除去凝结水、油雾、水分和尘埃、机械杂质的饱和湿空气进入干燥筒内，通过吸附剂的作用，其水蒸气分子被吸附。故干燥筒底部的压力空气是洁净干燥的。这些干燥空气经过干燥筒底部的止回阀向机车总风缸输送，同时还经节流孔向再生风缸充风。这一过程称为吸附干燥过程。当空气压缩机停止运转时，该吸附干燥过程结束。在此过程中排泄电空阀失电，排泄阀口关闭。

2. 再生过程

当空气压缩机停止运转时，控制电路使排泄电空阀得电，再生风缸内压力空气进入排泄阀活塞上部，克服活塞弹簧反力，推动活塞及活塞杆下移，打开排泄阀口。这时，滤清筒、干燥筒以及空气压缩机出风口至干燥筒管道内的压力空气连同油、水分和尘埃、机械杂质经开放的排泄阀口，再经消音器排入大气。同时，再生风缸内的干燥压力空气通过干燥筒底部的节流孔膨胀成为接近大气压力的超干燥空气，并向与吸附干燥过程相反的流向由上而下通过吸附剂，将吸附剂吸附的水蒸气分子几乎全部带出，经排泄阀口、消音器排入大气，使吸附剂重新恢复干燥状态，这一过程称为再生过程。当再生风缸内压力空气的压力降至约 30 kPa 时，排泄阀内的活塞弹簧推动活塞及活塞杆上移，关闭排泄阀口，再生过程结束。

（三）干燥器的维护与检修

机车乘务员每次出乘前，应观察整套装置的工作是否正常，定期察看总风缸内是否有积水。干燥器应定期进行检查和大修。机车进行中修时，其检修内容如下：

（1）清洗检查电动排泄阀各部。

（2）用去污粉洗净消音器部。

（3）解体并清洗滤清筒内的过滤元件，组装前要用压力空气吹干。

（4）解体并清洗干燥筒内各部件，更换活性氧化铝，并使吸附剂填实，然后用压力空气与正常气流相反方向吹扫一遍。

（5）按恒控器盒内侧所附线路图检修恒控器。

（6）重新组装整套装置后，并在试验台上进行性能检查，合格后装车使用。

六、压缩空气的压力控制——压力控制器

国产 SS 系列电力机车所采用的压力控制器主要有 YWK-50-C 型压力控制器和 704 型压力调节器两种。压力控制器是根据总风缸压力的变化,自动闭合或切断主空气压缩机电动机电源,从而控制主空气压缩机的运转或停止,使总风缸内压力空气的压力保持在规定的压力范围(750~900 kPa)内。即当总风缸空气压力达到最大规定值时,自动切断主空气压缩机电动机的电源电路,主空气压缩机停止工作;当总风缸空气压力低于最小规定值时,自动闭合主空气压缩机电动机的电源电路,主空气压缩机恢复打风。

机车风源系统各调整部件调整压力为:SS_4改型、SS_{7E}型、SS_9型电力机车采用 YWK-50-C 型压力控制器,设在电空制动屏柜内。YWK-50-C 型压力控制器为铸铝壳体,防水型,其规格为 0~1 MPa,能经受国家标准所规定的机械振动条件考验,其结构如图 2-1-6 所示。

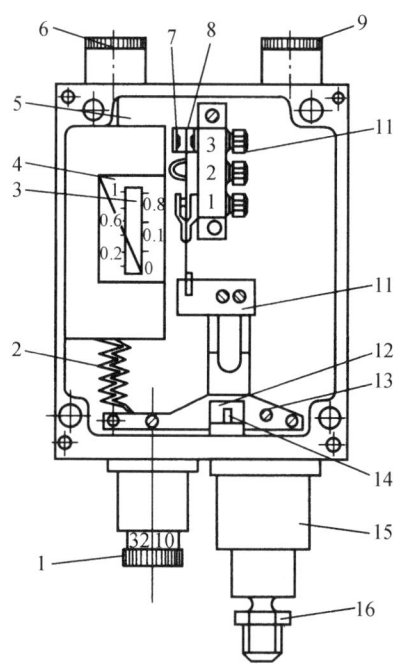

图 2-1-6 YWK-50-C 型压力控制器

1—差动旋钮;2—调节弹簧;3—指针;4—标尺牌 5—调节杆;6—锁紧螺帽;7—静触头;8—动触头;9—出线套;10—接线端子;11—拨臂;12—刀支架;13—杠杆;14—刀;15—波纹管室;16—接头

YWK-50-C 型压力控制器与 704 型压力调节器的主要区别在于:空气压力传感部分采用波纹管,较 704 型压力调节器橡胶膜板压力传感要敏感且寿命长;采用单断点的大开距开关替代双断点自行改造的小开距开关,使动作更加可靠,故障率下降。

(一)作用原理

YWK-50-C 型压力控制器的基本作用原理与 704 型调压器相似。它是利用杠杆、波纹管、调节弹簧以及切换差旋钮内的弹簧组成一个杠杆体系,并充分利用动触头和静触头组成的单断点大开距微动开关具有瞬动开闭的特点而设计的一种结构简单的压力调节控制装置。当被

控压力空气的压力上升或下降时，波纹管伸长或缩短，通过杠杆与拨臂，拨开微动开关，使触头闭合或断开而达到控制压力空气的目的。

（二）调整与使用

1. 安装与调整方法

（1）打开表盖，将压力控制器垂直安装在安装板上，严禁用手拨动或用工具碰撞拨臂，以防控制器改变性能。

（2）旋下接头，将外径为 6 mm 的金属导压管的一端锡焊于接头体上，然后旋紧接头，使连接管密封，将被控压力空气经导压管通入波纹管室。

（3）将导线连接在接线端子上。如果被控压力空气的压力需下降至下限设定值时，电路切换连接，应接 1 点和 3 点；否则应接 1 点和 2 点。机车上使用的压力控制器，导线应接 1 点和 3 点。

（4）复查安装是否妥帖，装好表盖，接通电源。

（5）取下锁紧螺帽，用一字螺丝刀旋动调节杆，使指针指在所需控制的下限设定值，然后拧紧锁紧螺帽。

（6）用于旋动切换差旋钮以获得需要的切换差，即被控压力空气的压力上限设定值。

2. 调整注意事项

（1）切换差旋钮上的数字以及调节杆和指针在标尺牌上数值仅表示上、下限设定切换值的大小而非实际值，实际值由标准压力表（即司机室内总风压力表）读取。

（2）若欲控制压力空气不超过某一给定的压力范围，应先调下限设定值（调整调节杆使指针在该压力值上），后调上限设定值（调整切换差旋钮，使压力上升至该压力值时切换开关）。

（3）根据压力控制器的使用情况，进行定期校对调整。

3. 调整示例

欲控制总风缸内压力空气的压力保持在 750～900 kPa 的范围内，则应先接通空气压缩机组的控制与工作电源，并开通总风缸与波纹管室的气路。旋动调节杆，使指针指示下限为 0.75 MPa，闭合司机操纵台面上的空气压缩机按键，这时空气压缩机组应启动，压力空气的压力上升，当空气压缩机组自动停机后，设法降低总风缸内压力空气的压力，反复旋动调节杆，使空气压缩机组在总风缸内压力空气的压力为（750 + 20）kPa 时准确启动；当下限设定值调定在（750 + 20）kPa 后，再反复旋动切换差旋钮，使空气压缩机组在总风缸内压力空气的压力达（900 + 20）kPa 时准确停机；这样反复调动调节杆与切换差旋钮，控制空气压缩机组的启动和停机，就能控制总风缸内压力空气的压力，使其保持在 750～900 kPa 的范围内。

七、压缩空气的储存——总风缸

总风缸又名主风缸，用来储存压力空气供制动机及其他风动装置使用，并能使由油水分离器来的压力空气在总风缸内进一步冷却，分离出沉淀油水及尘埃等。为确保制动机及其他风动装置工作安全，应定期开放总风缸排水塞门，放出缸内积水和尘埃。

为保证压力空气的充分供应,机车上还必须配备容量足够大的总风缸。总风缸是一个受压容器,严禁在总风缸上进行电焊打火或搭接地线。总风缸充风后严禁重物锤击,防止由于应力集中造成爆裂。

经干燥净化处理后的压缩空气,进入两个串联的总风缸内储存,以供全列车气动器械及制动机使用。SS$_4$改型电力机车采用两个总风缸储存压力空气,其中第一总风缸容积为290 L,第二总风缸容积为612 L。

八、风源系统其他辅助阀

(一)止回阀

1. 止回阀或单向阀

止回阀结构如图2-1-7所示。

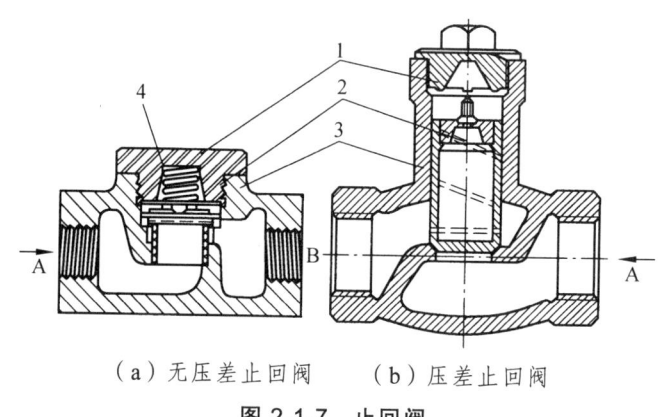

(a)无压差止回阀 (b)压差止回阀

图2-1-7 止回阀

1—盖;2—止阀;3—阀体;4—弹簧

在每台空气压缩机的出风管路上安装止回阀,用来防止压力空气逆流,以实现单向流动性能。一般地,止回阀包括无压差止回阀和压差止回阀两种。前者为金属结构,适用于高温管路,一般空气压缩机出风管路上均安装该型止回阀;而后者为橡胶结构,使用于常温气路。

当压力空气由A进入,在初始状态时,B侧管路压力较低,则A、B间的压差足以克服止回阀而将其压起,阀口开放,压力空气经B处流出;当B侧压力(或B侧压力加弹簧反力)接近A侧时,止阀下落关闭阀口。若压力空气由B侧流入,则止回阀在压力作用下与体上的阀座更加密贴,无法向A侧输送。故只能实现单向流动,即A→B。

安装时,必须注意使箭头方向与管路流向一致,且垂直安装。

2. 逆流止回阀

逆流止回阀,设置在第一与第二总风缸之间,逆流止回阀与空气压缩机出风管路上安装的止回阀外形很相似,区别在于止回阀的盖为六方体,而逆流止回阀为四方体,如图2-1-8所示。

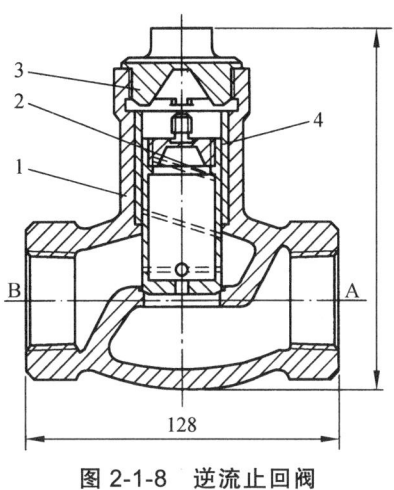

图 2-1-8 逆流止回阀
1—盖；2—阀芯；3—阀体；4—铜套

其作用为当重联机车间发生断钩现象后，各机车第一总风缸内压力空气将经断裂的总风联管快速排入大气。而第二总风缸内压力空气因逆流止回阀的阀芯下落关闭了阀口大通路，不能快速排入大气，只能经逆流小孔缓慢排入大气，从而保证了机车在停车时空气制动所需的压力空气。

其安装时，与单向阀安装要求相同。

（二）高压安全阀

为确保空气管路系统的安全，必须严格控制压力空气的最大压力。因此，在所有的压力空气管路系统中必须设置安全阀，以保证正常的压力控制装置失效后，其能自动降低压力及报警起到安全保护作用。

高压安全阀的结构如图 2-1-9 所示。电力机车空气管路系统的高压安全阀设置在每台空气压缩机出风口至止回阀管路间上（SS_4 改型电力机车因在第一与第二总风缸间加装逆流止回阀，故另加装高压安全阀），其作用是确保总风缸气压不超过最大工作压力。该高压安全阀的压力整定值为 (950+20) kPa。应随时检查高压安全阀的整定值，如果不符，应及时调整。调整时通过拧动弹簧盒，达到整定压力值后，用锁紧螺母锁紧，再用专用止挡定位，并加铅封标记，以使整定压力值准确可靠。

当连接管路的压力值大于弹簧的整定值时，阀口开放通大气口，因排气口远大于管路截面，管路压力下降，当降至低于弹簧的反力后，将阀压回阀座，关闭阀口。

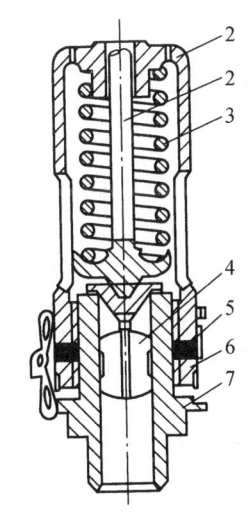

图 2-1-9 高压安全阀
1—弹簧盒；2—阀杆；3—弹簧；4—阀；
5—止挡环；6—锁紧螺母；7—阀座

由于空气压缩机连续不断地排气，其阀口的开闭往往是连续不断的，阀 4 的上下运动及间断的排气产生清晰的响声，使压力无法再增加并发出报警声以警告司机必须停止空气压缩机的运转。

【任务检查】

风源系统检修任务检查单如表 2-1-1 所示。

表 2-1-1　风源系统检修任务检查单

任务编号	2-1	任务名称	风源系统检修		
序号	检查内容			是	否
	外观检查				
1	检查底座紧固螺丝，检查减震器，如有不良应全部更换				
2	检查油气筒、蜗壳、冷却器、空气滤清器组成无变形、无裂纹无开焊，连接牢固				
3	检查各油管连接状态，不得有漏油				
4	检查安全阀紧固状态，铅封无破损				
5	检查压力开关、温度开关安装状态良好				
6	检查叶轮，如有变形、破损，更换新品				
7	检查进气阀、压力维持阀安装状态良好				
	解体与检修				
8	拆下的空气压缩机电机送专业电机组检修				
9	清扫各部分灰尘，打开冷却器下方的扩压器盖板，擦拭冷却器里侧表面尘土，用 0.5 MPa 以上干燥压缩空气反向吹净冷却器翅片内灰尘及机体各部件，然后用中性洗涤剂及棉丝拭擦干净各部件外表面				
10	将冷却器拆下，倒出余油，然后放入超声波清洗机中清洗，再刷洗外表面（勿用铁刷），用风吹干后组装恢复原样				
11	更新空气滤清器滤芯				
12	更新油过滤器，更换时用皮带扳手逆时针旋下。装新品时，在底座涂一层同机组牌号润滑油，然后用手顺时针旋紧				
13	更新油细分离器				
14	更新全部润滑油，将润滑油排净后加入新润滑油，观察油位在视油镜上下刻线之间				
15	更换联轴器弹性体				
	组　装				
16	将空气压缩机电机与机体组装，散热器与涡轮组装，各部件安装螺栓紧固				
	试　验				
17	试验前的安装：吊上试验台，并按要求接线，安装好油温传感器，磁力座弹性温度传感器，接好风管 试验：确认无误后方可通电运行 启动试验（按照空压机试验步骤及技术要求试验）				

【任务训练】

1. 压力控制器用以控制空气压缩机的工作,使(　　　)内经常保持一定范围的压力。
2. 空气压缩机是制造压缩空气,可靠地传给(　　　)及机车辅助设备所需要的压缩空气。
3. 启动电空阀是在压缩机开始启动时,排出风管中的压缩空气,以消除启动时压缩机气缸内的(　　　)。
4. 空气干燥器是清除机车压缩空气中的油分、水分、尘埃等机械杂质,为机车提供(　　　)的压缩空气。
5. 电力机车上两种结构的止回阀为(　　　)和(　　　)。简述 JKG1D 型空气干燥器由哪些部件组成。
6. 简述空气压缩机运动部件润滑油通路。
7. 乘务员在机车出库时应对空压机进行哪些检查?
8. 第一总风缸与第二总风缸间所设逆流止回阀的作用有哪些?

【任务拓展】

一、TSA-330 型螺杆压缩机

(一) 概　述

TSA-330 系列空气压缩机是为 SS₉ 电力机车专门开发的螺杆压缩机,其主要特点是效率高、振动小、噪声低、转动平稳、可靠性好、易损减少、维修成本低。

(二) 工作原理

TSA-330 系列空气压缩机是一种双轴回转容积式压缩机,电机通过联轴器直接驱动压缩机转子,转子为两个互相啮合的螺杆,具有非对称的啮合型面,并在一个铸铁壳体内旋转。其压缩原理为四个过程,如图 2-1-10 所示。

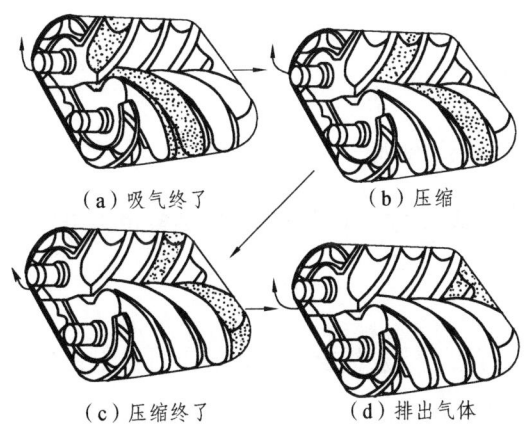

图 2-1-10　一个齿槽容积的工作过程

1. 吸气过程

螺杆组的进气侧吸气口必须设计成使压缩机可以充分吸气,而螺杆式压缩机并无进气与排气阀组。当转子转动时,主副转子的齿沟在转至进气端壁开口时,其空间最大,此时转子的齿沟空间与进气口的自由空气相通。因在排气时齿沟空气被全部排出,排气结束时,齿沟仍处于真空状态;当转至进气口时,外界空气即被吸入,沿轴向流入主副转子的齿沟内。当空气充满了整个齿沟时,转子齿沟的进气侧端面转离了机壳进气口,在齿沟间的空气即被封闭,以上为"进气过程"。

2. 封闭及输送过程

主、副两转子在吸气结束时,其主副转子齿峰会与机壳闭封,此时空气在齿沟内闭封不再外流,即为"封闭过程"。两转子继续转动,其齿峰与齿沟在吸气端吻合而逐渐向排气端移动,此即"输送过程"。

3. 压缩及喷油过程

在输送过程中,啮合面逐渐向排气端移动,亦即啮合面与排气口间的齿沟空间渐渐减小,齿沟内的气体逐渐被压缩,压力增大,此即"压缩过程"。而压缩同时,润滑油亦因压力差的作用而喷入压缩室内与空气混合。

在压缩过程中,压缩机凭借其自身所产生的压力差不断向压缩室及轴承喷入润滑油。润滑油主要有三个作用:

(1) 润滑作用:润滑油可以在转子之间形成油膜,避免转子间的接触,减少摩擦。

(2) 密封作用:润滑油产生的油膜能对压缩空气起到密封作用,提高了压缩机的容积效率。

(3) 冷却作用:由于润滑油吸收了大量的压缩热,使压缩过程接近于等温压缩,降低了压缩机的损失功率。

另外润滑油还能降低高频压缩所产生的噪声。

4. 排气过程

当转子的压缩气腔(齿沟)转到与机壳排气口相通时(此时压缩气体的压力最高),被压缩的气体开始排出,直至齿沟的啮合面移至排气端面,此时两转子的啮合面与机壳排气口间的齿沟空间为零,即完成"排气过程",与此同时,转子的啮合面与机壳进气口之间的齿沟长度又达到最长,其吸气过程又在进行。

二、JKG1D 型空气干燥器

JKG1D 型空气干燥器为双塔式空气干燥器,风源系统中干燥空压机产生的压力空气。

(一) 基本原理

JKG1D 型空气干燥器有两个干燥筒交替工作的无热再生式除湿净化装置,其工作原理如图 2-1-11 所示。

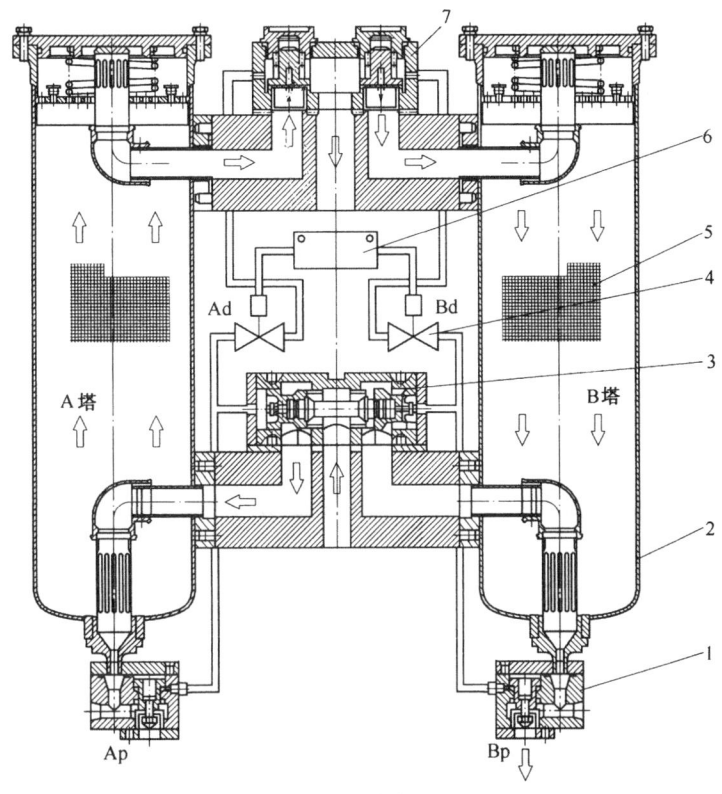

图 2-1-11　JKG1D 型空气干燥器工作原理
1—排气阀；2—干燥塔；3—进气阀；4—电空阀；5—干燥剂；6—电控器；7—出气止回阀

当电空阀 Ad 处于失电状态而电空阀 Bd 处于得电状态时，进气阀左移，排气阀 Bp 开启，排气阀 Ap 关闭，此时，B 塔进入再生状态，A 塔进入吸附状态。饱和湿空气由空压机进入进气阀座，湿空气经开放的进气阀进入左边干燥筒 A，沿着箭头的流向，经过干燥器下部的过滤芯时，除去较大的水滴、油滴及灰尘，然后送到干燥床，经干燥后的干燥空气借助压力打开出气止回阀，干燥空气送向总风缸。出气止回阀的左右进气室有一小孔相连，经干燥筒 A 处理后的净化空气有一部分经过小孔流向干燥筒 B，从 B 筒上部流向干燥床，吸走干燥床内的水分（再生），并带走高效滤清器下部的水滴、油滴及尘埃由排气阀排出。

当 B 塔再生状态到设定时间 72 s 时，电控器停止对电空阀 Ad 供电，这时两电空阀（Ad，Bd）均处于失电状态，两排气阀也处于长闭状态。但进气阀仍保持原作用位，故 A 塔继续吸附而 B 塔却停止再生，即 A 塔的干燥空气仍源源不断充入 B 塔，因 B 塔无排出，使压力逐渐上升，B 塔在这段时间处于"充气状态"，这段时间为 18 s。然后电控器开始向 Ad 供电，A 塔、B 塔再生吸附相互转换，其转换周期为 90 s。如此每个 90 s 改变左右干燥筒的干燥与再生。这样，左右干燥筒反复进行干燥和再生。

充气时间的设定主要是为减轻筒里、筒外的压力差，使进气流速缓慢，减少了进气气流对干燥剂的冲击，被称为"柔性转换"。同时可减少粉尘的产生。

（二）主要结构

JKGID 型空气干燥器由干燥塔主体、高效油水分离器、进气阀、排气阀、出气止回阀、电控器及安装夹等组成。

1. 干燥塔主体

干燥塔主体是由两个结构完全相同的干燥塔组成，呈左右对称配置。主要有干燥筒、高效滤清吸附剂等组成。干燥塔主体部分是完成压缩空气干燥净化的核心部件。

2. JKFI 型高效油水分离器

JKF1 型高效油水分离器用于清除压缩空气中的液态（油、水）粒子，以减轻吸附剂的吸附负荷和油污对吸附剂的污染。

3. 进气阀

进气阀安装于两干燥塔的进气连体上，是用于控制两干燥塔进气转换的机构。

4. 排气阀

排气阀安装于干燥塔的下部，阀口根据电气控制箱的两个电磁间所发出的压缩空气指令来控制开闭。

5. 出气止回阀

防止总风缸压力空气向干燥塔倒流，且左右进风口有一小孔相连以使干燥空气进入再生干燥塔进行再生作用。

6. 电控器

机车空气压缩机的工况是随机变化的，当这些工况以电信号（通电、断电）的形式由控制线（VK）输入电控器后，经过电空阀的逻辑处理，将变成有规律的"指令"输出，并通过电空阀来操纵干燥器上的机械动作，构成"电器-机械"控制系统，使两塔按一定的程序交替工作。

任务 2-2　电空制动控制器检修

【任务描述】

假如你是机车检修车间制动班组工作人员，首先你要完全了解 DK-1 型电空制动机的特点、结构、及各部分名称。针对电空制动控制器检修，你还需要全面的了解电空制动控制器的构造、各作用位的名称及控制作用。如若检修电空制动控制器，你还需要掌握电空制动控制器检修工艺流程及操作规范。请利用试验台及工作台（包括工机具），按照检修工艺流程，工艺要求及质量标准对电空制动控制器进行检修。

【任务目标】

- 能掌握 DK-1 型电空制动机的特点；
- 能掌握 DK-1 型电空制动机组成及功用；
- 能对电空制动控制器各部件进行指认；
- 能按照电空制动控制器分解的工艺流程进行拆解；
- 能按照电空制动控制器的检修方法进行清洗、测量与修理；
- 能按照电空制动控制器组装的工艺流程进行组装；
- 能按照电空制动控制器的试验规范及要求对电空制动控制器进行试验。

【任务学习】

电空制动机是指以电信号作为控制指令，以压力空气作为动力源的制动机。DK-1 型电空制动机广泛应用于国产 SS 系列电力机车上，其工作过程为自动空气制动机的基本作用原理，即"列车管充风→制动机缓解→列车管排风→制动机制动"DK-1 型电空制动机性能稳定、工作可靠，而且可以方便地与列车安全运行监控记录装置的自动停车功能及机车动力制动系统等配合，为列车的自动控制创造了条件。

一、DK-1 型电空制动机的特点

DK-1 型电空制动机是以电信号作为控制指令，以压力空气作为动力源的制动机。它具有以下优点：

1. **准、快、轻、静**

（1）准——指大闸进行减压时其减压量准确；

（2）快——充风快、排风快；

（3）轻——制动阀操纵手柄轻巧灵活、转动自如，由于采用凸轮柱塞结构，大大减少了回转阻力；

（4）静——因制动机的排风部件（除小闸下压手把排风外）均不在司机室，大大减少了噪声污染，改善了乘务员的工作环境。

2. **结构简单，便于维修**

该制动机把整体式的滑阀结构，改为组合式结构。绝大部分部件采用橡胶件，有利于检修和查找故障。

3. **非自动保压式**

DK-1 型电空制动机制动减压量随着操纵手柄停留在"制动位"时间的增长而增加，直到最大减压量。操作中，若不需要产生最大减压量，则当减压量达到所需减压量时，需将手柄由"制动位"转换到"中立位"进行保压。

4. **具有多重性的安全措施**

（1）采用了失电制动。如因电器或线路等原因造成失电时，该制动机便自动施行常用制

动,以保证运行安全。

(2)电空制动与空气制动转换。如果电器部分发生故障,可转换成由小闸控制全列车制动、缓解,来维持运行。

(3)与机车其他系统配合。该制动机能够与列车安全运行监控记录装置、动力制动系统等进行配合,以适应高速、重载列车的运行需要。

二、DK-1 型电空制动机的组成及功用

(一)DK-1 型电空制动机的组成

DK-1 型电空制动机的组成从各部件的安装位置来看,可分为操纵台部、制动屏柜及空气管路三大部分;从各部件的功能来看,可分为控制部分、中继部分、执行部分、其他辅助部分。

1. 以各部件的安装位置分类

(1)操纵台部。

操纵台部主要包括司机操纵台和学习司机操纵台。在司机操纵台设有电空制动控制器、空气制动阀及空气压力表、充气及消除按钮等。学习司机操纵台设有紧急停车按钮和紧急放风阀。

(2)制动屏柜。

机车制动屏柜主要由下列部件组成:电空阀、调压阀、中继阀、总风遮断阀、分配阀、紧急阀、电动放风阀、压力开关、压力传感器、重联阀、电子时间继电器及中间继电器,除此之外,制动屏柜内还包括控制风缸、工作风缸、过充风缸、均衡风缸、压力表及各种塞门等。如图 2-2-1 所示。

2. 以各部件的功能分类

(1)控制部分。

控制部分的作用是发出指令,控制列车发生制动、缓解或保压等作用。它包括电空制动控制器、空气制动阀、紧急停车按钮和手动放风塞门。

(2)中继部分。

中继部分的作用是将控制部分发出的信号(主要是电信号)转变成执行部分可以理解的空气信号,即列车管压力的变化。它的主要组成是电空阀、调压阀、压力开关、中继阀及总风遮断阀等。

(3)执行部分。

执行部分的作用是根据列车管压力的变化(或控制部分的直接指令),控制机车本身的制动、缓解、保压及列车的紧急制动。它包括分配阀、工作风缸等。

(4)其他辅助部分。

除上述三部分之外,DK-1 型电空制动机还包括一些附属部件,以满足制动机的各种性能要求。如起紧急制动作用的电动放风阀和起断钩保护作用的紧急阀及各塞门、压力表、继电器、转换阀、无动力装置、重联部分等。

3. 空气管路

空气管路性能的好坏决定着制动机能否正常、可靠地工作。空气管路包括管道滤尘器、截断塞门、管路及管路连接件等。

（二）DK-1 型电空制动机主要部件的功用

DK-1 型电空制动机主要部件的功用是：

（1）电空制动控制器——控制全列车的制动、缓解和保压。

（2）空气制动阀——电空位时，用它单独操纵机车的制动和缓解；空气位时，用它操纵全列车的制动和缓解。

（3）电空阀——它受电空制动控制器的控制，接通或切断有关气路。

（4）双阀口式中继阀——它根据均衡风缸的压力变化来控制列车管的压力变化，从而完成列车的制动、保压和缓解等作用。

（5）总风遮断阀——用来控制双阀口式中继阀的充风风源，以适应不同运行工况的要求。因此，也可将双阀口式中继阀和总风遮断阀统称中继阀。

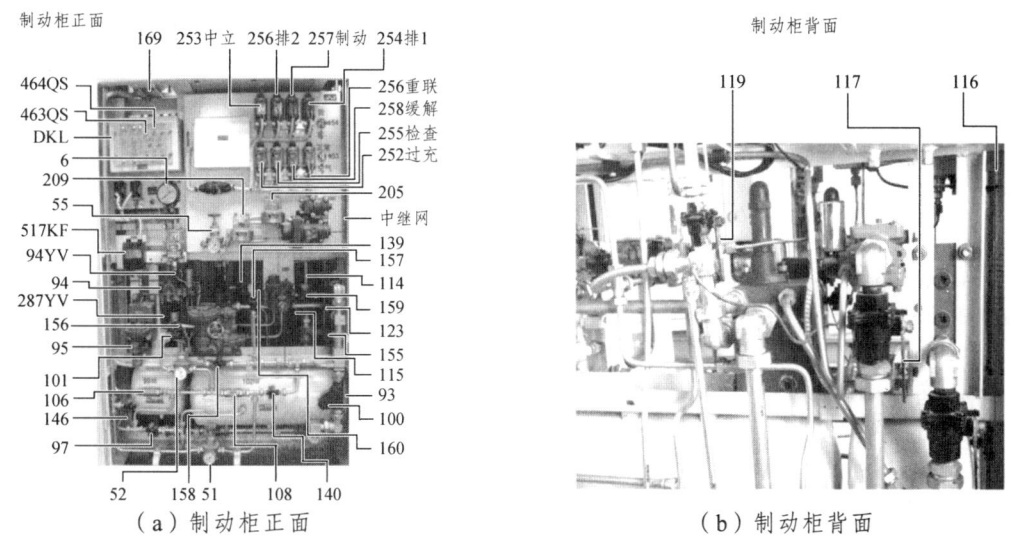

图 2-2-1 SS₄改型电力机车电空制动屏柜各部件布置图

6—控制、辅助风缸双针压力表；51—控制管路调压阀；52—受电弓调压阀；55—均衡风缸调压阀；93—重联转换阀；94—电动放风阀；94YV—紧急电空阀；95—紧急放风阀；97—控制风缸膜板塞门；99—工作风缸；100—管路柜总风滤尘器；101-109 型分配阀；102—控制风缸；104—中继阀；106—辅助风缸止回阀；108—控制管路止回阀；114—中继阀总风塞门；115—中继阀列车管塞门；116—紧急阀列车管塞门；117—电动放风阀列车管塞门；119—制动缸塞门；*机车正常运行时，制动柜里 164、155、156 塞门处于关闭状态；123—分配阀总风供给塞门；139—主压缩机压力控制器塞门；140—控制管总风供给塞门；146—机车吹扫供风塞门；463QS—补风选择开关；153—电空转换阀；154—客货转换阀；155—无火塞门；156—分配阀缓解塞门；157—电空制动屏总风塞门；158—电动放风阀总风塞门；159—重联阀平均管塞门；160—重联阀总风联管塞门；169—辅助风缸排水塞门；208—压力开关（最大）；209—压力开关（最小）；464QS—安全保护选择开关；517KF—压力继电器

（6）分配阀——它根据列车管的压力变化而动作，并接受空气制动阀的控制，向机车制动缸充气或排气，使机车完成制动、保压和缓解作用。

（7）电动放风阀——它受紧急电信号的控制，将列车管的压力空气迅速排入大气，使列车产生紧急制动作用。

（8）紧急放风阀——它受紧急风指令信号的控制，将列车管的压力空气迅速排入大气，同时切断均衡风缸的充风电路并选择切断机车的动力源。

（9）压力开关——气动电器。它根据均衡风缸压力的变化进行电路的转换。

（10）调压阀——将总风缸的压力空气调整为所需的稳定压力供有关部件使用。

（11）转换阀——它是一种手动操纵阀，通过它进行空气管路的转换。它包括154客货车转换阀、153电空转换阀。

（12）重联阀——它是在多机重联运行时，使所有机车的制动和缓解作用一致，并且在机车分离时，能保持机车的制动作用。

（13）空气压缩机——制造压缩空气，供给制动装置以及机车的其他用风部件。

（14）电子时间继电器及中间继电器——用于实现电路的相关联锁和自动控制。

三、DK-1型电空制动机的控制关系

DK-1型电空制动机的工作分为两种工况：电空位（即正常位）工作时，通过操纵电空制动控制器（或空气制动阀）可以控制、实施全列车（或机车）的制动与缓解；空气位（即故障位）工作时，通过操纵空气制动阀可以控制、实施全列车的制动与缓解。其各主要部件的控制关系如下：

（一）电空位

1. 控制全列车

电空制动阀→电空阀→均衡风缸→中继阀→列车管→ { 车辆制动机

机车分配阀→机车制动缸 }

2. 控制机车

空气制动阀→作用管→机车分配阀→机车制动缸

（二）空气位

1. 控制全列车

空气制动阀→均衡风缸→中继阀→列车管→ { 车辆制动机

机车分配阀→机车制动缸 }

2. 控制机车

空气制动阀（下压手柄）→作用管→机车分配阀→机车制动缸

（三）重联机车

本务机车制动缸→本务机车重联阀→平均管→重联机车重联阀→重联机车作用管→重联机车分配阀→重联机车制动缸

四、电空制动控制器

电空制动控制器,俗称"大闸",是一种电器组合转换开关,是 DK-1 型电空制动机的操纵部件。

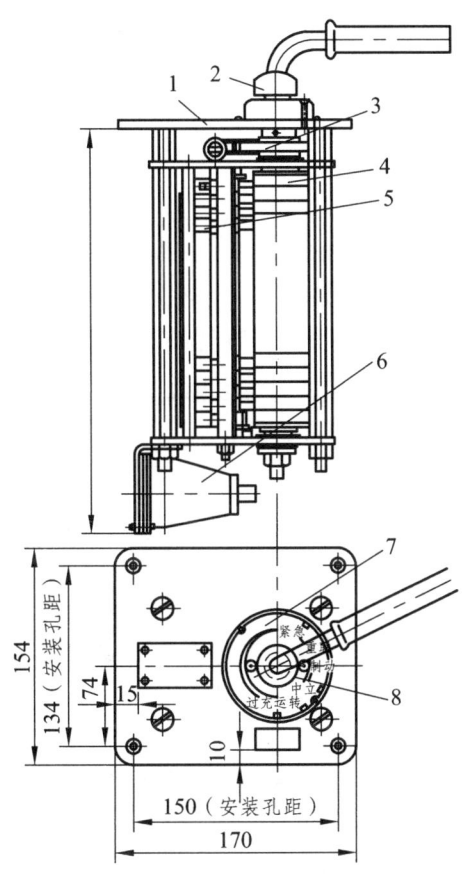

图 2-2-2 电空制动控制器结构图

1—安装面板;2—操纵手柄;3—定位机构;4—轴组装;
5—辅助触头盒;6—插座;7—铭牌;8—限位装置

电空制动控制器是操纵全列车制动或缓解的指挥装置。当司机操纵电空制动控制器时,它通过在不同位置接通不同的电路,产生电信号,传递给不同的电空阀,开放或关闭气路,来控制列车空气制动系统进行制动、缓解与保压。

（一）电空制动控制器的构造

电空制动控制器主要由操纵手柄、凸轮轴组装、静触头组及定位机构等组成。

1. 操纵手柄

电空制动控制器共设 6 个工作位置,按逆时针排列顺序依次为:过充、运转、中立、制动、重联及紧急位,由于安装面板上限位装置的作用,操纵手柄只能在重联位取出或装入。对于双端操纵的机车,两个电空制动控制器只配备一个操纵手柄,以保证机车运用中只有一台电空制动控制器在工作,另一台被锁定在重联位,而不会引起制动指令的混乱,以确保行车安全。

2. 凸轮轴组装

机车乘务员通过对手柄的操纵,凸轮轴随之同步转动,以控制和实现相应电路的闭合与断开。主要由转轴、轴承、调速垫圈、隔板、动触头等组成。由于该控制器的工作范围小于1800,所以一个凸轮动触头与两个对应的静触头构成两对独立的触头组,既减少了凸轮动触头个数,又使其结构紧凑,电空制动控制器共设 9 个动触头。

3. 静触头组

静触头组包括 18 个静触头,每个静触头均由触头座、触指、出线座及辅助连接片等组成。

18 个静触头分两列安装在一个触头座上,两个凸轮动触头分别与一个或两个静触头构成一对或两对触头组。当操纵电空制动控制器手柄在不同工作位置时,凸轮动触头分别与对应静触头接触或分离,从而使相应的电路闭合或开断。通常用触头闭合表来表示不同手柄位置下相应电路的闭合与断开情况,如图 2-2-3 所示。

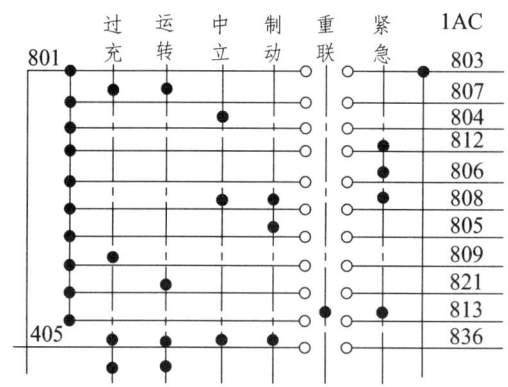

图 2-2-3 电空制动控制器触头闭合表

识读触头闭合表的要领有以下几点:

(1)某一手柄位置下某一对触头组闭合时,则在该手柄位置下方,及相应触头组下侧加注"·"表示,不闭合的触头组,不加注"·"。

(2)静触头连接导线的线号标注在该导线上侧。

4. 定位机构

定位机构的用途是固定电空制动控制器手柄在一定的工作位置上,不能自动移动位置。它主要由棘轮、滚轮杆及弹簧组成。定位机构的滚轮杆利用有缺口的棘轮和弹簧的张力来实现定位,以保证操纵手柄可靠停放在各个工作位置上。

(二)电空制动控制器的作用

1. 过充位(见图 2-2-4)

该位置是施行制动后,为了在较短的距离内将列车管内的风压充满,缩短充风时间同时满足坡道充风的需要而使用的位置。手柄在此位置时，导线 801 接通导线 803 及导线 805，缓解电空阀 258YV 得电，总风向均衡风缸及列车管充风；排风 2 电空阀 256YV 得电，过充风缸不排风；过充电空阀得电：列车管得到高于定压 30~40 kPa 的过充压力。

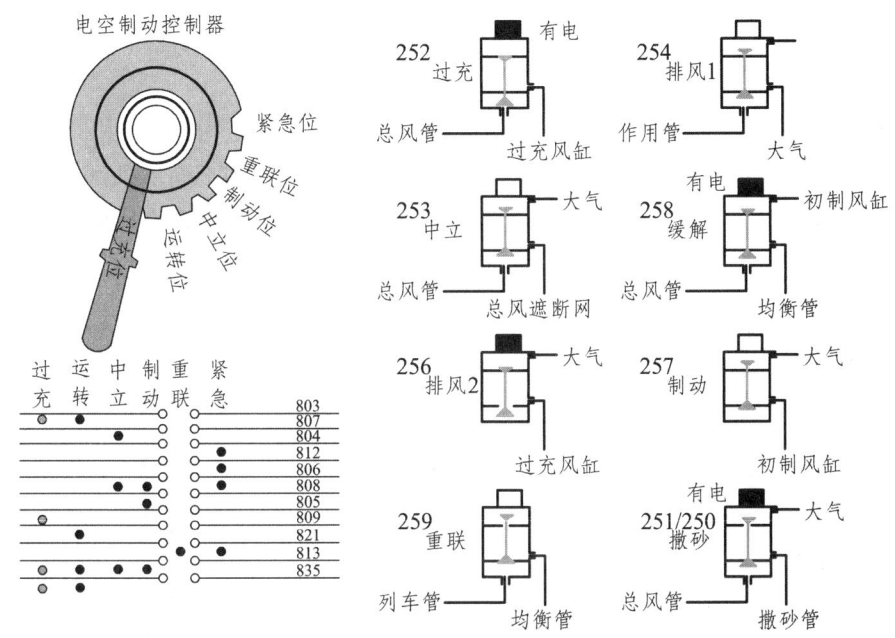

图 2-2-4 电空制动控制器置过充位

2. 运转位（见图 2-2-5）

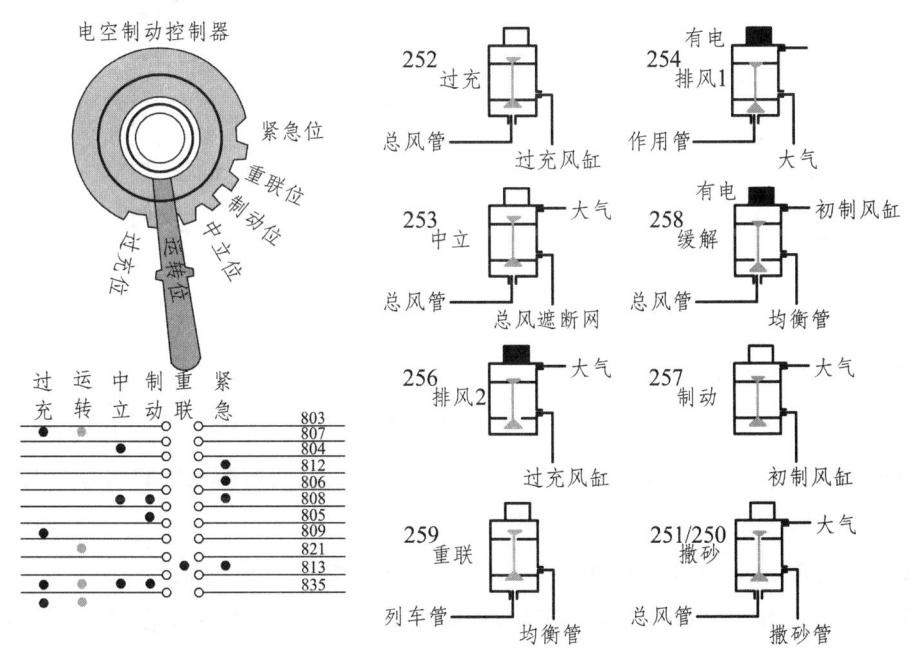

图 2-2-5 电空制动控制器置运转位

该位置是列车运行中的常置位置。

手柄在此位置时，导线 801 接通导线 803，使缓解电空阀 258YV 得电，总风向均衡风缸及列车管充风；导线 801 接通导线 809，排风 1 电空阀 254YV 和排风 2 电空阀 256YV 得电，作用管通大气，机车与车辆处于缓解状态。

3. 中立位（见图 2-2-6）

该位置是司机准备制动前或施行制动后放置的位置。手柄在制动前的中立位，导线 801 接通导线 807 并经二极管 262 使制动电空阀 257YV 得电动作关闭均衡风缸排风口；

导线 807 经二极管 263 使缓解电空阀 258YV 得电，均衡风缸处在充风状态；

导线 801 接通导线 806 使中立电空阀 253YV 得电，切断总风向列车管的充风通路；

手柄在制动后的中立位与制动前的中立位的不同在于均衡风缸因压力开关 209 断开了导线 807 到缓解电空阀的电路而不再处于充风状态。

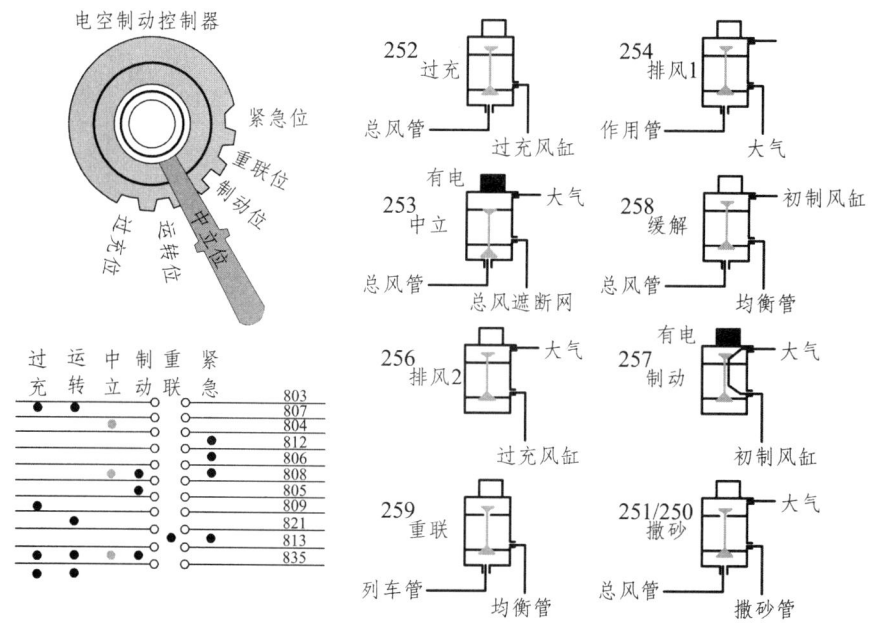

图 2-2-6　电空制动控制器置中立位

4. 制动位（见图 2-2-7）

该位置是司机有目的地进行常用制动调速或正常停车的位置。

手柄在此位置，导线 803 失电，缓解电空阀 258YV 失电使均衡风缸的压力经失电的制动电空阀排大气，机车列车均产生制动作用；

导线 801 接通导线 806 使中立电空阀 253YV 得电切断列车管的充风通路。

导线 801 接通导线 808，当均衡风缸减压量达到压力开关 208 动作值时，208 接点接通制动；

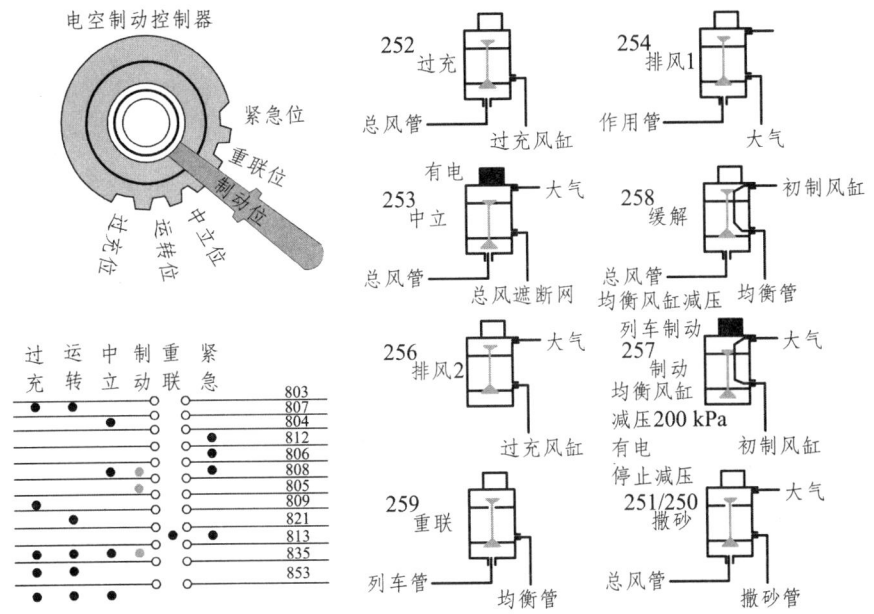

图 2-2-7　电空制动控制器置制动位

5. 重联位（见图 2-2-8）

该位置是机车重联加挂或司机换端时的手柄取出位。

手柄在此位置，导线接 801 接通导线 811 使重联电空阀 259YV 得电，中继阀自锁；制动电空阀 257YV 得电关闭排风口，使中立电空阀 253YV 得电切断列车管的充风通路。

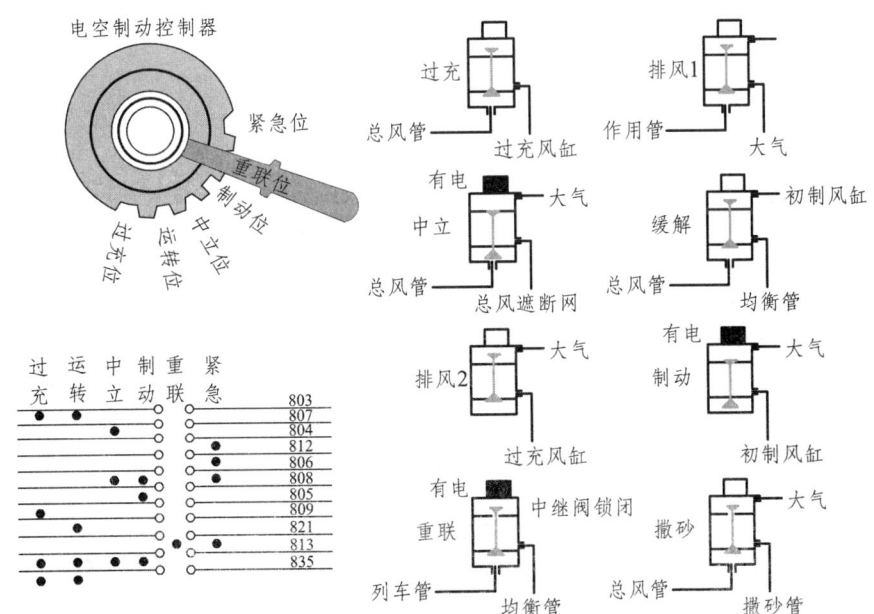

图 2-2-8　电空制动控制器置重联位

6. 紧急位（图 2-2-9）

该位置是在运行中遇有特殊情况需要立即停车时使用的位置。

手柄在此位置，导线 801 接通导线 804 使紧急电空阀 94YV 得电动作，沟通总风到电动放风阀的通路，电动放风阀及紧急放风阀动作排出列车管的压力空气，列车产生紧急制动；导线 801 接通导线 810，使撒砂电空阀 240YV 动作开始自动撒砂；导线 801 接通导线 811，使重联电空阀得电，沟通均衡风缸与列车管的通路，使均衡风缸压力空气排大气，同时，制动电空阀，中立电空阀也得电动作。

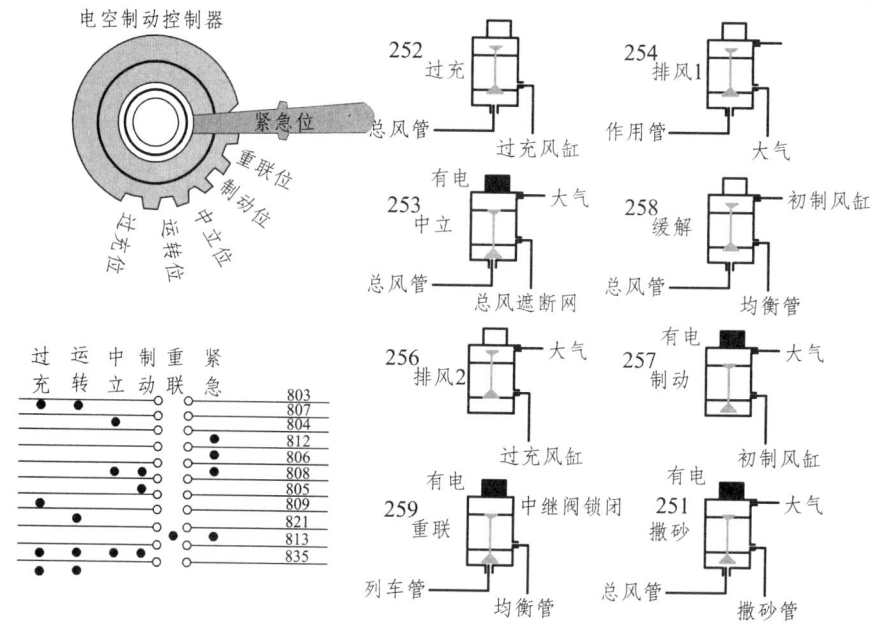

图 2-2-9　电空制动控制器置紧急制动位

电空制动控制器各位置电路工作情况表 2-2-1 所示。

表 2-2-1　电空制动控制器各位置电路工作情况

手柄位置	SS$_4$ 改型机车得电导线	电空阀得电情况	作用
过充位	803、805、813、836（经 405）	过充电空阀、缓解电空阀	车辆快速缓解，机车保压
运转位	803、809、813、836（经 405）	缓解电空阀、排 1 电空阀、排 2 电空阀	正常运行位，机车、车辆缓解
中立位	807、806、813	中立电空阀、制动电空阀	全列车保压
制动位	806、808、813	中立电空阀、制动电空阀	常用制动位，机车、车辆制动
重联位	821	中立电空阀、制动电空阀、重联电空阀	换端操纵、重联机车位，接受本务机车控制
紧急位	804、812、806、821	紧急电空阀、制动电空阀、中立电空阀、撒砂电空阀、重联电空阀	紧急制动位，全列车紧急制动

五、电空阀

（一）电空阀的构造

电空阀由两部分组成，即气阀部分和电磁机构部分。气阀部分由阀座、上阀门、下阀门、阀杆、密封套、压圈、弹簧及下盖组成。电磁机构由铁心、磁轭、动铁心、线圈、心杆等组成，如图 2-2-10 所示。

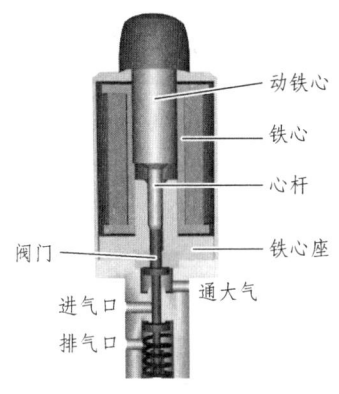

图 2-2-10 电空阀结构图

（二）电空阀的工作原理

电空阀的作用原理是当线圈不通电时，下阀门受弹簧作用而密贴阀座的下阀口，并经阀杆将上阀门顶开，使控制对象与上气室连通，而上气室由于上密封圈的作用保持其气密性，可以通过排风口集中通大气，也可以经排风口通向另一控制对象。当线圈得电时，由于电磁力的作用，克服弹簧的反力使动铁心下压心杆带动上阀门，经阀杆使下阀门离开其阀座，这样上阀的关闭与下阀口的打开是同时进行的，从而实现控制空气通路的通断。如图 2-2-11 所示。

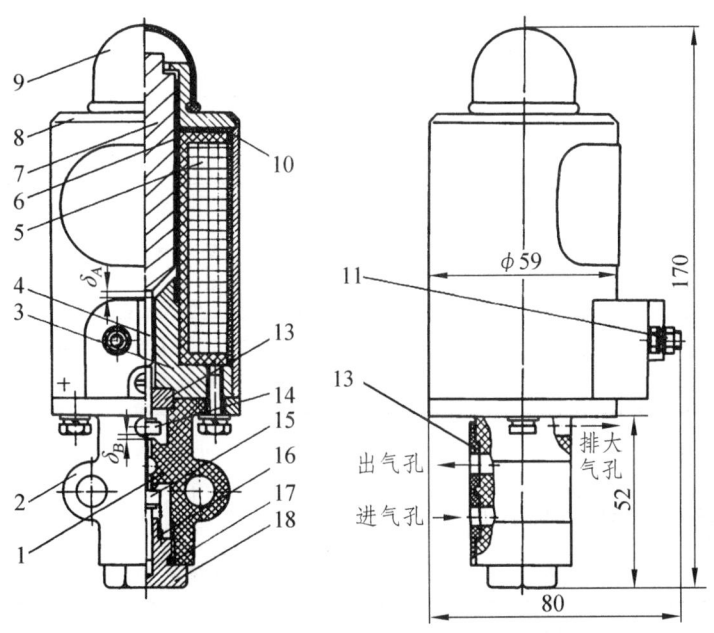

图 2-2-11 TFK1B 型电空阀结构原理图

1—阀杆；2—阀座；3—静铁心；4—心杆；5—线圈；6—铜套；7—动铁心；8—磁轭；9—橡皮防尘帽；10—橡胶垫；11—接线柱；12—滑块；13—密封垫；14—上阀门；15—下阀门；16—复原弹簧；17—O 形圈；18—下盖

DK-1 型电空制动机在 SS 等型机车上使用 11 个电空阀，在 SS_4 改型机车上使用 13 个电空阀。后者较前者多 2 个撒砂电空阀。SS_4 改型电力机车电空阀代号为"数字 + YV"。

表 2-2-2　各电空阀代号及其功用

名称	代号	输入口	输出口	排气口	功用
过充电空阀	252YV	总分缸管	过充风缸管	堵死	过充位得电，使列车管得到过充压力（30~40 kPa）
中立电空阀	253YV	总风缸管	总风遮断阀管	大气	中立、制动、重联、紧急位得电，切断中继阀的列车管供风风源
排风1电空阀	254YV	作用管	大气	大气	得电时，排放作用管的压力空气，以实现机车制动机的缓解
检查电空阀	255 YV	总风缸管	均衡风缸管	不通	与检查按钮配合，用于发车前检查判断列车管的开通状态
排风2电空阀	256 YV	堵死	过充风缸管	大气	中立、制动、重联、紧急位失电，加速排放过充风缸压力空气，避免影响中继阀作用
制动电空阀	257 YV	堵死	初制风缸管	大气	失电时，排放初制动缸的压力空气；得电时，关闭该气路
缓解电空阀	258 YV	调压阀管55	均衡风缸管	初制风缸管	缓解、过充位得电，使总风缸经调压阀55向均衡风缸充气；失电时，连通均衡风缸与初制动缸的气路
重联电空阀	259 YV	列车管	均衡风缸管	堵死	重联、紧急位得电，连通列车管和均衡风缸的气路，使中继阀自锁
紧急电空阀	94 YV	总风缸管	电动放风阀模板下侧	大气	紧急位得电，控制电动放风阀开放列车管的放风气路；失电时，关闭该气路
撒砂电空阀	251 YV、241 YV、250 YV、240 YV	总风缸管	撒砂管	大气	紧急制动时得电，自动撒砂防滑
停放电空阀	239 YV	总风缸管	停放制动器制动缸	大气	按下"停放制动"按钮，使其失电，停放制动控制器起作用，防止机车溜行

【任务检查】

电空制动控制器检修任务检查单如表 2-2-3 所示。

表 2-2-3　电空制动控制器检修——任务检查单

任务编号	2-2	任务名称	电空制动控制器检修		
序号	检查内容			是	否
解体					
1	用 14 mm 开口扳手拆下定位机构固定螺母，取下定位弹簧、滚轮及杠杆				
2	用冲子和手锤（不宜过大）将圆锥销冲出，用螺丝刀拧松定位螺钉，取下棘轮				
3	用专用工具拆下手柄座（手把座）				

项目2 DK-1型电空制动机主要部件检修

续表

任务编号	2-2	任务名称	电空制动控制器检修		
序号	检查内容			是	否
	清洗、检修				
4	用中性洗涤剂清洗定位机构各零部件。滚轮不许有过量磨耗,杠杆不许变形				
5	检查棘轮各部,不许有异常磨损				
6	动、静触头有烧痕、动作不灵敏、接触不良者更换,并作记录				
7	外观检查插座及电线路,插座应完整,不许有烧损、变形。异线不许有过热烧损、绝缘老化,导线不许有断股、接头处焊接须良好,线号清晰、齐全				
8	用游标卡尺检查手柄方孔与凸轮轴的间隙,要求不大于 0.2 mm,否则更新凸轮轴或手柄				
9	检查位置标牌,字迹应清晰				
10	检查电线路橡胶护套不许有老化、裂损,否则应更新				
	组装				
11	按解体的反序组装凸轮组,要求位置正确				
12	用螺丝刀安装手柄座				
13	用螺丝刀接好插座接线				
14	在凸轮工作表面均匀涂一层工业用凡士林				
	检查试验				
15	安装控制手柄,检查控制器操纵应灵活,位置正确。六个位置操纵良好,并且只有在重联位才可取出手柄				
16	操纵手柄,观察各触指情况。要求触头接触良好。并能按闭合表顺序闭合,导通良好				
17	用 500 V 兆欧表测量触指,凸轮之间及对地绝缘电阻值应不小于 10 MΩ				
18	将电空制动控制器安装在 DK-1 电空制动器试验台上,按 DK-1 电空制动器试验程序进行试验				

【任务训练】

1. 电空制动控制器,俗称"(　　)",DK-1 型电空制动机的操纵部件。当司机操纵电空制动控制器时,产生(　　)信号,来控制列车空气制动系统进行(　　)、(　　)与(　　)。

2. 电空制动控制器主要由(　　)、(　　)、(　　)及(　　)等组成。

3. 操纵手柄共设 6 个工作位置,按逆进针排列顺序依次为:(　　)、(　　)、(　　)、(　　)、重联及(　　)位,由于安装面板上限位装置的作用,操纵手柄只能在(　　)位取出或装入。

4. 凸轮轴组装用于随操纵手柄进行同步转动,以控制和实现相应电路的(　　)与(　　)。主要由(　　)、轴承、调速垫圈、隔板、(　　)等组成。

5. 静触头组包括 18 个静触头,每个静触头均由触头座、(　　)、出线座及(　　)等组成。

6. 利用有缺口的定位凸轮和有弹簧张力并带滚轮的（　　）来实现定位，以使操纵手把准确地停留在各个工作位置上。

7. 电空制动控制器的用途是什么？

8. 试述电空制动控制器手柄在各位置时的作用。

9. 简述电空制动控制器的构造及功用。

10. DK-1 型电空制动机的多重性安全措施包含哪些内容？

11. 简述空气制动阀空气位操作时缓解位的作用。

12. 试述电空制动控制器在运转位时，均衡风缸及列车管无压力的原因及处理方法。

13. 试述 DK-1 型电空制动机的各阀控制关系。

【任务拓展】

电力机车发展历程

我国电力机车的研制和生产从 1958 年开始，其发展大致可分为以下四个阶段：

一、起步阶段（20 世纪 50 年代末—70 年代末）

20 世纪 50 年代末，在仿制国外机车的基础上，生产出 SS 型客货两用交-直传动电力机车。

1958 年底，湘潭电机厂在株洲电力机车厂等厂所协助下，试制出了中国第一台电力机车，即 6Y1 型干线电力机车。6Y1 为六轴电力机车，其小时功率 3 900 kW，机车最高速度可达到 100 km/h。1959 年起，株洲电力机车厂和株洲电力机车研究所等厂所联合对 6Y1 机车进行了多次试验，做了很多改进，到 1962 年共试制 5 台机车，并在宝凤线上试运行。但是由于引燃管、牵引电机、调压开关等仍存在问题，6Y1 型电力机车未能批量生产。1961 年，中国第一条电气化铁路宝鸡到成都建成，由于 6Y1 型机车性能不能满足运输生产需要，我国从法国阿尔斯通公司进口了部分六轴的 6Y2 型电力机车，6Y2 型电力机车持续功率为 4 740 kW，最高速度为 101 km/h。

SS_1 型电力机车是我国第一代采用有级调压的交-直传动的电力机车，是在我国 1958 年试制成功的第一台引燃管 6Y1 型电力机车的基础上研究试制成功的，先后经历了三次重大技术改造，1980 年从 221 号车定型。

SS_2 型电力机车是在吸取了法国 6Y2 型大量先进技术基础上，于 1969 年在株洲电力机车厂设计试制出第一台机车。SS_2 型电力机车小时功率为 4 800 kW，最高速度 100 km/h，机车采用高压侧调压开关 32 级调压，硅整流器整流，采用低压脉流牵引电动机，同时采用了大量其他先进技术。其后经两次技术改造，SS_2 型电力机车于 1978 年投入试运行，但由于个别技术不能配套，SS_2 型电力机车没有进行批量生产。

二、发展阶段（20 世纪 70 年代末—80 年代末）

SS_3 型电力机车是我国第二代采用级间相控调压的交-直传动的客货两用电力机车。SS_3 型电力机车是在吸收了 SS_1 和 SS_2 型电力机车的成熟经验的基础上，由株洲电力机车厂和株洲电力机车研究所共同研制，并于 1978 年底试制出厂并投入使用。

SS_{3B} 型电力机车是大功率半导体整流、客货运两用干线电力机车。SS_{3B} 型电力机车采用工频单相交流电。机车牵引及制动功率大，启动平稳，加速快，工作可靠，司机室工作条件良好，污染少，维修简便。

SS_{3B} 型电力机车为大功率硅半导体桥式全波整流，采用调压开关与晶闸管相控结合的平滑调压，牵引特性为恒流控制特性；具备加馈电阻制动特性，比 SS_3 型电力机车具有更优越的制动性能；机车采用脉流串励式牵引电动机，采用大面积立式百叶窗车体通风方式；车内设备按斜对称空间布置，采用成套组装。

SS_4 型电力机车是由各自独立且又互相联系的两节车组成，每节车均为一个完整的系统。主电路采用四段经济半控桥进行相控调压。它具有恒压或恒流控制的牵引特性和恒速或恒励磁控制的电阻制动特性，空气制动采用 DK-1 型电空制动机。

三、提高阶段（20 世纪 80 年代末—21 世纪初）

在消化吸收引进机车技术的基础上，对已开发的机车进行了技术改造，并结合我国传统的牵引电机并联的主电路形式，相继开发 SS_5、SS_{6B}、SS_7、SS_{7E}、SS_8、SS_9 等型号的电力机车。

SS_{6B} 型电力机车是由株洲电力机车厂和株洲电力机车研究所共同研制开发的六轴相控交-直传动干线电力机车。SS_{6B} 型电力机车的设计是以国内外交直传动相控电力机车成熟的技术和经验为基础，并根据原铁道部关于开展电力机车简统化、系列化的精神，吸收和采用了 SS_4 和 SS_6 型电力机车的技术。于 1992 年 12 月完成了样车的研究和试制。

SS_7 型电力机车是由大同厂、成都厂和株洲电力机车研究所共同研制的交-直传动相控电力机车，为适用于山区小曲率半径线路，减小机车轮缘磨耗，并提高机车牵引能力，其采用 $3B_0$ 转向架。首台 SS_7 型电力机车于 1992 年 12 月 30 日试制出厂。

SS_8 型电力机车是由株洲电力机车厂和株洲电力机车研究所共同研制的主要用于准高速干线客运的交-直传动相控电力机车。SS_8 型电力机车于 1998 年 6 月 24 日在京广线的许昌至小商桥区间创造了 240 km/h 的当时中国铁路最高速。

SS_9 型电力机车是由株洲电力机车厂和株洲电力机车研究所联合研制的大功率六轴客运交-直传动相控电力机车，主要用于牵引 160 km/h 准高速旅客列车。研制目的是通过提高机车功率，加大牵引力，以满足具有长大坡道线路的满编旅客列车准高速运行的需要。该机车在研制过程中坚持了、标准化、系列化的原则。

四、交流传动大功率机车（21 世纪初至今）

HXD1 型电力机车是中车株洲电力机车有限公司、株洲中车时代电气股份有限公司和南车株洲电机有限公司等单位在引进消化吸收西门子 HXD1 型交流传动电力机车先进技术的基础上，结合多年积累的电力机车设计制造经验，遵循先进、成熟、经济、适用、可靠的技术原则，按照模块化、标准化、系列化的要求，进行了自主研发牵引变流器和网络控制系统的等同替代工作，是一款具有完全自主知识产权的适应铁路重载运输需要的交流传动八轴 9 600 kW 大功率干线货运电力机车。机车单轴功率 1 200 kW，最高运用速度 120 km/h。

HXD2 型电力机车是由法国阿尔斯通公司与中车集团合作设计生产,是在法国阿尔斯通公司 PRIMA 2U 机车的基础上改造设计而成,主要是为适应大秦线重载牵引运输,专门配属湖东电力机车机务段。HXD2 型电力机车的电气传动系统采用交-直-交电传动方式,牵引电动机采用轴控方式,运用了先进的 FIP 网络控制技术,系统具有很强的自检和故障识别诊断能力;关键部件具有冗余设计,发生故障时,能保留最大的牵引力和制动力,大大提高了机车运行的可靠性。考虑到大秦线隧道多,以及煤尘、雨雪的侵蚀,车体结构和空气过滤系统都作了较大改进。

HXD3 型电力机车,最初曾定为 SSJ_3、DJ_4 型,SSJ_3 是中国铁路干线货运用电力机车车型之一,是"和谐 3 型"电力机车原型。大连机车厂于 2001 年起开始研究大功率交流传动货运电力机车,通过与日本东芝合作来研制新型机车,由东芝提供机车的牵引逆变器及控制系统。这款机车使用了 C_0-C_0 转向架,即前后各一台三轴转向架、每轴装有一台 1 200 kW 交流牵引电动机,整车输出功率为 7 200 kW。首台原型车编号 SSJ_3-0001,后改名为 DJ_3,于 2003 年年底完成。编号由 30017 开始的机车为"国产化"车辆,使用永济 YJ85A 型牵引电机,首辆机车出厂曾被改称为"神龙 1 型"(SL1),不久即改称为"和谐型",编号改为 HXD30xxx。首辆国产化机车于 2006 年 12 月 8 日出厂及交付使用。

任务 2-3 中继阀检修

【任务描述】

假如你是机车检修车间或是制动班组工作人员,要针对中继阀检修,你需要全面地了解中继阀构造、各个作用位的工作状态及控制作用,如若检修中继阀,需要掌握中继阀检修工艺流程及操作规范。请利用试验台及工作台(包括工机具),按照检修工艺流程,工艺要求及质量标准对中继阀检修。

【任务目标】

- 能掌握中继阀、总风遮断阀、双阀口式中继阀的功用;
- 能熟悉中继阀各管路的连通状态;
- 能按照中继阀分解的工艺流程进行拆解;
- 能对中继阀各部件进行指认;
- 能按照中继阀的检修方法进行清洗、测量与修理;
- 能按照中继阀组装的工艺流程进行组装;
- 能按照中继阀的试验规范及要求对中继阀进行试验。

【任务学习】

一、中继阀的结构及作用

中继阀总体结构如图 2-3-1 所示。

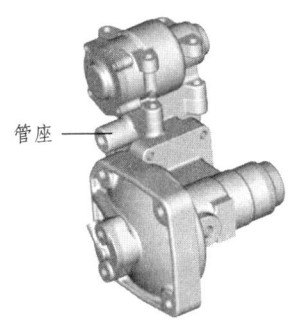

图 2-3-1 中继阀总体结构

（一）中继阀构造

中继阀由双阀口式中继阀（通常简称中继阀）、管座、总风遮断阀三部分组成。管座有五根空气管路与之发生联络，总风缸管经 114 塞门与管座相连；列车管经 115 塞门与管座相连；另外还接有均衡风缸管、过充风缸管、总风遮断阀管。

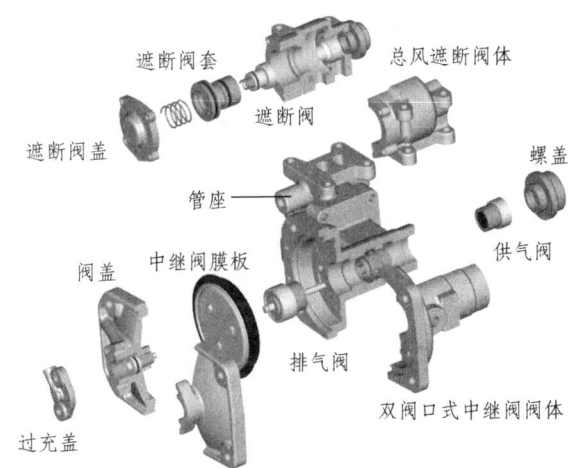

图 2-3-2 中继阀分解结构

双阀口式中继阀由供气阀、供气阀套、供气阀弹簧、供气阀套挡圈、排气阀、排气阀套、排气阀弹簧、排气阀套挡圈、顶杆、主活塞、膜板、过充柱塞、过充柱塞套、过充柱塞体及盖等组成，如图 2-3-2 所示。

（二）中继阀作用

中继阀是气动部件中的中继部分，它依据压力变化情况直接控制列车管的充风和排风，从而实现全列车缓解、制动或保压。

中继阀作为气动部件的重要阀体，在 DK-1 型电空制动机的工作过程中起着非常重要的作用。其工作性能的好坏直接影响着 DK-1 型电空制动机能否安全、可靠地工作。因此，熟悉、掌握中继阀的构造和作用原理是学习、使用 DK-1 型电空制动机的基础。

双阀口式中继阀和总风遮断阀通过阀座安装于制动屏柜上，并经阀座与总风缸管、列车管、均衡风缸管、过充风缸管和总风遮断阀管这5条空气管路连接，因此，阀座既是安装基座，又是管路连接基座（简称管座）。

均衡风缸的设置目的：一是用于储存压力空气；二是以均衡风缸压力变化为控制信号来控制双阀口式中继阀的动作，从而控制列车管的减压量，达到准确控制列车制动力的目的。因为列车管贯穿于列车的首尾，其充风、排风是由司机在机车上操纵实施的，而司机操纵台上反映列车管压力的压力表是连接在机车上的，因此该压力表只能即时反映机车附近列车管压力，而不是整个列车的列车管压力，如果司机通过观察列车管压力表直接控制列车管减压量来控制制动力的大小进行操纵的话，容易造成失误。因此，在制动机工作的过程中，需设一个较易准确、迅速控制的参量为标准量，使列车管压力参照该标准量的变化而变化，从而达到准确控制列车列车管减压量，以此控制列车制动力大小的目的。

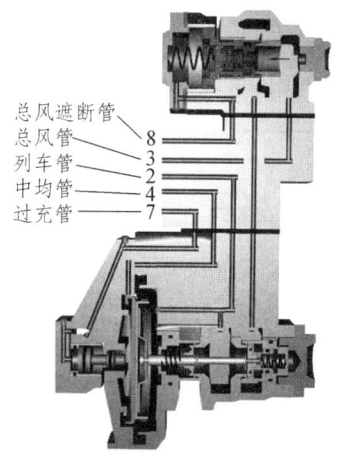

图 2-3-3　中继阀管路图

二、总风遮断阀

总风遮断阀的作用是受中立电空的控制，用以开户或关闭阀口，即控制列车管的供气源。如图 2-3-4 所示。

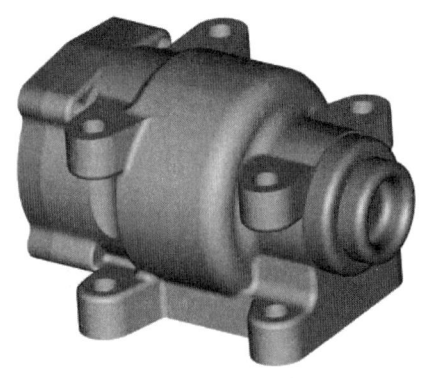

图 2-3-4　总风遮断阀式中继阀的总风源

1. 总风遮断阀的构造

总风遮断阀属于阀口式空气阀，主要由阀体、遮断阀、阀座、遮断阀套、弹簧等组成，如图 2-3-5 所示。

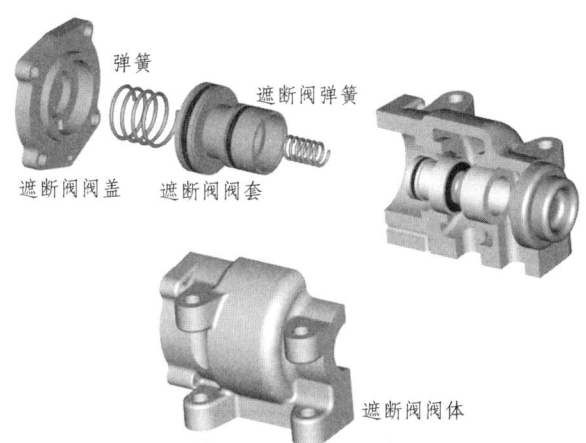

图 2-3-5 总风遮断阀结构图

总风遮断阀各内部空间分别与 3 条管路连通。
① 阀体右侧空间与总风缸管连通，并经遮断阀中心孔通往遮断阀套右侧空间；
② 阀体中部空间与双阀口式中继阀供气室连通；
③ 阀体左侧空间与总风遮断阀管连通。

2. 总风遮断阀的作用原理

总风遮断阀的基本作用原理为：根据总风遮断阀管压力变化，从而使遮断阀套带动遮断阀左右移动，开启或关闭遮断阀口，以连通或切断总风通往双阀口式中继阀供气室的气路。

3. 总风遮断阀的工作过程

包括以下两个动作状态
（1）阀口关闭状态。
当中立电空阀 253YV 得电时，总风向总风遮断阀充风，遮断阀在其左侧的总风压力及弹簧力的作用下右移，迅速关闭遮断阀口，切断总风通往中继阀供气室的通路
（2）阀口开启状态。
当中立电空阀 253YV 失电时，总风遮断阀管向大气排风，遮断阀套左侧无压力空气时，遮断间在其右侧的总风压力作用下，克服弹簧的反力左移，遮断阀口呈开启状态，连通总风通往中继阀供气室的通路。

三、双阀口式中继阀

双阀口式中继阀根据均衡风缸的压力变化来控制列车管的充风或排风，以实现全列车的制动、缓解与保压。

1. 双阀口式中继阀的构造

双阀口式中继阀主要由如图 2-3-6 所示的零部件组成。

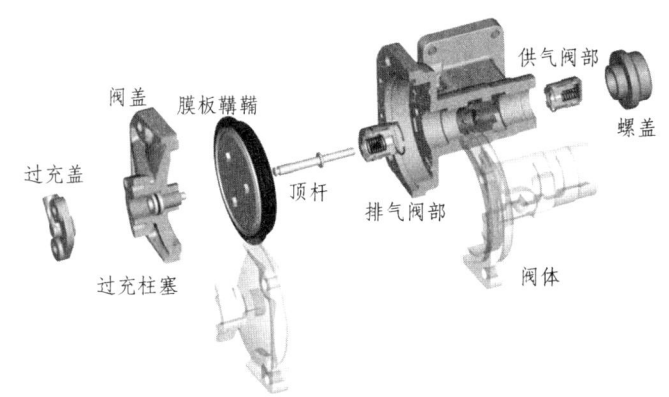

图 2-3-6 双阀口式中继阀结构图

（1）主模板：传感部件，用于感应不同压力空气间的压力变化，从而带动顶杆左、右移动，以开启或关闭排风阀口或供气阀口，最终实现连通或切断排气、供气气路。其主要由内、外活塞和橡胶膜板等组装而成。

（2）供气阀机构：连通或切断供气气路的执行部件。其主要由供气阀、供气阀套、供气阀弹簧及 O 形橡胶密封圈（简称 O 形圈）等组成。

（3）排气阀结构：连通或切断排风气路的执行部件。其主要由排气阀、排气阀套、排气阀弹簧及 O 形圈等组成。

（4）顶杆：跟随主活塞移动并顶开供气阀口或排气阀口。

（5）阀座：为双向阀座结构，分别与供、排气阀形成供、排气阀口。

（6）过充柱塞"过充位"快速充风时，产生附加作用力并作用在活塞膜板上，以实现列车管的快速充风，并使列车管得到过充压力。

（7）其他零部件：包括阀体、端盖、缩堵、排风堵及橡胶密封件等。

2. 双阀口式中继阀 5 条气路

（1）过充柱塞左侧空间与过充风缸管连通；

（2）活塞膜板左侧空间（称为中均室）与均衡风缸管连通；

（3）活塞膜板右侧及阀座中间的空间与列车管连通；

（4）排气室与大气连通；

（5）供气室与经总风遮断阀过来的总风缸管连通。

3. 双阀口式中继阀的作用原理

双阀口式中继阀的基本作用原理为：根据均衡风缸压力变化使作用在活塞膜板两侧的作用力之差发生变化，从而使活塞膜板带动顶杆左、右移动，顶开供气阀口或排气阀口，以连通或切断列车管的排风或供风气路，实现列车管的充、排气。

4. 双阀口式中继阀有 5 个作用状态

（1）充气缓解状态（见图 2-3-7）。

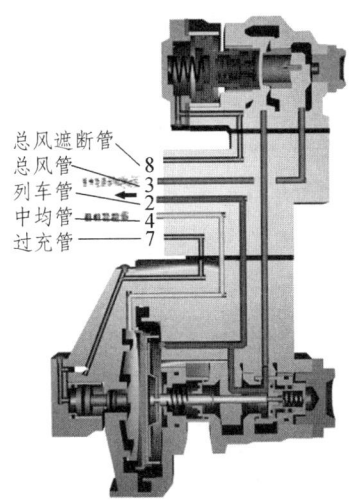

图 2-3-7 双阀口式中继阀充气缓解状态原理图

电空制动控制器置于运转位时,缓解电空阀 258YV 得电,排风 1 电空阀得电,排风 2 电空阀得电,此外中立电空阀失电。

由于缓解电空阀得电,均衡风缸压力增加,主膜板活塞左侧的压力升高,即中均室压力升高,使其产生向右的作用力,因此,活塞膜板带动顶杆右移,并压缩供气阀弹簧,供气阀口开启。

又由于中立电空阀 253YV 失电,总风遮断阀口开启,则总风缸压力空气(以下简称总风,其压力为 700~900 kPa)由总风遮断阀口经开启的供气阀口向列车管充风,同时总风经缩堵孔($\phi 1.0$)mm 向活塞膜板右侧充风。

(2)过充状态(见图 2-3-8)。

为了适应列车运行于长大坡道或长大列车运行时对缓解充风速度的要求,DK-1 型电空制动机设置了"过充位"操纵,以实现列车的快速充风。

当司机将电空制动控制器手柄置于"过充位"时,缓解电空阀 258YV 得电,过充电空阀 252YV 得电,排 2 电空阀得电,此外中立电空阀失电。由于过充电空阀 252YV 得电,连通了总风向过充风缸充风的气路,即过充柱塞侧压力升高,推动过充柱塞右移,并作用在活塞膜板上,该作用力的大小相当于 30~40 kPa 压力空气所产生的作用力;又由于缓解电空阀 258YV 得电,连通总风经调压阀(用于调整、限定均衡风缸的定压,为 500 kPa 或 600 kPa)向均衡风缸充风的气路,即活塞膜板左侧压力升高,在二者共同作用下,活塞膜板带动顶杆迅速右移,顶开供气阀口,阀口进一步加大,使总风迅速向列车管及活塞膜板右侧充风;当活塞膜板右侧压力及列车管压力与活塞膜板左侧压力平衡时,在供气阀弹簧作用下,关闭供气阀口。

可见,当电空制动控制器手柄置于"过充位"时,经双阀口式中继阀动作,能够实现列车管的快速充风,并使列车管压力得到过充压力,即超过定压 30~40 kPa。

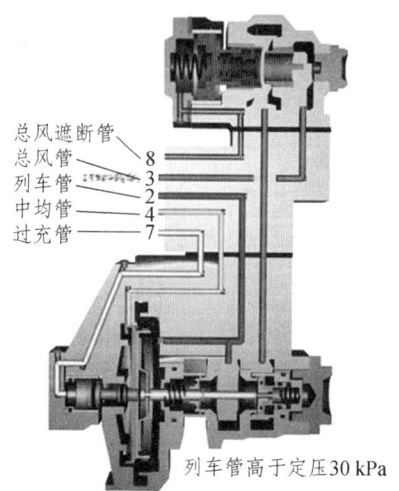

图 2-3-8 双阀口式中继阀过充状态原理图

消除过充压力,可将电空制动控制器手柄由"过充位"转换至"运转位",此时,均衡风缸仍保持定压,而过充风缸内的压力经过充风缸小孔 $\phi 0.5\ \text{mm}$ 缓慢排向大气（$120\sim180\ \text{s}$ 消除过压），则过充柱塞端部作用在活塞膜板上的附加力缓慢消失,此时列车管过充压力缓慢排向大气,而不会引起后部车辆的自然制动。

（3）保压状态。

① 缓解后保压状态（见图 2-3-9）。

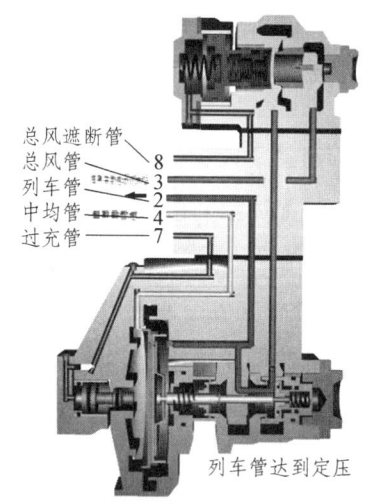

图 2-3-9 双阀口式中继阀缓解后保压状态

随着活塞膜板右侧和列车管压力的增加,逐渐平衡活塞膜板左侧压力,在供气阀弹簧作用下,**使供气阀推动顶杆、活塞膜板左移逐渐缩小供风阀口,直至关闭。同时,顶杆、活塞膜板停止移动,不能打开排风阀口,使其处于供、排气阀口均不开启的保压状态。**当列车管发生泄漏时,双阀口式中继阀活塞膜板右侧的压力随之降低,在活塞膜板上产生向右的作用力,所以**活塞膜板带动顶杆右移,顶开供气阀口,使总风向列车管内补风**,同时活塞膜板右侧也得到补风；当活塞膜板右侧及列车管压力补充到与活塞膜板左侧压力平衡时，在供气阀弹簧作用下，关闭供气阀口，完成补风过程。可见，补风作用是随着列车管的泄漏而自动进行的。

② 制动后保压状态（见图2-3-10）。

随着活塞膜板右侧和列车管压力的降低，逐渐平衡活塞膜板左侧压力，在排气弹簧作用下，使排气阀推动顶杆，活塞膜板右移；直到活塞膜板两侧压力平衡时，关闭排气阀口，从而切断列车管的排风气路。同时，顶杆、活塞膜板停止右移，不能打开供气阀口，使其处于排、供气阀口均不开启的保压状态。

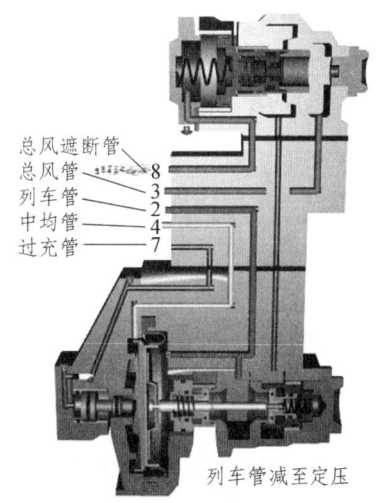

图2-3-10 双阀口式中继阀制动后保压状态原理图

（4）制动状态（见图2-3-11）。

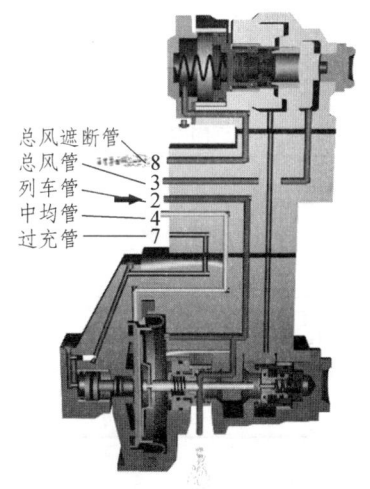

图2-3-11 双阀口式中继阀制动状态原理图

电空制动控制器置于制动位，中立电空阀252YV得电，制动电空阀257YV得电，此外缓解电空阀失电。由于制动电空阀得电，缓解电空阀失电，均衡风缸压力减小，活塞膜板左侧的压力下降，使其产生向左的作用力，因此活塞膜板带动顶杆左移，并压缩排气阀弹簧推动排气阀左移，从而打开排风阀口，列车管向大气排风，同时，膜板右侧的压力空气经缩口风堵，排气阀阀口也向大气排风。

当列车管发生泄漏时，双阀口式中继阀也将进行自动补风作用。由于目前我国绝大多数车辆制动机采用二压力机构分配阀，只具有一次缓解性能，故实际运行中，通过转换装置将自动补风作用切除，以避免发生自然缓解而危及行车安全。

列车管压力随着均衡风缸压力变化而变化。司机不直接控制列车管的充、排风，而是通过控制均衡风缸压力变化来控制列车管的压力。这是由于贯穿列车首尾又细又长的列车管存在压力差，不便于操纵。因此，为达到准确控制列车管减压量，以控制列车制动力大小的目的，设置了均衡风缸（容积4 L）压力为标准参量，依此准确地控制列车管减压量。

（5）自锁状态。

若使双阀口式中继阀活塞膜板左右两侧沟通，即均衡风缸与列车管沟通，则无法在活塞膜板上形成压力差，从而不能打开其供、排气阀口，即中继阀处于自锁状态。

综上所述，总风遮断阀与双阀口式中继阀共同控制列车管的充风气路，而列车管的排风气路则是由双阀口式中继阀单独控制的。

【任务检查】

表 2-3-1　中继阀检修——任务检查单

任务编号	2-3	任务名称	中继阀检修		
序号	检查内容			是	否
	清扫检查				
1	用压缩空气吹扫阀体表面，再用干净棉丝将阀体擦净				
2	目视检查阀体无裂损、变形现象，各丝扣良好				
	解体				
（一）分解总风遮断阀					
3	开口扳手拆下总风遮断阀安装螺丝，取下总风遮断阀				
4	用扳手旋下遮断阀螺盖				
5	用开口扳手拆下阀盖紧固螺母，取下遮断阀阀盖				
6	取出活塞弹簧及活塞体，撬出卡圈，取出遮断阀及阀弹簧				
（二）分解双阀口式中继阀					
7	用扳手旋下中继阀螺盖				
8	解体排气阀，取出供气阀联体，撬出卡圈，取出阀弹簧				
9	用开口扳手松开膜板压盖紧固螺丝				
10	逆活塞上所标明箭头方向，向外拔出主活塞。 注：其他方向上不能取出活塞				

续表

任务编号	2-3	任务名称		中继阀检修		
序号		检查内容			是	否
（三）分解排气阀						
11	用卡簧钳取出挡圈抽出排气阀联体及顶杆，撬出挡圈，由套内取出气阀及阀弹簧					
（四）拆过充柱塞部						
12	用开口扳手拆下柱塞盖紧固螺丝，取下柱塞盖，抽出柱塞。					
（五）拆下风堵						
13	用螺丝刀旋下风堵					
（六）拆橡胶件						
14	取下各部所有橡胶件					
检修						
15	更新各阀弹簧，并用钢板尺测量各弹簧自由高度：遮断阀活塞弹簧为 63_{-3}^{+1} mm，遮断阀弹簧为 38_{-3}^{+1} mm，供风阀弹簧为 29_{-3}^{+1} mm，排风阀弹簧为 38_{-3}^{+1} mm					
16	用汽油清洗各阀与套，目视检查各部件工作面应无明显拉伤、变形、段磨、偏磨或过量磨耗。用内、外径千分尺测量各阀与套的配合间隙不大于 0.12 mm					
17	用汽油清洗活塞组件，内、外活塞无变形、裂损及锈蚀					
18	目视检查顶杆无弯曲、变形、裂损及锈蚀，用钢板尺测量顶杆长度为 $92^{-0.2}$ mm					
19	目视检查各阀座配合紧密，不松动，无脱落，座口无锈蚀、变形、麻坑及拉伤等，并用白绸布涂上擦铜油磨修，尽量不使用砂布打磨					
20	目视检查风堵丝扣良好，通气孔无异物阻塞，用样针测量孔径为 $\phi 0.6$ mm。					
21	橡胶件全部更新。橡胶件有：O 形圈、膜板阀座垫圈、阀体风道密封橡胶圈及阀盖密封垫。所更换的橡胶件必须与原装件同一型号，其规格为：遮断阀活塞大端 $\phi 50 \times 3.5$ mm，排气阀套 $\phi 40 \times 3.4$ mm，遮断阀活塞小端 $\phi 36 \times 3.5$ mm，供气阀套 $\phi 34 \times 3.5$ mm，遮断阀 $\phi 24 \times 2.4$ mm，过充阀盖、排气阀、过充柱塞大端三项均为 $\phi 24 \times 2.25$ mm，供气阀 $\phi 18 \times 2.25$ mm，过充柱塞小端 $\phi 12 \times 1.75$ mm，膜板 $\phi 132$ mm					
组装						
22	组装膜板活塞体。然后根据槽沟大小，给各阀及阀套装上 O 形圈，并涂适量硅脂油，最后装上各部件及风道密封圈。密封橡胶圈、垫应齐全，不可缺少又不可多装。 注：膜板应舒展，不扭曲、膜板边缘应装入活塞槽内，不得有压边现象。O 形圈不得有翻拧现象，并有一定的缩紧度					
23	给所有橡胶件表面、各体套内面，均匀涂上一薄层润滑脂。注：所涂润滑脂应适量，过多易吸附尘物，阻塞风道					

续表

任务编号	2-3	任务名称	中继阀检修		
序号	检查内容			是	否
24	将供气阀部、排气阀部、遮断阀部装成组件，各阀在套内均能灵活动作。				
25	总体组装。装上排气阀组件及顶杆，装上挡圈，然后将膜板活塞体按箭头所指方向推动着挂上顶杆，内活塞一定挂上顶杆，不可虚挂。为了便于挂接，应同时压迫顶杆前端部，再后将其他部件按照解体相反的次序组装。各部件配合良好，无异常现象				
试验					
26	将检修后的中继阀和总风遮断阀装在试验台上，按DK-1型制动机试验台试验办法进行试验。各部动作灵活，密封性能良好，压力指标符合规定，填写实验数据记录				

【任务训练】

1. 中继阀主要由（　　）、（　　）和管座三部分组成，其管座连接的5根管路是（　　）、（　　）、（　　）、（　　）和（　　）。

2. 双阀口式中继阀主要由（　　）、（　　）、（　　）、（　　）、（　　）和（　　）零件组成。

3. 总风遮断阀受（　　）电空阀的控制。

4. 如果过充压力消除过快，就有可能导致（　　）。

5. 中继阀有何功用？由哪几部分组成？有哪几根管？

6. 中继阀有哪几个作用位置？

7. 简述中继阀充气缓解位的作用。

8. 简述中继阀充气缓解后保压位的作用。

9. 简述中继阀制动位的通路和作用。

10. 中均管泄漏时，有何现象？

11. 什么是中继阀自锁？

12. 如何判断均衡风缸、列车管、中均管泄漏？

13. 中继阀排风口排风不止是何原因？如何判断？

14. 总风遮断阀管 8# 或通路 8a 半堵时有何现象？如何处理？

【任务拓展】

HXD3型电力机车车体结构

1. 司机室

HXD3型电力机车司机室如图 2-3-12 所示。

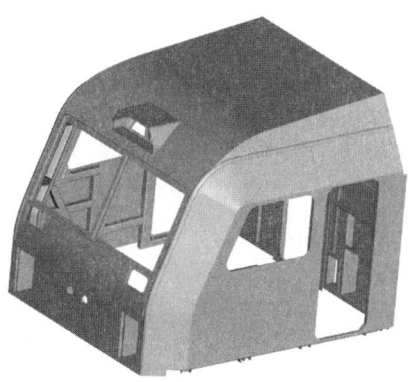

图 2-3-12　HXD3 型电力机车司机室

2. 底　架

HXD3 型电力机车底架由端部牵引梁、边梁、中间梁、变压器梁等组成。HXD3 型电力机车底架如图 2-3-13 所示。

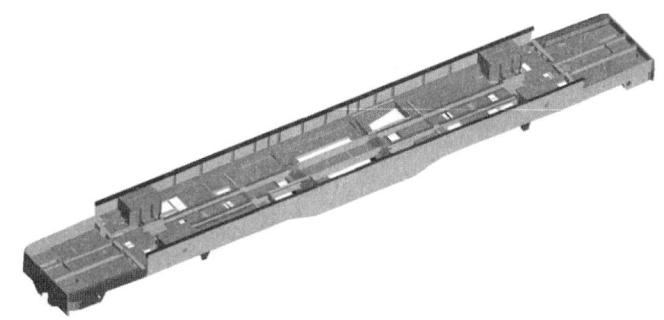

图 2-3-13　HXD3 型电力机车底架

（1）端部牵引梁。

端部牵引梁将设计成为可以装配车钩、大容量胶泥缓冲器及压溃装置的具有很大刚性的框架结构，用来传递牵引力和压缩力，并保证在一定受力范围内不发生塑性变形。底架端部牵引梁如图 2-3-14 所示。

（2）旁承座。

HXD3 型电力机车底架旁承座如图 2-3-15 所示。

图 2-3-14　底架端部牵引梁

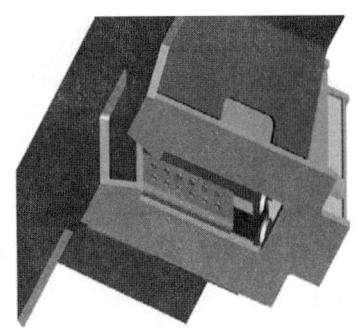

图 2-3-15　底架旁承座

（3）变压器梁。

HXD3 型电力机车底架变压器梁如图 2-3-16 所示。

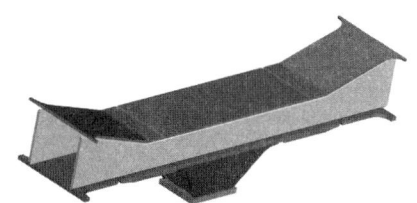

图 2-3-16　底架变压器梁

（4）底架边梁。

底架边梁如图 2-3-17 所示。

3. 侧　墙

HXD3 型电力机车侧墙如图 2-3-18 所示。

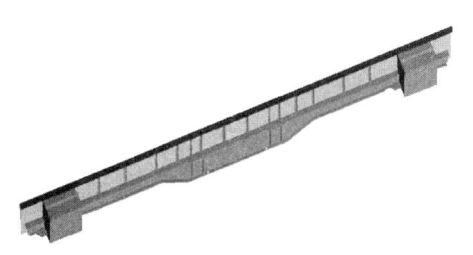 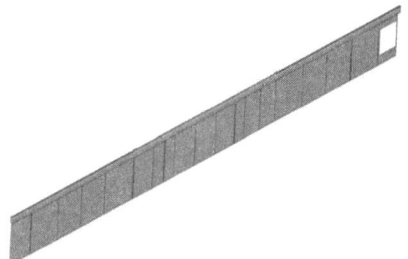

图 2-3-17　底架边梁　　　　　图 2-3-18　HXD3 型电力机车侧墙

4. 顶　盖

HXD3 型电力机车顶盖部分包括三个独立的活动顶盖和两个活动梁。活动顶盖可以拆卸以便提供装卸机械间设备的昀大宽度，并具有通风作用，每个活动顶盖都是一个独立的风箱。活动梁用于相邻顶盖的连接和密封，并可以紧固在两侧侧墙上和拆卸下来以方便装卸机械间设备。

顶盖一安装受电弓等高压设备，顶盖二设置人孔盖，以方便检修人员登车。车体顶盖如图 2-3-19 所示。

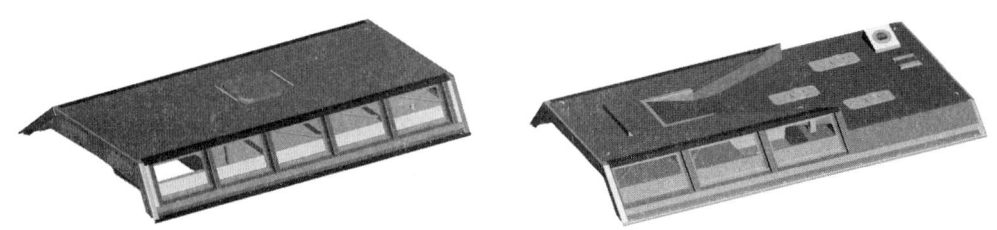

图 2-3-19　HXD3 型电力机车车体顶盖

5. 车体附件

（1）空调系统。

空调系统包括具有冷热功能的司机室空调机组、司机室电加热器、司机室电加热地板（可以是高寒地区选装）。空调出风口在操纵台前端，为 8 个独立的可自由调整风向、风量的出风口。HXD3 型电力机车空调系统如图 2-3-20 所示。

图 2-3-20　HXD3 型电力机车空调系统

（2）司机室。

司机室内装采用钢板、玻璃钢板、多孔铝板等多种材料复合而成，夹层中为防寒、隔音、阻燃材料。采用螺接结构，提高内装板的安装拆卸方便性。司机室顶棚可以打开锁闭装置后分别打开，用来检修顶棚上安装的电风扇、司机室顶灯、头灯等。HXD3 型电力机车司机室如图 2-3-21 所示。

图 2-3-21　HXD3 型电力机车司机室

(3) 遮阳帘。

前窗遮阳帘为电动遮阳帘,控制按钮在操纵台上。侧窗遮阳帘为手动遮阳帘,可以悬停在任意位置。

(4) 司机座椅。

主副司机座椅可以进行前后、上下、左右方向的调节并可以进行旋转,座椅靠背的角度也可根据需要进行调节。后墙有两个可以折叠的添乘座椅。

(5) 司机室门及门锁。

每个司机室的两侧各配有司机室门,采用胶条密封。司机室门装有联动门锁,每台机车出厂时配有专用钥匙,只能打开对应的机车。司乘人员在车内可以通过旋钮锁闭门锁;但在车外只能通过钥匙锁闭门锁。

(6) 工具箱和文件柜。

司机室后墙布置了一个工具箱,可供司机存放工具、杂物、衣服、医疗箱等。文件柜可以存放行车文件。同时后墙还提供两个衣帽钩供司机使用。

任务 2-4 空气制动阀检修

【任务描述】

假如你是机车检修车间制动班组工作人员,首先你要完全了解 DK-1 型电空制动机的特点、结构、及各部分名称。针对空气制动阀检修,你还需要全面的了解空气制动阀构造、各作用位的名称及控制作用。如若检修空气制动阀,你需要掌握空气制动阀检修工艺流程及操作规范。请利用试验台及工作台(包括工机具),按照检修工艺流程、工艺要求及质量标准对空气制动阀进行检修。

【任务目标】

- 能掌握空气制动阀在制动系统中的重要作用;
- 能掌握空气制动阀的结构及作用;
- 能按照空气制动阀分解的工艺流程进行拆解;能对空气制动阀各部件进行指认;
- 能按照空气制动阀的检修方法进行清洗、测量与修理;
- 能按照空气制动阀组装的工艺流程进行组装。

【任务学习】

一、空气制动阀的作用及构造

空气制动阀的构造如图 2-4-1 所示。

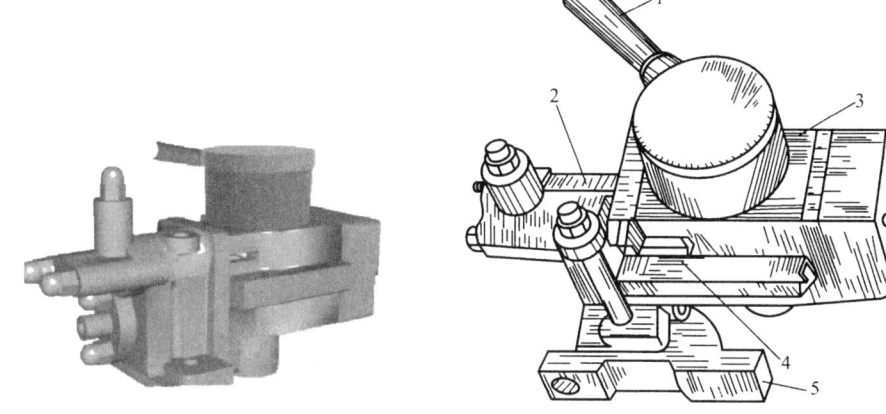

图 2-4-1　空气制动阀

1—操纵手柄；2—阀体；3—凸轮盒；4—电空转换扳钮；5—阀座

（一）空气制动阀的作用

空气制动阀俗称"小闸"，是 DK-1 型电空制动机的操纵部件。

"电空位"下，单独控制机车的制动、缓解与保压；"空气位"下，控制全列车的制动、缓解与保压。

它有 4 个工作位置，按逆时针方向依次为：缓解位、运转位、中立位和制动位，通过限位装置，操纵手柄只能在运转位取出或装入。

（二）空气制动阀的构造

空气制动阀由阀体部分、凸轮盒部分及阀座等组成。

1. 阀　座

阀座既是空气制动阀的安装基座，也是管路的连接座。管座上接有 3 根管子：经调压阀 53（或 54）通过来的总风管（简称调压阀管）、作用管和均衡风缸管。

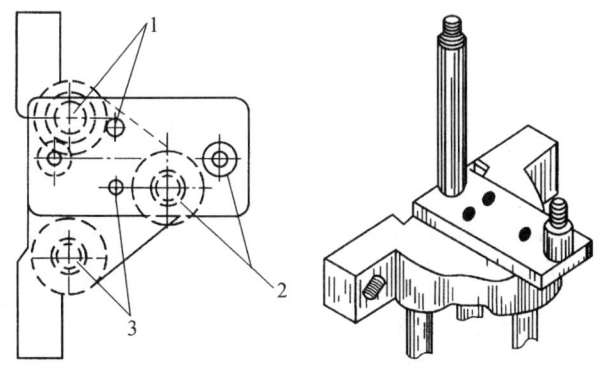

图 2-4-2　空气制动阀管座

1—均衡风缸管；2—调压阀管；3—作用管

2. 凸轮盒部分

凸轮盒左侧与阀体连接，右侧安装了联锁开关，下部为排风阀，中间安装了轮轴以及定位凸轮、作用凸轮，上部装有手把座与盖板。

凸轮盒主要由操纵手柄、凸轮机构、单独缓解间及微动开关、接线座等部分组成。

（1）操纵手柄。

设有 4 个工作位置，按逆时针顺序为：缓解位、运转位、中立位、制动位，只有在运转位才能装入或取出。工作中，手柄须插入手柄座内，并通过手柄座与凸轮机构的转轴连接，以便在转动手柄时通过转轴带动凸轮一起转动。

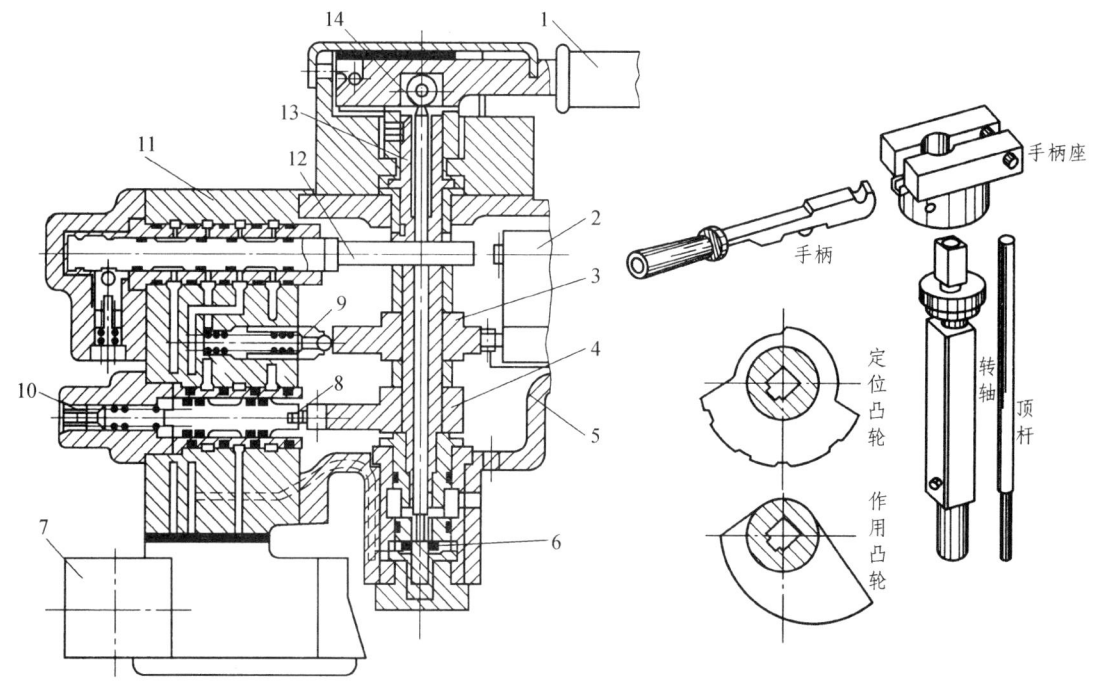

图 2-4-3 空气制动阀结构图

1—操纵手柄；2—联锁微动开关组；3—定位凸轮；4—作用凸轮；5—凸轮盒；6—单缓阀；7—管座；8—作用柱塞；9—定位柱塞；10—排风堵；11—阀体；12—电空转换柱塞；13—转轴；14—顶杆；15—手柄座

（2）凸轮机构。

凸轮机构用于随手柄转动而转动，以实现对作用柱塞间和单断点微动开关的控制，并完成定位作用。凸轮机构主要由转轴、顶杆、定位凸轮和作用凸轮等组成。其中，转轴为空心轴，使顶杆贯穿其中。定位凸轮有两个作用：与定位柱塞组成定位机构，确保位置的准确无误；与联锁微动开关配合组成电控环节，以闭合或断开相应电路。作用凸轮只控制作用柱塞阀的左右移动，实现气路的连通或切断。

（3）单独缓解阀。

单独缓解阀简称单缓阀，主要由单独缓解阀、单独缓解阀座套及单独缓解阀弹簧等组成。

其中，单独缓解阀与其座套构成该阀的阀口，当下压手柄时，推动顶杆下移并顶开单缓阀阀口，从而连通作用管向大气排风的气路，以实现机车的单独缓解。

（4）接线座与微动开关。

在空气制动阀上共装两个微动开关，分别受转换柱塞及定位凸轮的控制，并通过接线端子与外电路相连。接线端子分别与导线818、899、801、800连接。

微动开关，包括双断点微动开关和单断点微动开关两个微动开关。

双断点微动开关用来控制电空制动控制器电源电路899-801与制动电空阀257YV单独得电电路899—800的转换，其电器代号为3SA1。

双断点微动开关的工作由电空转换阀转换柱塞联动，当电空转换阀处于"电空位"时，转换柱塞脱离与微动开关3SA1的接触，使其闭合电路899—801，并断开电路899—800；当电空转换阀处于"空气位"时，转换柱塞压缩微动开关3SA1，使其闭合电路899—800，并断开电路899—801。

单断点微动开关作为串联联锁用来控制排风1电空阀254YV得电电路809—818的闭合与断开，其电器代号为3SA2。

单断点微动开关由定位凸轮控制，当空气制动阀手柄处于"缓解位"或"运转位"时，定位凸轮不压缩微动开关3SA2，使其闭合电路809—818；当空气制动阀手柄处于"中立位"或"制动位"时，定位凸轮压缩微动开关3SA2，使其断开电路809—818。

3. 阀体部分

阀体为转换柱塞套、作用柱塞套以及定位柱塞、排气缩堵等零件的安装体，还有许多暗道作为内部气路。

阀体部分主要包括电空转换阀、作用柱塞阀及定位柱塞等。

（1）电空转换阀。

电空转换阀用于控制"电空位"与"空气位"之间的转换。电空转换阀属于柱塞式空气阀，主要由电空转换柱塞、电空转换柱塞阀套、定位机构及O形圈等组成。其中电空转换柱塞不随手柄转动而动作，是通过阀的左侧电空转换扳钮的扳动在转换柱塞套内做前后动作，通过其尾部定位装置使转换柱塞形成两个工作位置：电空位或空气位。电空转换柱塞阀套上设径向通孔，分别与均衡风缸管和作用管连通。

（2）作用柱塞阀。

作用柱塞是通过司机操纵小闸手柄，使作用凸轮旋转，由其工作曲面的变化而使作用柱塞左右移动，通过凹槽连通或切断 a 管或 b 管，从而连通或切断相应气路，间接控制均衡风缸或作用管的充、排风，以实现小闸电空位时单独控制机车或空气位时控制全列车的制动、保压、缓解作用。

作用柱塞阀主要由作用柱塞、作用柱塞阀套、作用柱塞弹簧及O形圈等组成。作用柱塞阀套上设径向通孔，与调压阀管连通，并且作用柱塞两端与大气连通。

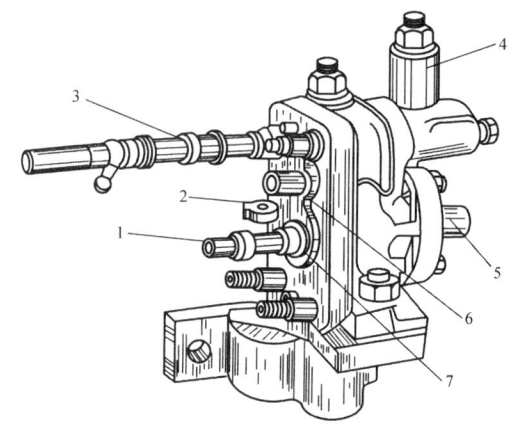

图 2-4-4 空气制动阀阀体部分

1—作用柱塞;2—支承;3—转换柱塞;4—转换柱塞定位机构;
5—作用柱塞顶盖;6—定位柱塞;7—作用柱塞套

(3)定位柱塞。

定位柱塞工作端设有钢珠,并嵌在阀体内的定位柱塞端部;定位柱塞与定位凸轮配合,实现空气制动阀手柄的定位作用。

二、空气制动阀作用原理

空气制动阀是通过直接控制分配阀容积室压力空气的充入或排出而使机车制动或缓解的。它的作用包括"电空位"和"空气位"两种工况。

1. 电空位

电空位为空气制动阀的正常工作位置,用于单独控制机车的制动与缓解。它有 4 个工作位置:缓解、运转、中立、制动。

此时电空转换柱塞处于左极端位置,转换柱塞凹槽连通作用管与 b 管的气路,同时微动开关 3SA1 动作,闭合电路 899—801,断开电路 899—800。

(1)缓解位(见图 2-4-5)。

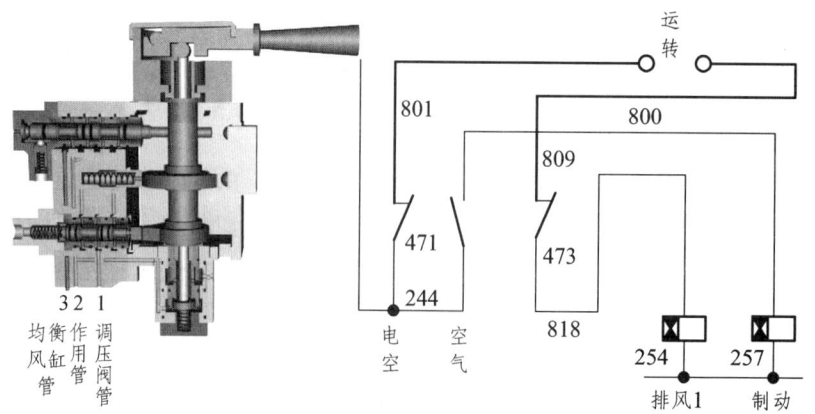

图 2-4-5 空气制动阀作用原理——电空位(缓解位)

当空气制动阀手柄置于缓解位时，作用柱塞阀开通了作用管的排风气路（作用管→电空转换阀→作用柱塞阀→大气），实现机车的单独缓解；同时微动开关 3SA2 闭合电路 809—818。

（2）制动位（见图 2-4-6）。

当空气制动阀手柄置于制动位时，作用柱塞间开通了作用管的充风气路（调压阀管→作用柱塞阀→电空转换阀→作用管），实现机车的单独制动；同时微动开关 3SA2 被压缩断开电路 809—818。

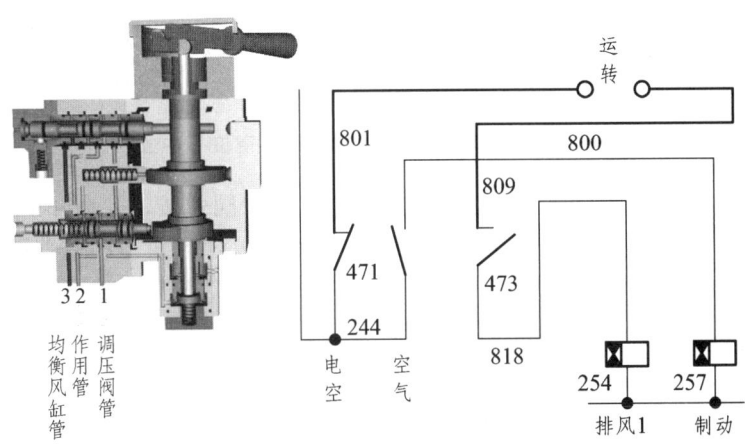

图 2-4-6　空气制动阀作用原理——电空位（制动位）

（3）运转位（见图 2-4-7）。

当空气制动阀手柄置于运转位时，作用柱塞阀左移至中间位，切断所有气路。此位置为电空制动控制器的控制位。

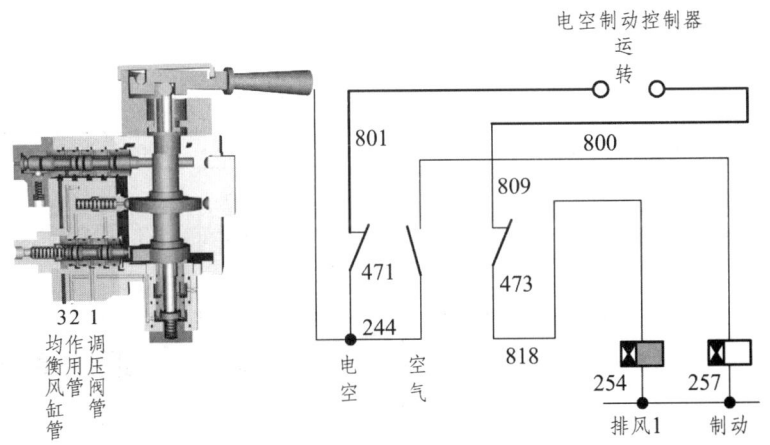

图 2-4-7　空气制动阀作用原理——电空位（运转位）

（4）中立位（见图 2-4-8）。

当空气制动阀手柄置于中立位时，作用柱塞阀切断所有气路。微动开关 3SA2 切断电路 809—818。

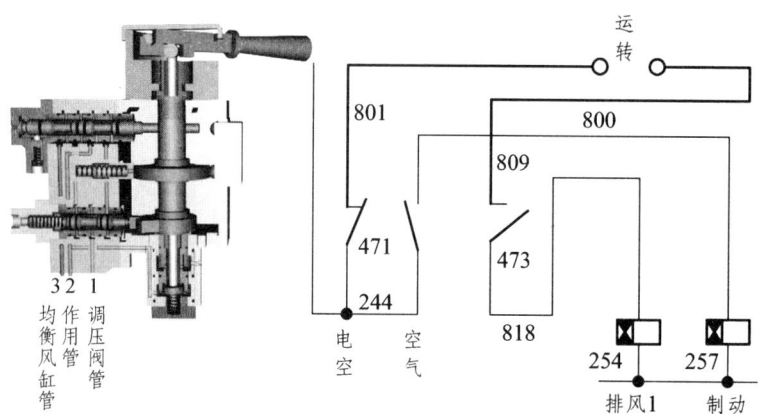

图 2-4-8　空气制动阀作用原理——电空位（中立位）

当中立位下压空气制动阀手柄时，推动顶杆压缩单缓阀弹簧，并顶开单缓阀口，从而连通作用管向大气排风的气路（作用管→单缓阀口→大气），实现机车的单独缓解。

2. 空气位

当运行中发现电空制动控制器或制动机系统有关电路、电器故障时，将空气制动阀上的转换柱塞扳钮扳至"空气位"。此时将实现以下两个作用：

① 转换柱塞凹槽连通均衡风缸管与 a 管的气路；

② 联动微动开关 3SA1 动作，闭合电路 899—800，使制动电空阀（257YV）单独得电；断开电路 899-801，从而使大闸断电失去作用，那么微动开关 3SA2 是否闭合都将使排风 1 电空阀（254YV）失电，作用管排大气的通路被切断。

在"空气位"时，空气制动阀有三个作用位置。

（1）缓解位（见图 2-4-9）。

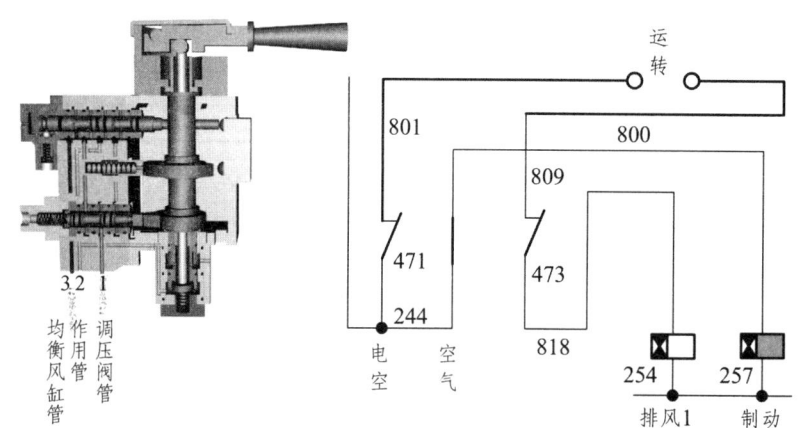

图 2-4-9　空气制动阀作用原理——空气位（缓解位）

当空气制动阀置于缓解位时，作用凸轮升程，推动柱塞左移，连通调压阀管与 a 管的气路（调压阀管→作用柱塞凹槽→a 管→转换柱塞凹槽→均衡风缸管）。调压阀将总风压力空气调整为 500 kPa 或 600 kPa，向均衡风缸充气，控制中继阀向列车管充风，车辆缓解。机车的缓解是靠下压手把而得（注意：此时必须下压手柄，否则机车不能缓解）。

（2）制动位（见图2-4-10）。

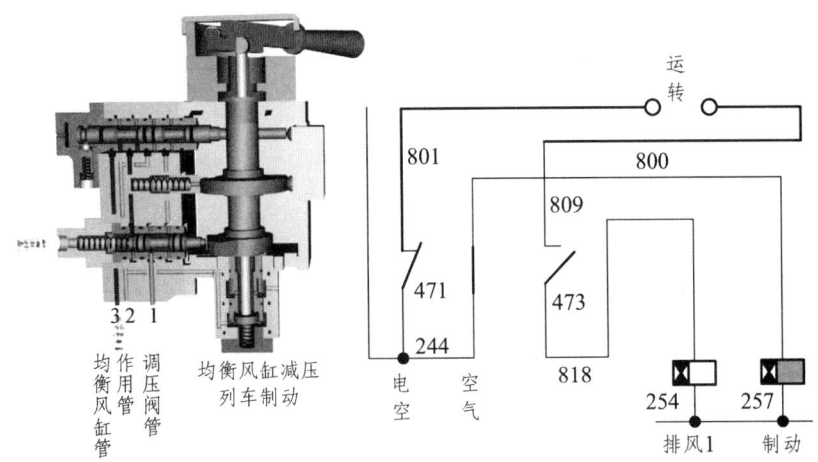

图 2-4-10　空气制动阀作用原理——空气位（制动位）

当空气制动阀手柄右移到制动位，作用凸轮得到降程。

作用柱塞在弹簧的反力作用下右移，切断调压阀管至均衡风缸的通路，开通均衡风缸管经端盖缩孔排气的通路，使均衡风缸压力空气排至大气。控制中继阀使列车管排出与均衡风缸减压量相等的压力空气，全列车制动。

（3）中立位（见图2-4-11）。

根据空气制动阀在制动位停留时间的长短可确定均衡风缸减压量的多少。如果此时均衡风缸减压量达到了要求，司机可将空气制动阀手把回移至中立位。作用凸轮使作用柱塞左移至中间位置，将调压阀管与均衡风缸管，以及均衡风缸管与大气的通路均切断，使机车、车辆保持制动。

注意：在"电空位"操纵时，运转位与中立位气路相同，但电路不同，故此两位不同；而"空气位"时，制动系统的电路均无电，此两位作用相同。

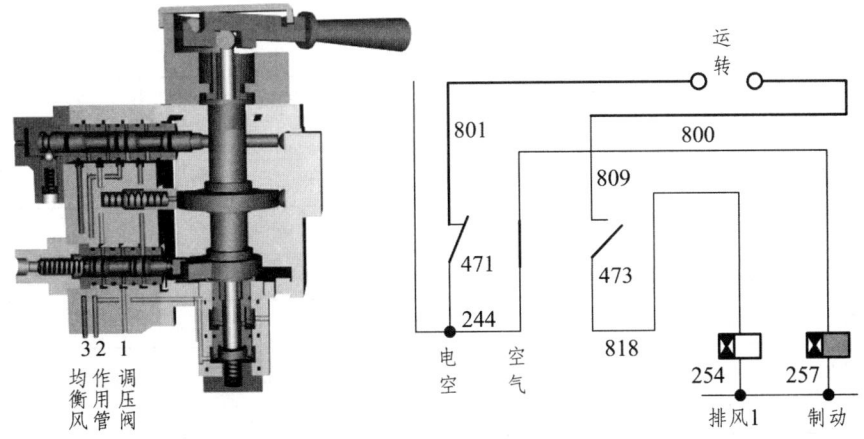

图 2-4-11　空气制动阀作用原理——空气位（中立位）

（4）单缓位（图 2-4-12）。

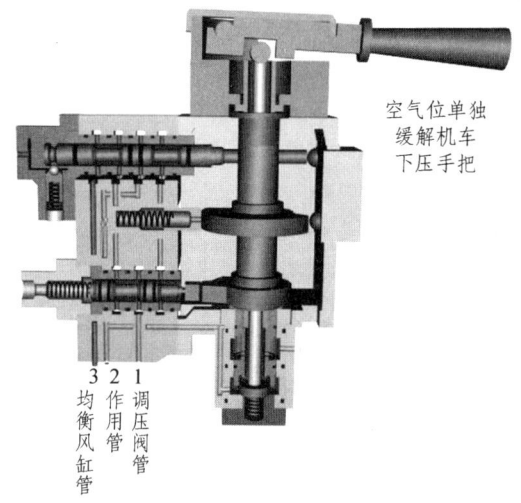

图 2-4-12　空气制动阀作用原理——空气位（单缓位）

若此时欲单独缓解机车的部分或全部制动力，司机可下压手把，通过顶杆下压单独缓解阀，排出作用管的压力空气，即可达到目的。

【任务检查】

空气制动阀检修任务检查单如表 2-4-1 所示。

表 2-4-1　空气制动阀检修任务检查单

任务编号	2-4	任务名称	空气制动阀检修		
序号		检查内容		是	否
		清洗检查			
1	将微动开关拆下，将空气制动阀置于中性洗涤剂溶液中浸泡后，用清水冲洗并擦干净				
2	目视检查阀体各部无裂损、锈蚀及变形				
		解体			
3	用开口扳手松开凸轮盒与阀体连接螺丝，分别拆下螺母，分开凸轮盒与阀体				
4	用螺丝刀将手把座盖卡钉拧出，取下手把座盖及手把座				
5	用内六方扳手松开转轴座螺丝，取下转轴座，取出凸轮组及套				
6	用螺丝刀松开接线盒与阀体连接螺钉，取下接线盒				
7	用开口扳手松开并取下空气制动阀螺堵、弹簧及阀				
8	取出定位柱塞，用螺丝刀松下防动柱塞，抽取转换柱塞，抽出作用柱塞及弹簧				
9	拆下所有的 O 形橡胶圈，并更换同型号的新品				

续表

任务编号	2-4	任务名称		空气制动阀检修		
序号	检查内容				是	否
检修						
(一)解体后清洗						
10	将拆下的所有零部件放入油盘中,用汽油清洗,特别是对各孔及暗道应彻底地清除					
11	从油盘中取出各零部件,用压缩空气吹净,再用白绸布擦干净					
(二)检修凸轮盒部分						
12	目视检查空气制动阀转轴与其凸轮方孔的配合不松旷、不卡死。测量其间隙为 0.05~0.20 mm					
13	测量检查各凸轮工作面平均磨耗不大于 0.5 mm,局部微量的凹槽或凸台均不得大于 0.2 mm					
14	检查微动开关灵活,不应卡死,接线柱丝扣良好。用万用表检测微动开关通断良好					
(三)检修阀体部分						
15	目视检查各弹簧无裂损、锈蚀及变形,弹力良好。用钢板尺测量弹簧自由高度:作用柱塞弹簧为 45^{+1}_{-3} mm,定位柱塞弹簧为 43^{+1}_{-3} mm,放风阀弹簧为 30^{+1}_{-3} mm,转换柱塞弹簧为 25^{+1}_{-2} mm					
16	目视检查各缩口风堵畅通,丝扣良好,无旷动。用样针测量风堵孔径为 $\phi 0.6$ mm					
17	目视检查各柱塞及套无明显拉伤、变形及段磨。用内径千分尺和外径千分尺分别测量各套和柱塞的内、外径,其配合间隙不大于 0.12 mm					
组装						
(一)阀体部分组装						
18	组装 O 形圈 注:O 形圈必须放入槽内,无反扭现象,并要有一定的缩紧度					
19	给所有橡胶件表面、柱塞套、阀套内面、各凸轮工作面、方孔内面及手把转轴表面等处均应涂一薄层润滑脂 注:油脂不得过量,如过多将容易吸附尘物而阻塞风道					
20	组装转换柱塞,并注意对好位置,再装好防动柱塞					
21	组装定位柱塞。组装时将定位柱塞弹簧和柱塞用凡士林黏结在一起一同装入,以免弹簧与柱塞不在同一中心线上而造成歪扭					
22	同组装定位柱塞一样的方法,组装作用柱塞和排风缩堵					
(二)凸轮盒部分组装						
23	组装转轴、套和凸轮,并注意其顺序和方向					
24	组装转轴座,紧固好内六方螺丝					
25	组装手把座盖					
26	组装空气制动阀、阀弹簧,紧固好螺堵					
27	组装微动开关及接线柱					
试验						
28	将空气制动阀装在 DK-1 型制动机试验台上,按试验办法进行试验					

【任务训练】

1. 空气制动阀主要由（　　）、（　　）和（　　）三部分组成。

2. 空气制动阀阀座连接的三根管路是（　　）、（　　）和（　　）；操纵手柄的四个作用位置是（　　）、（　　）、（　　）和（　　）。

3. 空气制动阀的凸轮盒部主要由（　　）、（　　）和（　　）等部分组成；阀体部主要由（　　）、（　　）和（　　）等部分组成。

4. 电空位操作时应将空气制动阀的转换键置（　　）。

5. 空气制动阀单解位时，定位凸轮未压缩（　　）。

6. 空气制动阀分为哪几个工作位？每个作用位的作用是什么？

7. 电空位操纵时，若将空气制动阀手柄置于缓解位，电空转换阀与作用柱塞阀配合形成的气路是（　　）。

A. 调压阀管→均衡风缸管

B. 均衡风缸管→大气

C. 调压阀管→作用管

D. 作用管→大气

8. 电空位操纵时，若将空气制动阀手柄置于制动位，电空转换阀与作用柱塞阀配合形成的气路是（　　）。

A. 调压阀管→均衡风缸管

B. 均衡风缸管→大气

C. 调压阀管→作用管

D. 作用管→大气

9. 空气位操纵时，若将空气制动阀手柄置于缓解位，电空转换阀与作用柱塞阀配合形成的气路是（　　）。

A. 调压阀管→均衡风缸管

B. 均衡风缸管→大气

C. 调压阀管→作用管

D. 作用管→大气

10. 空气位操纵时，若将空气制动阀手柄置于制动位，电空转换阀与作用柱塞阀配合形成的气路是（　　）。

A. 调压阀管→均衡风缸管

B. 均衡风缸管→大气

C. 调压阀管→作用管

D. 作用管→大气

11. 电空位操纵时，空气制动阀双断点微动开关闭合的电路是（　　）。

A. 899—800

B. 899—801

C. 809—818

D. 899—809

12. 电空位操纵时，空气制动阀单断点微动开关闭合的电路是（　　）。

A. 899—800

B. 899—801

C. 809—818

D. 899—809

13. 空气位操纵时，空气制动阀双断点微动开关闭合的电路是（　　）。

A. 899—800

B. 899—801

C. 809—818

D. 899—809

14. 仅操纵空气制动阀手柄时，将手柄置于制动位后，可使作用管达到的最高压力是（　　）kPa。

A. 750～900　　B. 500 或 600　　C. 450　　D. 300

【任务拓展】

HXD3B 型电力机车

HXD3B 型电力机车是我国用于干线牵引的货运电力机车，其最高运行速度为 120 km/h。HXD3B 型电力机车采用大功率水冷 IGBT 变流器，单轴控制技术，大功率异步交流牵引电动机，框架式承载车体，设备布置采用中央走廊设备布置方式，高压电器布置在机械间内部的高压柜内，并充分考虑了使用中的自然环境条件，提高了机车的防寒性能。HXD3B 型电力机车是目前世界上六轴机车中单机功率最大、技术水平高、性能指标先进的交流传动电力机车。

HXD3B 型电力机车采用 C_0-C_0 轴列式，电传动系统为交-直-交传动方式，采用 3 组 IGBT 水冷变流柜，1 632 kW 大转矩异步牵引电动机，具有启动（持续）牵引力大、持续速度高、黏着性能好、功率因数高等特点。每组变流柜内集成一台由中间直流回路供电的辅助变流器。整车提供 2 组 VVVF 和 1 组 CVCF 三相辅助电源，分别对辅助机组进行分类供电，该系统冗余性强，在机车通过分相区时辅助系统可以维持供电。

HXD3B 型电力机车采用分布式微机网络控制系统，实现对各类变流器的实时控制、牵引/制动特性控制、传动系统的时序逻辑控制、显示机车运行状态，具备完整的故障保护、故障记忆及显示功能，并具有一定程度上的故障自排除、自动切换和故障处理指导功能，也能够实现机车的网络重联功能。

HXD3B 型电力机车将真空主断路器、接地开关、高压隔离开关、避雷器、高压电压互感器、高压电流互感器等高压电器集成在高压柜内，高压柜放置于机械间内，最大限度地降低雾、雪、粉尘等条件下的高压设备的故障率，提高了机车的可靠性。

HXD3B 型电力机车车体采用整体承载的框架式焊接结构，有利于提高车体的强度和刚度。转向架采用滚动抱轴承半悬挂结构，二系采用高圆螺旋弹簧，低位斜牵引杆技术，小齿轮双端支撑驱动装置。采用下悬式一体化多绕组牵引主变压器，除牵引绕组和辅助供电绕组外，还集成三台谐振电抗器，冷却方式为强迫导向油循环风冷。机车顶盖设有密闭风腔，冷却风源从风腔进入车内，保证了风源的清洁性，减少尘埃对被冷却设备的污染和改善冷却效果。每个转向架的3台牵引电机由一台通风机冷却；主变流器水冷和主变压器油冷采用水、油复合式冷却塔；另外还设置了车体通风机来保证机械间的微正压通风以减少尘埃进入机械间。

HXD3B型电力机车采用了集成化气路的空气制动系统，具有空电制动功能。机械制动采用轮盘制动。

HXD3B型电力机车主要技术参数如表2-4-2所示。

表 2-4-2　HXD3B型电力机车主要技术参数

工作电源		
电流制	单相交流	50 Hz
额定电压		25 kV
电传动方式	交-直-交传动	
持续功率		9 600 kW 机车速度
持续制动速度		68.2 km/h
最高速度		120 km/h
启动牵引力		570 kN
持续牵引力（半磨耗轮）		506 kN
电制动方式	再生制动	
电制动功率		9 600 kW（72～120 km/h）
最大电制动力		480 kN
轨距		1 435 mm
轴列式		C_0-C_0
机车总重		150 t
轴重		25 t
机车前、后车钩中心距		22 781 mm
车体宽度		2 950 mm
车体高度		4 250 mm（新轮）
机车全轴距		14 700 mm
机车转向架中心距		12 950 mm
车轮直径		1 250 mm（新轮）
1 200 mm（半磨耗）		
1 150 mm（全磨耗）		
受电弓降弓状态时滑板距轨面高度（新轮）		≤4 622 mm
受电弓滑板距轨面的工作范围		5 200～6 500 mm
车钩中心线距轨面高度（新轮）		(880±10) mm
排障器距轨面高度		$110_{\ 0}^{+10}$ mm
紧急制动距离		
机车单机以120 km/h速度于平直道上		≤1 100 m

任务 2-5 分配阀检修

【任务描述】

假如你是机车检修车间或是制动班组工作人员,针对分配阀检修,你需要全面的了解分配阀构造,各个作用位的工作状态及控制作用,如若检修分配阀,需要掌握分配阀检修工艺流程及操作规范。请利用试验台及工作台,按照检修工艺流程,工艺要求及质量标准对分配阀检修。

【任务目标】

- 能掌握分配阀功用、结构及通路;
- 能叙述分配阀在制动系统中的特点;
- 能对分配阀各部件进行指认;
- 能按照分配阀分解的工艺流程进行拆解;
- 能按照分配阀的检修方法进行清洗、测量与修理;
- 能按照分配阀组装的工艺流程进行组装;
- 能按照分配阀的试验规范及要求对分配阀进行试验。

【任务学习】

一、分配阀的特点及结构

分配阀是根据列车管的压力变化来控制机车制动与缓解的,其总体图如图 2-5-1 所示。DK-1 型电空制动机系统中的分配阀除接受电空制动控制器的操纵外,还可接受空气制动阀的操纵,从而使机车得到制动、保压与缓解作用。在 DK-1 型电空制动机系统中采用了 109 型分配阀。

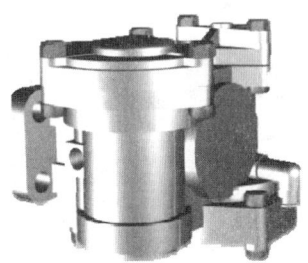

图 2-5-1 分配阀总体图

(一)109 型分配阀的主要特点

1. 具有良好的稳定性

在列车管发生允许范围内的漏泄(即缓慢减压),制动机不发生制动作用的性能,称制动机的稳定性。

（1）工作风缸向列车管逆流。在充气状态时，列车管的压力空气经 $L_2 \rightarrow L_5 \rightarrow g_1$ 与工作风缸沟通，当列车管发生漏泄（不超过 20 kPa/min），工作风缸压力空气将逆流返回列车管，保持活塞上下压力的平衡。

（2）主活塞尾部的稳定弹簧以及阻力。由于稳定弹簧的反力、橡胶膜板的变形阻力及节制阀移动的阻力，所以，主活塞两侧必须具备一定的压力差才能上移。在工作风缸尚有逆流的情况下，主活塞不可能克服上述阻力而上移。

2. 制动力的不衰减性

在制动后的中立位，当制动缸发生漏泄时，由于均衡活塞上侧的压力随之下降，均衡活塞上移，重新开放均衡阀，总风向制动缸充风，直至新的平衡为止，这种自动补风作用使 109 型分配阀保持制动力的不衰减。

3. 制动缸压力的单独控制

109 型机车分配阀可通过空气制动阀控制作用管（容积室）的压力变化来控制制动缸的压力变化，实现机车的制动与缓解。

（二）109 型分配阀的结构

109 型机车分配阀由安装座、主阀、安全阀及局减室、容积室和工作风缸组成。局减室与容积室在中间体内，主阀部、均衡部、紧急增压部为阀体部分，安全阀装在中间体的上面。如图 2-5-2 所示。

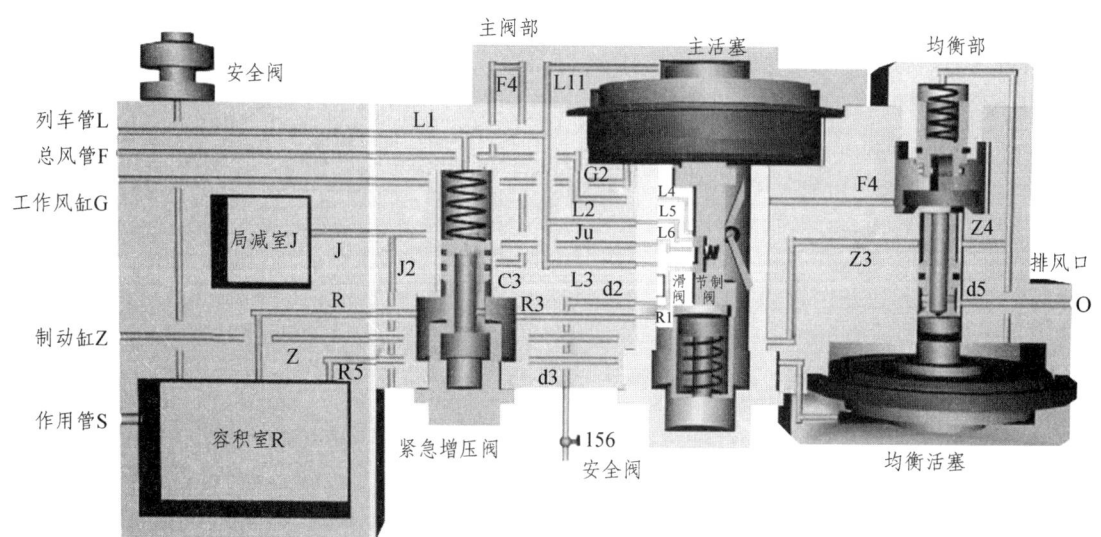

图 2-5-2 分配阀总体图

1. 主 阀

主阀控制着不同通路的充风、缓解、制动和保压作用，是分配阀的最主要部分。由主阀部、均衡部、紧急增压阀三部分组成，如图 2-5-3 所示。

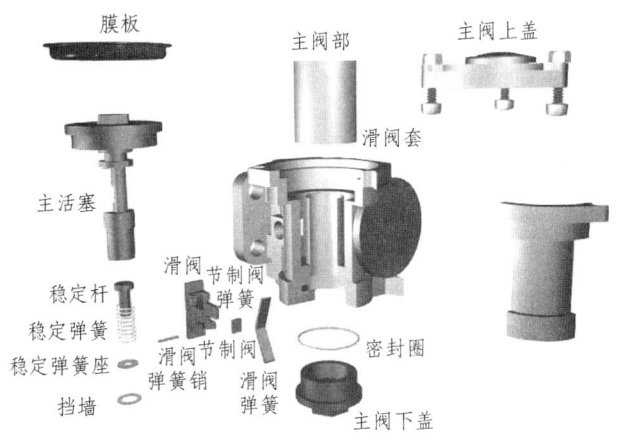

图 2-5-3　分配阀主阀部结构图

1）主阀部

主阀部用于根据列车管的压力变化来控制容积室和作用管的充、排风。由主活塞、橡胶膜板、滑阀、滑阀座、滑阀弹簧、节制阀、稳定杆、稳定弹簧及挡圈等组成，如图 2-5-3 所示。

主活塞的膜板上、下两侧互相密封，膜板上侧通列车列车管，下侧通工作风缸。主阀部就是利用上下压力差，即列车管与工作风缸的压力差，使主活塞带动滑阀、节制阀上下移动，以连通或切断相应气路，形成充风、局减、制动、保压和缓解等作用。

由稳定杆、稳定弹簧及挡圈等零件安装在主活塞杆尾部的套筒内，它在一定程度上阻碍主活塞的向上移动，以防止列车在运行中因列车管轻微漏泄或压力波动而引起意外自然制动，从而加强制动机在缓解状态时的稳定性。

当列车管压力变化在主活塞上产生作用力之差时，主活塞通过主活塞杆带动节制阀或滑阀上、下移动，连通或切断相应气路，从而产生充风、缓解、局减、制动和保压。

2）均衡部

均衡部是受主阀部作用的支配，根据容积室的压力变化来控制制动缸（闸缸）的压力。

均衡部由均衡模板活塞、均衡阀杆、供气阀、供气阀座阀杆套、均衡阀座、均衡阀上盖、均衡阀下盖等构成，如图 2-5-4 所示。

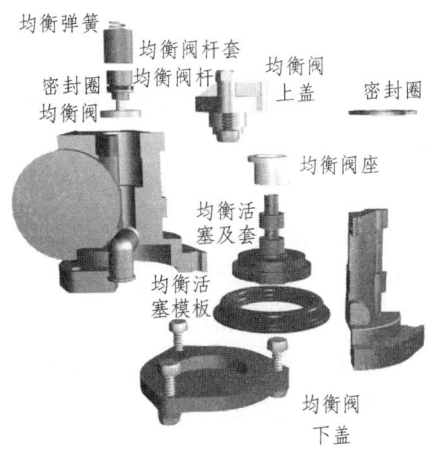

图 2-5-4　分配阀均衡部结构图

供气阀室内通入的是总风缸压力空气;供气阀座下方可通制动缸,并经缩口通膜板活塞上方;膜板活塞下方与容积室相沟通;而空心阀杆套之间通大气,是制动缸的排气通路。

3)紧急增压阀

为使紧急制动时提高制动缸压力,确保列车行车安全,在分配阀上设有紧急增压阀。如图 2-5-5 所示。

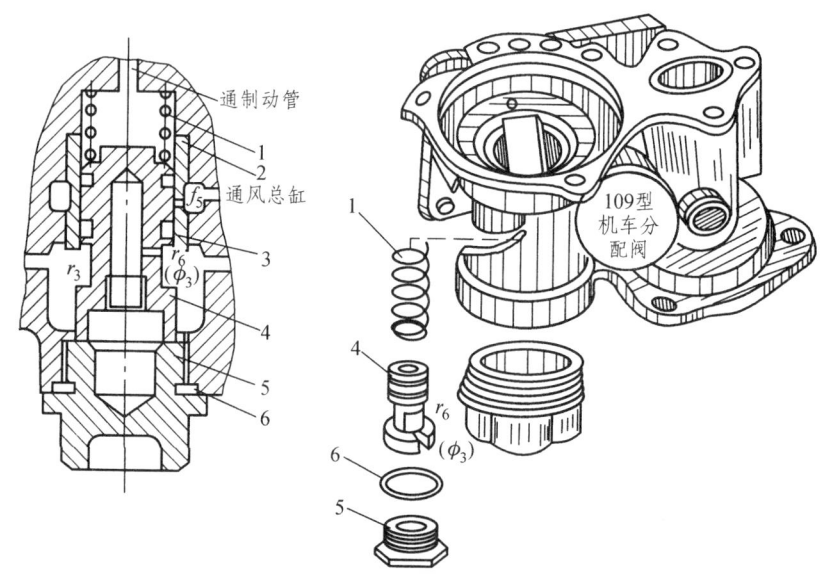

图 2-5-5 109 型分配阀紧急增压阀

1—增压阀弹簧;2—增压阀套;3、6—密封圈;4—增压阀;5—增压阀盖

紧急增压阀设于主阀部与均衡部之间,其功用是当发生紧急制动工况时,利用容积室与列车管的压力差,使总风缸的压缩空气进入容积室,从而将制动缸的压力提高,以得到更大的制动力。

只有在紧急制动时,增压阀上方列车管内压力空气迅速排尽,下方容积室压力迅速上升,克服弹簧张力使增压阀上升,连通总风至容积室的通路。总风缸的压力空气经开启的通路进入容积室,产生增压作用。

2. 安全阀

安全阀由阀体、阀杆、阀及调整弹簧组成。安全阀的功用是防止因容积室内压力过高而使机车出现滑行现象。

安全阀的作用原理是容积室压缩空气经缩口风堵通入阀体下端,当其压力超过调整值时,阀被稍顶起,使压缩空气进入作用在较大面积上,于是阀急速上升,直至阀杆顶部与螺帽接触时为止。其一方面关闭直立孔;另一方面开放排风口,容积室内多余压缩空气由排风口排入大气。当容积室压缩空气稍低于调整弹簧张力时,阀被压下,在下降途中,将直立孔开放,压缩空气可进入阀的上方,增加了阀上方的压力,迅速将阀压下,安全阀停止排风,而直立孔进入阀上方的压缩空气,经阀体上特设的较小通气孔排出。故而靠安全阀的作用,可确保容积室最大压力值为规定的压力。

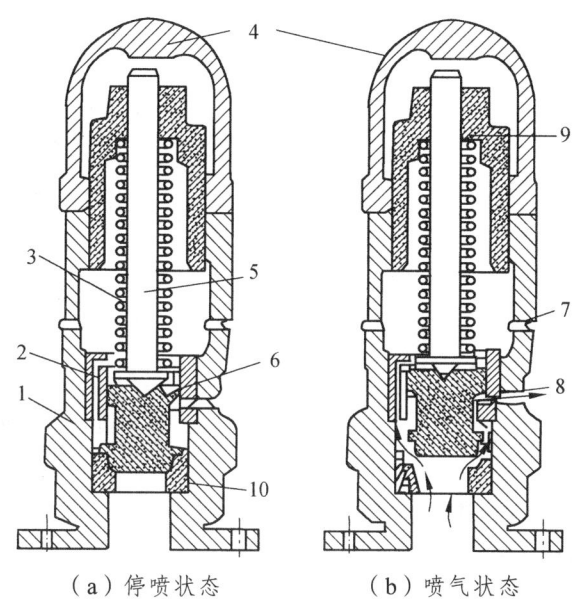

（a）停喷状态　　（b）喷气状态

图 2-5-6　109 型分配阀安全阀

1—阀体；2—直立孔；3—调整弹簧；4—螺帽；5—阀杆；6—阀；
7—通气孔；8—排风口；9—调整螺母；10—阀座

紧急制动时机车制动缸压力上升至总风缸压力的原因是：

（1）安全阀座缩堵Ⅲ堵塞；

（2）分配阀安全阀压力调整失效。

3. 安装座

安装座又叫中间体，座内为 1.85 L 的容积室和 0.6 L 的局减室。安装座分别连接 5 根管路，分别接有总风管（F）、制动缸管（Z）、作用管（R）、列车列车管（L）及工作风缸管（G）等五根管。其正面为主阀安装面，顶面装有安全阀与座内容积室相通。

工作风缸也是分配阀的组成部件之一，其容积为 11 L，它由列车管充风并完成向容积室的增压作用。

二、109 型分配阀工作原理

109 型分配阀有 5 个工作位置：充气缓解位、局减位、制动位、制动后保压位和紧急制动位。

1. **充气缓解位**（见图 2-5-7）

（1）列车管充气（均衡活塞下方缓解），列车管压力进入主阀活塞上方把活塞压至下极端位置。

（2）工作风缸充气，使列车管内压力空气进入工作风缸备用。

（3）紧急增压阀上侧充气，列车管压力进入紧急增压阀的上方，使紧急增压阀稳居下方。

（4）容积室缓解，使分配阀容积室内压力空气从排风 1 电空阀 254 排向大气，或空气位时从分配阀缓解塞门 156（开放时）排向大气。

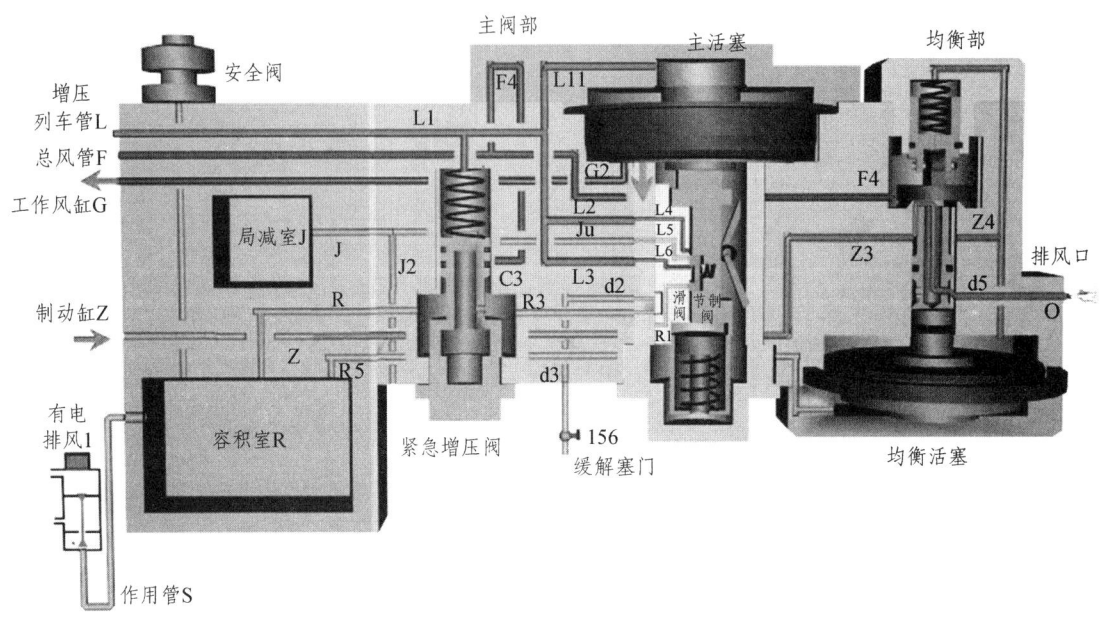

图 2-5-7 分配阀充风缓解状态

（5）均衡活塞下方缓解，使均衡活塞下方的压力空气进入容积室，然后从排风1电空阀254排大气或者空气位时从分配阀缓解塞门156（开放时）排向大气。

（6）制动缸缓解，使制动缸内的压力空气经均衡阀口进入均衡活塞的轴向中心孔，然后排向大气。

2. 局减位（见图 2-5-8）

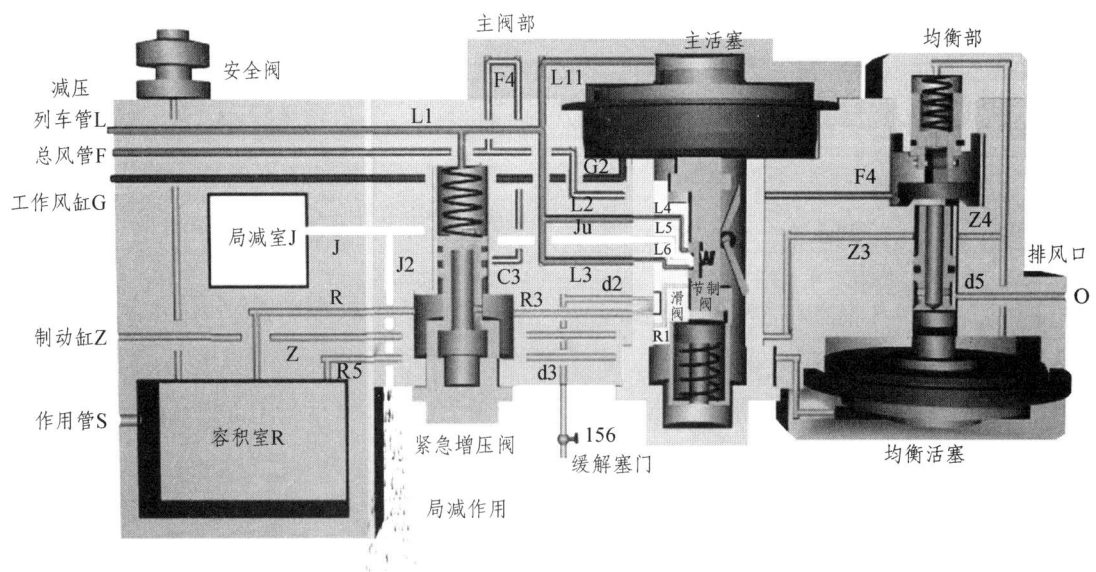

图 2-5-8 分配阀局减位状态

109 型分配阀在初制动位时列车管减压，主活塞上部的列车管压力降低，主阀活塞在工作风缸压力作用下，将带动节制阀上移，切断了列车管与工作风缸的通路。节制阀使列车管压缩空气一路通局减室，另一路通向大气。

上述通路的作用，能进一步缓解列车管压力，即被称为第一阶段的局部减压，可促使主活塞进一步达到制动位置。

在初制动位时，除主活塞带动节止阀动作外，分配阀其他部分均在充气缓解位置。

3. 制动位（见图 2-5-9）

由于列车管的进一步减压，主阀活塞继续上移，带动滑阀到达制动位置。此时工作风缸的压缩空气通过容积室，通向均衡活塞下方，使均衡活塞上移，首先空心阀杆端部密贴供气阀而关闭排风口，继续上移顶开均衡阀，则总风缸压缩空气此时一路通向制动缸，另一路通向均衡活塞上方。

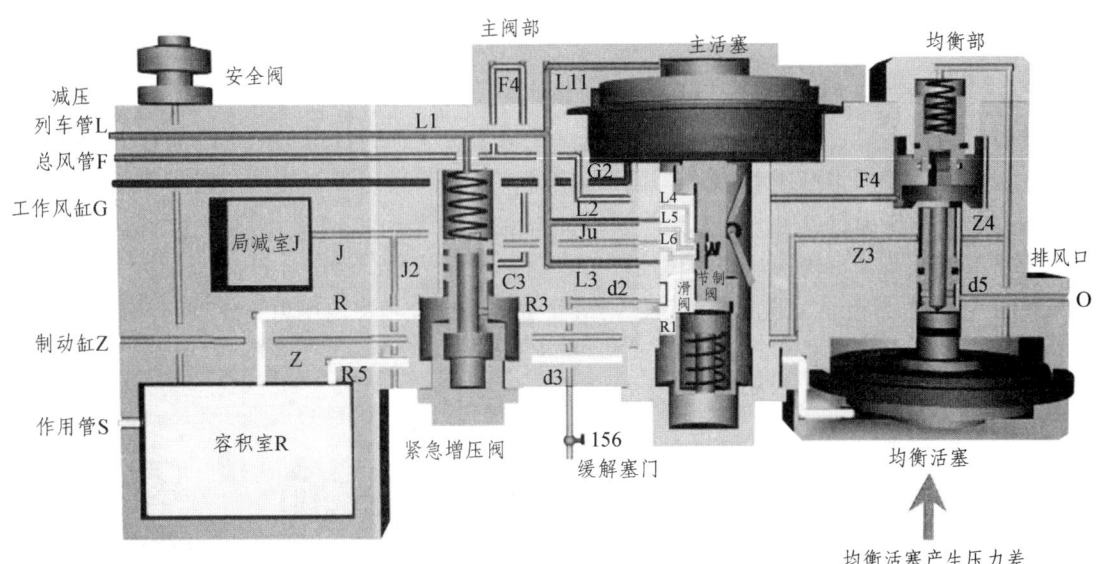

图 2-5-9 分配阀制动位状态

4. 制动后的保压位（见图 2-5-10）

中立位时列车管停止减压，其压力保持一定。随着工作风缸的压力继续下降，主活塞上下压力逐渐平衡，在主活塞尾部稳定弹簧作用下，主活塞带着节止阀下移于保压位（滑阀不动），此时主阀部所有通路均被遮断，工作风缸停止向容积室供风，保持容积室压力一定。随着制动缸压力的上升，均衡活塞上下压力逐渐平衡，在供气弹簧作用下，由供气阀推动空心阀杆，使均衡活塞逐渐下移，直至供气阀落座时为止，阀口仍然关闭，可保持制动缸压力不变。由于均衡活塞灵敏度较高，该位置时，制动缸的漏泄可随时得到补偿，具有良好的制动不衰性。

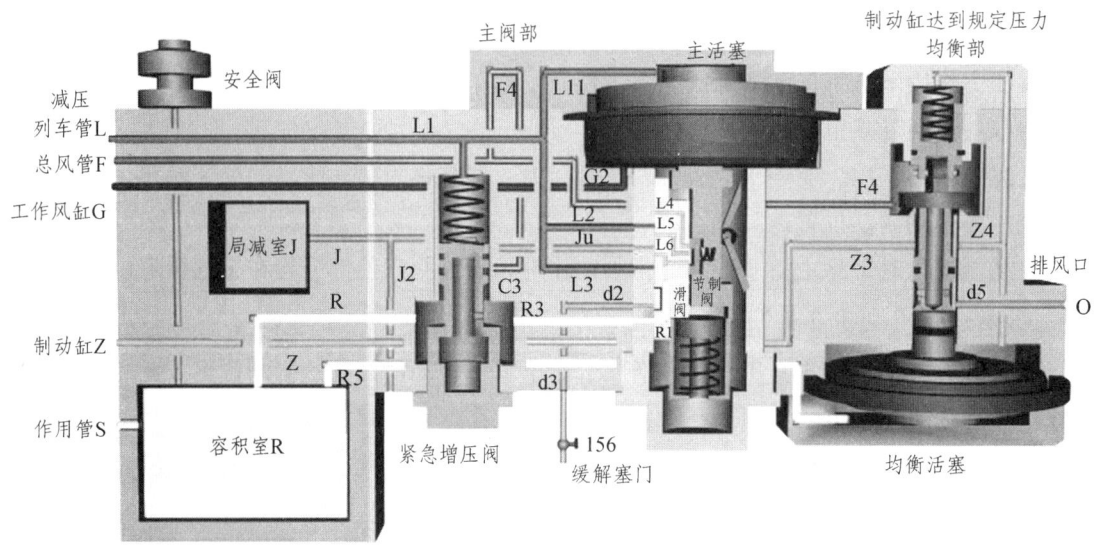

图 2-5-10　分配阀制动位状态

5. 紧急制动位（见图 2-5-11）

施行紧急制动时，列车管压力急剧降低，主活塞可上移到极端，使主阀部有关通路开放在最大位置，均衡部将迅速动作，作用同制动位。在紧急增压阀上部由于列车管急剧降压而其下部容积室的压力迅速上升，紧急增压阀阀杆克服弹簧力而上移，沟通总风到容积室及均衡活塞下部的通路，在均衡活塞的作用下，制动缸压力上升，由于容积室压力空气始终经缩口风堵Ⅲ（直径 1.5 mn）通向安全阀，则由安全阀保证容积室内压力不超过 450 kPa，从而制动缸压力也不会超过 450 kPa。

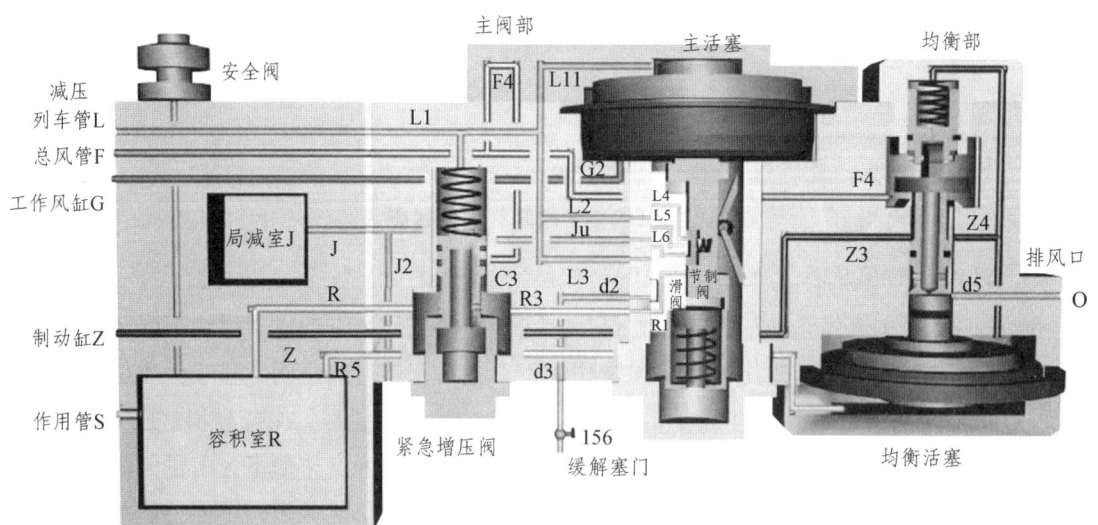

图 2-5-11　分配阀紧急制动位状态

【任务检查】

分配阀检修任务检查单如表 2-5-1 所示。

表 2-5-1 分配阀检修——任务检查单

任务编号	2-5	任务名称		分配阀检修		
序号		检查内容			是	否
	整体清洗检查					
1	将分配阀整体放入中性洗涤剂溶液中，浸泡后取出，并用清水冲刷干净					
2	目视检查阀体无裂损及变形现象					
	解体					
（一）拆安全阀						
3	用管钳将安全阀螺帽松开并取下。用专用扳手卸下并取出调整螺母、弹簧、阀杆及阀，再用管钳将安全阀体从安全阀座上卸下					
（二）拆缩堵						
4	用开口扳手旋出四个缩堵					
（三）分解管座						
5	用开口扳手松开管座与阀体的固定螺丝，将管座与阀体分开					
（四）分解主阀部						
6	用开口扳手松开主阀部上盖螺丝，取下上盖，抽出活塞、膜板、活塞杆、滑阀、滑阀弹簧及节制阀					
7	用专用扳手松开主阀活塞杆膜板压帽，取下活塞及膜板					
8	用卡簧钳取出挡圈，取出稳定弹簧座、稳定弹簧及稳定杆					
9	用专用工具卸下主阀部下盖					
（五）分解均衡部						
10	用开口扳手拆除均衡部下盖穿螺丝，取掉下盖					
11	缓慢抽出活塞组装件，并对其进行解体，分开活塞，取下膜板					
12	用开口扳手拆卸均衡部上盖，并将盖拿下					
13	取出供气阀弹簧及供气阀组件					
（六）分解紧急增压部						
14	用专用工具卸下增压阀盖，取下密封圈					
15	缓慢取出增压阀组装件，将 O 形圈从阀体上取下					
16	取出增压阀弹簧					
	检修					
17	对所有零部件进行清洗，并吹干擦净					
18	检查各弹簧无锈蚀、无变形、无裂损现象。用钢板尺测量各弹簧自由高度：增压阀弹簧为 54^{+1}_{-3} mm，供给阀弹簧为 40^{+1}_{-3} mm，滑阀复原弹簧为 34^{+1}_{-2} mm，节制阀弹簧为 15^{+1}_{-1} mm					
19	目视检查均衡部供气阀及阀座无拉伤、锈蚀及变形。如有锈蚀、麻坑、拉伤等，可用白绸布涂上擦铜油进行磨修					

续表

任务编号	2-5	任务名称		分配阀检修		
序号		检查内容			是	否
20	目视检查滑阀、节制阀及滑阀座无乱纹。如有乱沟纹,可用绸布涂上擦铜油进行磨修					
21	目视检查各活塞无裂损及变形,不良者更换新品。 注:不同规格的膜板不能混用					
22	目视检查主阀活塞杆、均衡空心阀杆及增压阀杆无变形,阀口无锈蚀、麻坑及缺陷,阀口修复工作量不大于 0.5 mm,否则禁用。用钢板尺测量各阀杆长度:主阀活塞杆为 145_{-1} mm,均衡阀杆为 $94_{-0.5}$ mm,增压阀杆为 $57_{-0.5}$ mm。					
23	目视检查所有带丝扣的零件,丝扣良好,无锈蚀					
24	用标准钢针疏通各缩堵孔,保证畅通。用样针测量各缩孔直径:缩孔Ⅰ为 0.8 mm,缩孔Ⅱ为 0.8 mm,缩孔Ⅲ为 0.8 mm,缩孔Ⅳ为 1.0 mm					
25	更新所有橡胶件					
组装						
26	组装主阀大膜板活塞体、均衡部膜板活塞体。给各柱塞装上 O 形圈,并涂适量凡士林,然后装各风路密封圈 注:膜板应舒展,不扭曲,膜板边缘应装入活塞槽内,不得有压边现象。O 形圈不得有翻拧现象,并要有一定的缩紧度					
27	先将良好的安全阀及杆装入阀体内,装入阀弹簧,再装上调压螺母,在压力试验下调到符合要求的(450±10)kPa 后,将调整螺母紧好,装上螺帽 注:安全阀、阀体及阀弹簧三心应一致,O 形圈不得有翻拧现象,并要有一定的缩紧度					
28	依次按照与解体顺序相反的次序组装主阀部、均衡部、增压部 注:组装各部零件时,应对口紧固,不得偏斜,用力一致					
29	将组装好的安全阀装到管座体上					
30	将检修好的阀体、管座用穿螺丝组装在一起					
试验						
31	将检修后的分配阀装在试验台上,按 DK-1 型电空制动机试验台试验办法进行试验。各部动作灵活,密封性能良好,压力指标符合规定					

【任务训练】

1. 假如在进行制动机试验过程中,在电空位工况下,司机将电空制动控制器手柄置由"制动位"移至"运转位",均衡风缸与列车管压力表显示 500 kPa,而此时制动缸压力表显示为 360 kPa,请分析故障情况。

2. 假如你是机车乘务员,在制动机"五步闸"试验过程中,遇到如下情况,请你对下面的故障进行分析。在电空位工况下,电空制动控制器手柄置由"运转位"移至"制动位",均衡风缸与列车管压力表显示压力变化情况正常，制动缸压力表显示为零，无漏风声响。

3. 说明 109 型分配阀的组成及功用。
4. 简述 109 型分配阀安全阀的结构、功用及作用原理。
5. 试述 109 型分配阀均衡部的结构及功用。
6. 简述 109 型分配阀紧急增压阀的结构和作用。
7. 说明 109 型分配阀在紧急制动位时的作用原理。
8. 说明 109 型分配阀在局减位时的作用原理。
9. 简述 109 分配阀制动位的作用原理。
10. 简述 109 分配阀在中立位时的作用原理。
11. 简述 109 型分配阀在充风缓解位的作用原理。
12. 109 型分配阀在制动保压位如何实现制动不衰减。
13. 说明 109 型分配阀制动位与局减位时有何异同。

【任务拓展】

DK-1 型电空制动机假设故障

一、中继阀

（1）中继阀总风塞门 114 半关：缓解时列车管压力上升慢。

（2）中继阀列车管塞门 115 半关：制动和缓解时列车管压力排风、充风均慢。

（3）中继阀的排风口半堵：大闸常用制动时列车管的压力下降慢。

二、分配阀

（1）分配阀给风塞门 123 全关：紧急制动时制动缸只有 300 kPa 压力。

（2）分配阀给风塞门 123 半关：大、小闸制动时，制动缸压力上升都慢。

（3）分配阀制动缸管塞门 119 半关：大、小闸制动和缓解时制动缸压力上升和下降均慢。

（4）分配阀上的 156 塞门半开：小闸制动后中立位，制动缸自然缓解；大闸常用制动后中立位，制动缸保持不变；

（5）分配阀安全阀调值过低：大、小闸制动后中立位，制动缸自然缓解。

三、空气制动阀

（1）单独调压伐管 127 塞门半关：小闸单独制动时制动缸压力上升慢。

（2）小闸总风管 149 塞门半关：小闸单独制动时制动缸压力上升慢同时总风压力表下降后又上升。

四、其他各阀

（1）紧急阀 116 塞门半关：手拉 121 阀放风时不起紧急制动作用。
（2）电空放风阀 117 塞门半关：紧急制动时产生常用制动。
（3）制动屏柜总风 157 塞门半关：缓解时均衡风缸压力上升慢。

五、漏　泄

（1）列车管漏：常用制动后保压漏泄大于 10 kPa。
（2）均衡风缸堵漏：常用制动后保压时均衡风缸漏泄大于 5 kPa。
（3）制动缸漏：常用制动后保压时制动缸漏泄大于 10 kPa。
（4）过充风缸管、堵漏：大闸手把过充位时过充压力上升慢或消除过快。
（5）平均管漏：制动后回中立位制动缸压力不保压。
（6）工作风缸排风堵漏：最大减压量后机车制动缸压力达不到 340～360 kPa。
（7）过充风缸排风口堵：过充压力消除慢。

六、各处压力调整值

（1）55 调压阀——500 kPa；
（2）53 调压阀——300 kPa；
（3）517 KF——750～900 kPa；
（4）分配阀安全阀——450 kPa。

七、重联阀

（1）两节车重联阀均置于本机位：
大闸常用制动后缓解时，本节车缓解而后节本不缓解。
小闸单独制动时只有本节起一点，后节车不制动。
（2）两节车重联阀均处于补机位：
小闸单独制动时机车不制动或很小。
大闸制动后缓解，本节车 254YV 排风不止而后节车不缓解。
（3）操纵节补机位，非操纵节本机位：
小闸单独制动时机车不制动或很小。
大闸制动后缓解，后节车不缓解，后节车 254YV 排风不止。
（4）本节车 159 塞门半关：小闸制动时本节车正常，后节车制动、缓解均慢。
（5）后节车 159 塞门半关：小闸制动缓解时本节正常，后节慢；大闸制动时本节和后节均正常，缓解时后节慢。

八、各电空阀假设故障（拆线时必须断 615QA）

（1）254YV 的 863 线断路：机车不缓解。
（2）252YV 的 805 线断路：过充位无过充压力。
（3）259YV 的 821 线断路：紧急制动时均衡风缸压力只有 200 kPa。
（4）208SA 的 800 线断路：重联位列车管不保压制动后均衡风缸不保压。

要求：在进行制动机检查试验时必须以风表指示值为准，各处压力值显示差大于 10 kPa 以上视为假设故障。

任务 2-6　制动机辅助阀类检修

【任务描述】

假如你是机车检修车间制动班组工作人员，请利用试验台及工作台（包括工机具），按照检修工艺流程，工艺要求及质量标准对紧急阀、调压阀进行检修。

【任务目标】

- 能按照紧急阀、调压阀和电动放风阀分解的工艺流程进行拆解；
- 能对紧急阀、调压阀和电动放风阀各部件进行指认；
- 能按照紧急阀、调压阀和电动放风阀的检修方法进行清洗、测量与修理；
- 能按照紧急阀、调压阀和电动放风阀组装的工艺流程进行组装；
- 能按照紧急阀、调压阀和电动放风阀的试验规范及要求对紧急阀、调压阀和切换阀进行试验；

【任务学习】

一、电动放风阀

DK-1 型电空制动机中，设有一个 ZDF 型电动放风阀（简称电动放风阀）。

其功用是：ZDF 型电动放风阀是为适应电空制动机的性能及满足自动停车的要求而设置。它接受紧急停车按钮的控制、电空制动控制器的控制，又可接受自动停车装置电信号的控制。

（一）电动放风阀的构造

ZDF 型电动放风阀由阀体、阀座、上下盖板、橡皮膜、弹簧、夹心阀、心杆组成如图 2-6-1 所示。

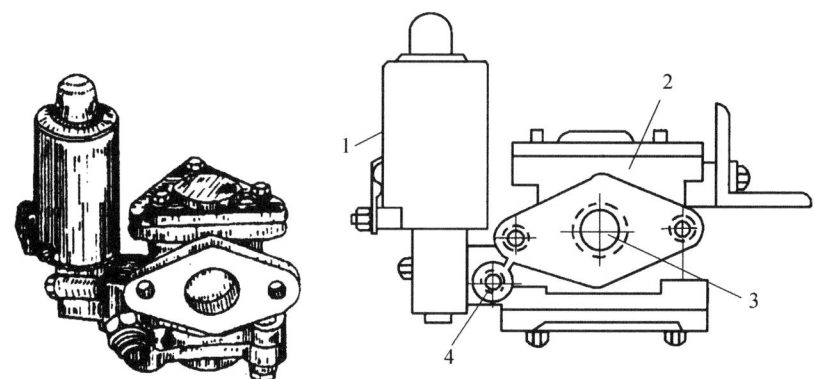

图 2-6-1　电动放风阀

1—紧急电空阀 94YV；2—阀体；3—列车管接管孔；4—总风缸管孔

（二）电动放风阀通路

（1）放风阀上侧空间经阀体与列车管连通；

（2）放风阀下侧及铜碗上侧空间经阀体孔与大气连通；

（3）铜碗及膜板下侧空间与紧急电空阀 94YV 的控制气路连通。

（三）电动放风阀的工作位置

电动放风阀根据紧急电空阀 94YV 的得、失电来控制列车管放风气路的联动与关断。

1. 紧急制动状态

紧急制动状态时的电动放风阀如图 2-6-2 所示。

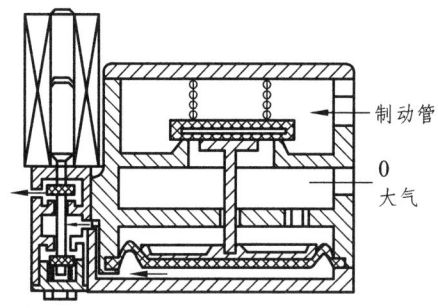

图 2-6-2　紧急制动状态

当紧急电空阀 94YV 得电时，连通总风经紧急电空阀 94YV 向电动放风阀铜碗及膜板下侧空间充风的气路，橡胶膜板、铜碗推动心杆上移而压缩放风阀弹簧，顶开放风阀口，连通列车管向大气放风的气路，使列车管压力迅速降低，实现全列车的紧急制动。

2. 非紧急制动状态

非紧急制动状态时的电动放风阀如图 2-6-3 所示。

项目2 DK-1型电空制动机主要部件检修 111

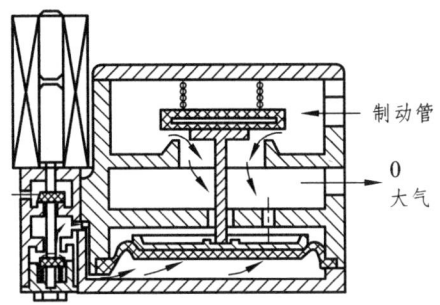

图2-6-3 非紧急制动状态

当紧急电空阀94YV失电时，连通电动放风阀铜碗及膜板下侧空间经紧急电空阀94YV向大气排风的气路，在放风阀弹簧作用下，放风阀推动心杆、铜碗、橡胶膜板下移，关闭放风阀口，切断列车管向大气放风的气路。此时，列车管的压力变化主要由中继阀控制，实现全列车制动系统的缓解、保压或常用制动。

二、紧急阀

紧急放风阀（简称紧急阀）的功用是在紧急制动时加快列车管排风，使紧急制动时作用可靠，以提高紧急制动的灵敏度和紧急制动波速。如图2-6-4所示。

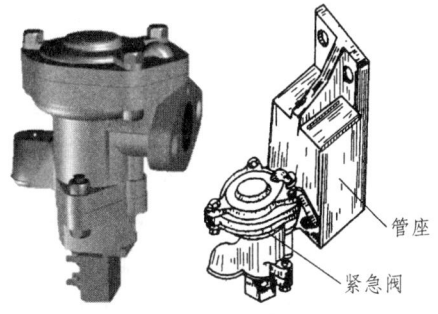

图2-6-4 紧急阀

（一）紧急阀的构造

紧急放风阀由阀盖、密封圈、紧急活塞杆、紧急活塞、密封堵、膜板、稳定弹簧、滤尘网、夹心阀、夹心阀座、导向杆、传递杆、复原弹簧及电联锁等组成，如图2-6-5所示。

（1）活塞膜板。

活塞膜板为传感部件，用于感应作用在橡胶膜板上、下两侧的作用力之差，从而带动活塞杆上、下移动，以关闭或开启放风阀口，切断或连通列车管的放风气路；同时，联动微动开关95SA断开或闭合电路838—839主要由上活塞、下活塞、橡胶膜板等组成。

（2）活塞杆。

活塞杆可随活塞膜板上、下移动，关闭或顶开放风阀口。活塞杆轴向中心开一通孔，及三个缩孔：缩孔Ⅰ（$\phi1.8$ mm）、缩孔Ⅱ（$\phi0.5$ mm），缩孔Ⅲ（$\phi1.2$ mm）。

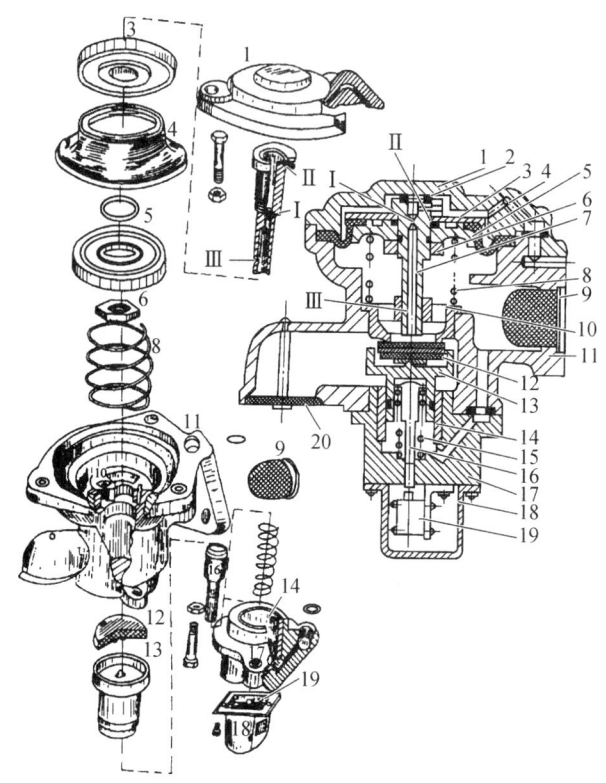

图 2-6-5 紧急阀结构图

1—阀盖；2—密封圈；3—上活塞；4—膜板；5—下活塞；6—螺母；7—活塞杆；8—安定弹簧；9—滤尘罩；10—放风阀座；11—阀上体；12—放风阀；13—放风阀导向杆；14—放风阀套；15—放风阀弹簧；16—顶杆；17—阀下体；18—罩；19—双断点微动开关；20—排风口罩

缩孔Ⅰ用以控制紧急室压力空气向列车管的逆流速度。缩孔Ⅱ用以控制列车管压力的紧急室的充风速度，以防止列车管压力下降过快引起自然制动。缩孔Ⅲ用以在紧急制动后，控制紧急室压力空气排大气的时间（延时时间），以延长放风阀的开放时机保证紧急制动位列车管压力的排空。

（3）放风阀机构。

放风阀机构是连通或切断列车管放风气路并联动微动开关95SA的执行部件。主要由放风阀、放风阀座、放风附导向杆、放风阀套、放风阀弹簧、顶杆等组成。

（4）微动开关。

该微动开关为双断点微动开关，电器代号为95SA，用来控制电路838—839的闭合与断开。

（5）其他零部件。

紧急阀还包括安定弹簧、滤尘罩、排风口罩、密封圈等其他零部件。紧急阀内部空间分别连通三条气路：活塞膜板上侧空间与紧急室连通；活塞膜板下侧及放风阀弹簧侧的空间与列车管连通；放风阀下侧空间经排气口与大气连通。

（二）紧急阀的工作位置

紧急阀根据列车管的压力变化使作用在活塞膜板上、下两侧的作用力之差产生变化，从而使活塞膜板带动活塞杆上、下移动，关闭或顶开放风阀口，以切断或连通列车管的放风气路；同时，联动微动开关 95SA 断开或闭合电路 838—839。紧急阀有三个工作位置：充气位、常用制动位和紧急制动位。

1. 紧急阀在充气位时的作用原理（见图 2-6-6）

当列车充气缓解时，紧急放风阀处于充气位，列车管来的压力空气首先将紧急活塞压紧在上盖上，通过活塞中心杆缩孔Ⅰ，再经过缩孔Ⅱ向紧急室充气，直到紧急室压力与列车管压力相等。由于列车管压力和弹簧的作用，使紧急活塞与上盖紧贴，因此充气只能经缩孔Ⅱ进行，这就防止因充气时的压力波动而引起误动作。如图 2-6-6 所示。

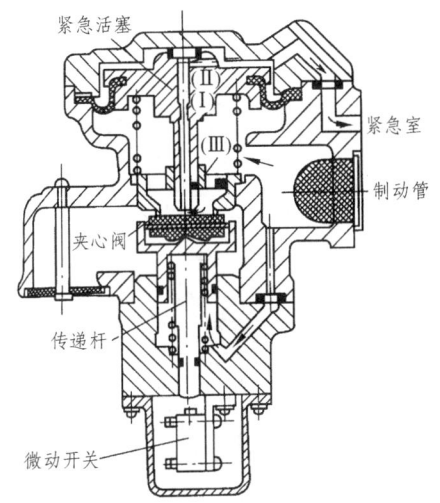

图 2-6-6　紧急阀充气位

2. 紧急阀在常用制动位时的作用原理（见图 2-6-7）

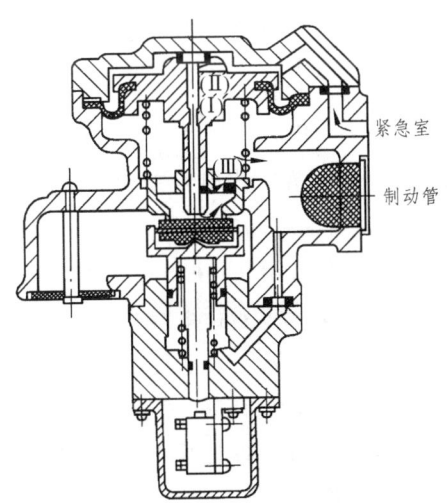

图 2-6-7　紧急阀常用制动位

当列车管按常用制动速率排风时，由于列车管压力的下降，紧急活塞下部的压力降低，而紧急室的压力空气通过缩孔Ⅱ、Ⅰ逆流，因速度较慢，从而形成活塞上部压力稍高于活塞下部的压力，活塞克服弹簧的作用力下移，与上盖脱离，此时紧急室内压力空气就只能通过缩孔Ⅰ流到列车管，因缩孔Ⅰ较大，能适应常用制动时列车管的减压速度，能使紧急室的压力与列车管的压力同时下降，使紧急活塞悬在此位。当列车管保压时，紧急活塞在弹簧力的作用下恢复到原位。

3. 紧急阀在紧急制动位时的作用原理（见图 2-6-8）

当列车管按紧急制动速率排风时，活塞上方的压力空气通过缩孔Ⅱ逆流已来不及，紧急室压力高于下方列车管的压力，这就造成了紧急活塞上下方较大的压力差，紧急活塞下移，其活塞杆压下夹心阀，开放阀口使列车管急速排风。此时紧急室内的压力空气从缩孔Ⅱ缓慢排出，使阀口开放保持一定时间，以确保列车紧急制动作用。阀口开放的同时，传递杆也下移，顶开电开关，使列车管风源被切断并断开主断路器。

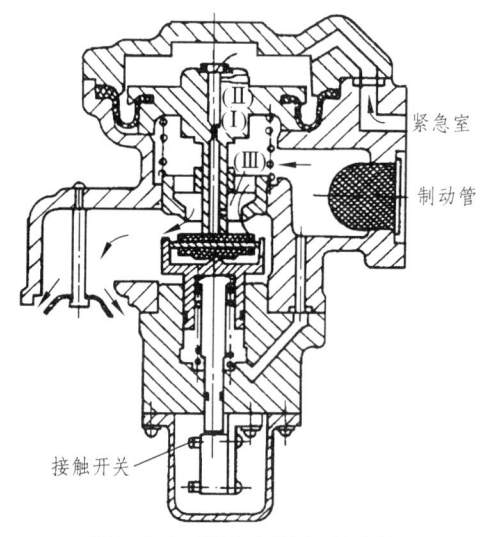

图 2-6-8 紧急阀紧急制动位

紧急放风阀与电动放风阀在作用上的区别：紧急放风阀是以空气为指令，利用列车管的迅速减压造成紧急活塞上下产生很大的压差，紧急活塞下移，使微动开关 95SA 接通 838 与 839 线，为中间继电器 451 KA 准备好电路。当电空制动控制器手柄在运转位、过充位、中立位、制动位时均使 813 线得电，使 451 KA 得电吸合，其常开联锁接通紧急电空阀 94YV，使电动放风阀动作，加速列车管排风，其常闭联锁断开 258YV 和 254YV，切断均衡风缸充气和作用管的排气通路，并根据手轮位置，使主断路器跳闸。

电动放风阀是以电信号为指令，使总风压力空气经紧急电空阀 94YV 的下阀口进入到电动放风阀的 A 室，使膜板上移从而打开放风阀口，使列车管的压力迅速排大气，产生紧急制动作用。当列车管排风时，使紧急放风阀活塞上下产生很大的压差，活塞下移接通微动开关 95SA，当电空制动控制器手柄在运转位、过充位、中立位、制动位时 813 线均得电，使 451 KA

得电吸合，造成排风 1 电空阀 254YV 和缓解电空阀 258YV 失电，切断了机车分配阀容积室排大气和均衡风缸的充风通路，保证列车制动作用的实施。

三、重联阀

SS_4 改型电力机车的 DK-1 型电空制动机中装设的重联阀，其功用是提高机车牵引功率和采用双机或多机重联牵引。为适应双机或多机重联牵引的需要，重联阀不仅可以使同型号机车制动机重联，还可以使不同类型机车重联使用，以便实现多机牵引。运行中，乘务员只需操纵本务机车制动机，即可保证重联机车制动机的制动、缓解作用与本务机车协调一致；若重联运行中一旦发生机车分离，则重联阀将自动保持制动缸压力，并使重联机车制动机恢复到本务机车制动机的工作状态，以便操纵列车，起到分离后的保护作用。

重联阀主要由本一补转换阀部、重联阀部、制动缸遮断阀部及阀体、管座等组成，其连接管路包括作用管、平均管、总风联管及制动缸管，如图 2-6-9 所示。

重联转换阀重联部由重联阀活塞、活塞杆、重联阀弹簧、阀套、O 形圈、止回阀、止回阀弹簧等组成。其作用是由活塞上下压力的变化，带动活塞杆上下移动，顶开或关闭止回阀，实现不同通路的开和断。

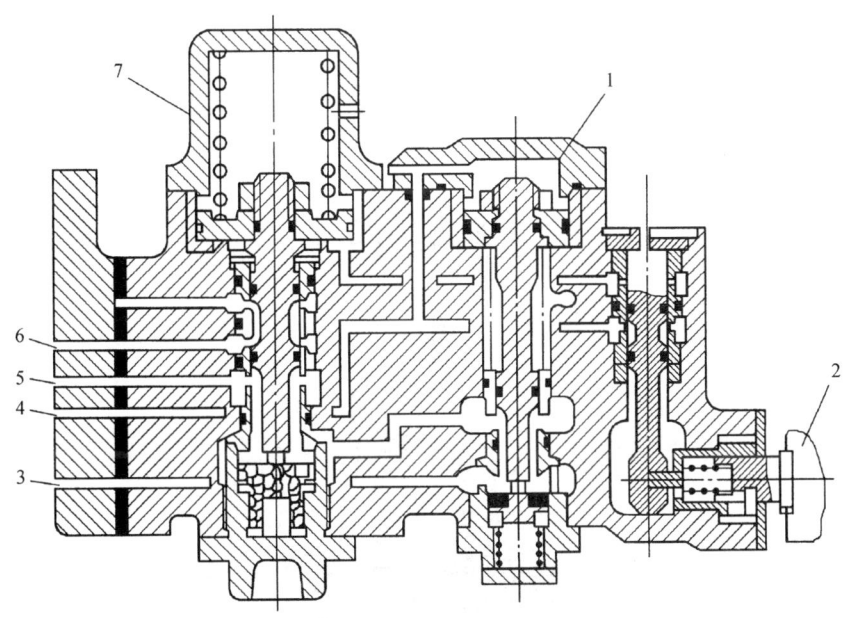

图 2-6-9 重联阀结构原理图

1—遮断阀；2—本-补转换阀部（本机上）；3—制动缸管；4—总风联管；5—平均管；6—作用管；7—重联阀

重联阀遮断阀部由遮断阀活塞、活塞杆、遮断阀弹簧、阀套、O 形圈、止回阀、止回阀弹簧等组成。其作用是在总风联管压力的作用下，制动缸遮断阀活塞和活塞杆下移顶开止回阀；一旦发生机车间断钩分离，由于总风联管压力很低，在遮断阀弹簧作用下，遮断阀活塞和活塞杆则向上移动，止回阀关闭，关闭了机车制动缸与其他管路的通路，自动保持机车制动缸压力。

四、调压阀

机车上的压缩空气要供给多种系统使用,所以总风缸的压力空气保持在高压范围内,这种较高而又不稳定的压力空气直接供给列车制动机使用,不但对列车的缓解不利,而且电力机车有关系统所用的压缩空气也有一个限制值。所以,在总风缸与有关用压缩空气系统的管路上均设有调压阀。

图 2-6-10 QTY 型调压阀

SS 型电力机车压缩空气源系统中所采用的调压阀为 QTY 型,如图 2-6-10 所示。

这种调压阀在电空制动机系统中有 3 个,代号分别为 53、54、55。其中调压阀 53、54 设在司机室内空气制动阀下方的总风缸支管上;调压阀 55 设在电空制动屏中的总风缸支管中。

1. 调压阀的构造

QTY 型调压阀主要由调整手轮、阀上体、一级调压弹簧、二级调压弹簧、膜板、溢流阀、阀杆、阀座、进气阀、进气阀弹簧及下螺盖等组成,如图 2-6-11 所示。

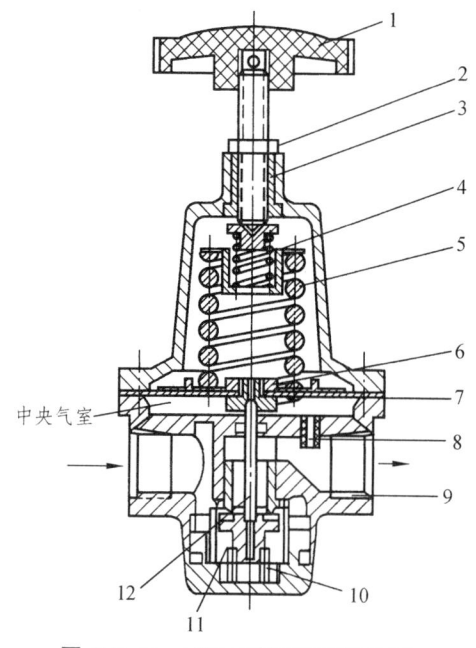

图 2-6-11 QTY 型调压阀结构图

1—调整手轮;2—紧固螺母;3—上体;4——级调整弹簧;5—二级调整弹簧;6—溢流阀;
7—膜板;8—小孔;9—下体;10—进气阀;11—进气阀弹簧;12—阀杆

2. 调压阀的作用原理

调压阀的输出压力值可通过调整手轮进行调整，由于调整弹簧力可将膜板中部压下，从而带动阀杆打开进气阀，使总风缸压力空气经进气阀口送至输出端，同时通过小孔进入膜板下方中央气室。

当输出压力与调弹簧压力相等时膜板趋于平衡，进气阀在进气阀弹簧作用下密闭阀座，停止输出。

当输出压力过高时，膜板下方中央气室的压力高于弹簧压力，将膜板中央向上顶起。进气阀关闭，溢流间开启，使多余的压力空气排出，直至再次平衡为止。此时膜板恢复平衡，溢流间关闭。

3. 调压阀的调整

QTY 型调压阀的调整方法为顺时针旋转手轮为调高压力；反之，为调低压力。调整好后，将紧固螺母拧紧。在静态和动态的不同工况下，调整值会有所变动，通常可根据正常工况进行调整。

QTY 型调压阀调整方便，阀体上装有压力表与输出端相通，可随时观察输出压力值。

五、压力开关

压力开关是利用空气压力差控制微动开关电器，来实现电路通断的控制元件。

SS₄改型电力机车的 DK-1 型电空制动机中采用 208、209 两个 TJY 型压力开关，其中，压力开关 208 是为自动控制列车管的最大减压量而设，动作值是 140 kPa；压力开关 209 是为自动控制空气初制动列车管的减压量大小而设，动作压差不大于 20 kPa。

1. 压力开关的结构

TJY 型压力开关由微动开关、外罩、心杆、导套、模板、下盖、O 形弹性挡圈等组成，如图 2-6-12 所示。

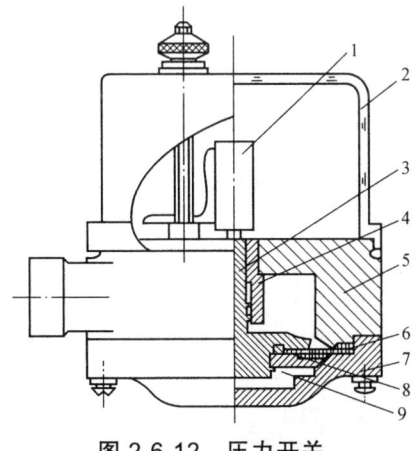

图 2-6-12 压力开关
1—双断点微动开关；2—外罩；3—心杆；4—导套；5—阀体；
6—膜板；7—下盖；8—挡板；9—弹性挡圈

膜板上方与总风管相通,模板下方与均衡风缸管相通,压力开关 208、209 膜板上方与总风管间是通过安装座上的 0.8 mm 的限制缩孔相通的。另外,膜板上下压力空气的作用面积上方小,下方大。

2. 压力开关的作用原理

压力开关是利用膜板上下的压力差动作,使膜板上凸或下凹,带动心杆上下移动,顶触或脱离微动开关。

当列车进行充气缓解时,均衡风缸压力上升并与调整后的总风压力相等,由于压力开关膜板上侧压力空气作用面积比下侧作用面积小,膜板下侧压力空气作用力大于上侧压力空气作用力,使膜板呈凸起状,带动心杆上移顶触微动开关。

当均衡风缸减压时,压力开关下气室压力下降,达到一定值时,膜板上下作用力相等,再继续下降,膜板上侧压力空气作用力大于下侧压力空气作用力,使膜板呈凹下状,心杆逐渐下移,脱离微动开关。其动作压差与心杆的直径有关,即与膜板上方有效作用面积有关。

由于心杆的顶触或脱离微动开关,微动开关由联锁将发生改变,再经微动开关外接的导线,实现电路的转换。

压力开关 208,微动力开关只有常闭联锁外接两根导线 800 与 808,在充风缓解位时两导线断开,在均衡风缸减压大于 140 kPa 时两导线接通。

压力开关 209 微动开关常开联锁接导线 807、827;常闭联锁接导线 822、800。当均衡风缸充气到接近定压时导线 822、800 断开,而导线 807、827 接通。当均衡风缸减压超过 20 kPa 时,导线 807、827 断开,而导线 822、800 接通。

六、转换阀

为保证良好的气密性和屏柜布置的需要,DK-1 型电空制动机采用特制的塞门结构的手动操纵阀,即 153、154 两个转换阀。每个转换阀有两个作用位置,153 有空气位和正常位,为空电转换阀;154 有客车位和货车位,为客货转换阀。将转换按钮向里推,然后再转动 180°,到达所需的作用位置后松开,便完成了位置的转换。转换阀结构如图 2-6-13 所示。

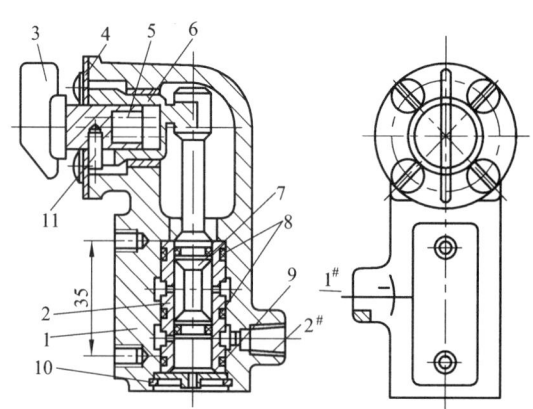

图 2-6-13 转换阀

1—阀体;2—阀套;3—转换按钮;4—铭牌;5—弹簧;6—偏心杆;
7—柱塞阀;8—O 形圈;9—档盖;10—弹簧挡圈;11—定位销

【任务检查】

制动机辅助阀类检修任务检查单如表 2-6-1 所示。

表 2-6-1 制动机辅助阀类检修——任务检查单

任务编号	2-6	任务名称		制动机辅助阀类检修		
序号		检查内容			是	否
		紧急阀检修				
（一）整体清洗检查						
1	清洗将紧急阀整体放入中性洗涤剂溶液中浸泡后，用清水冲洗干净，并用压缩空气吹干。目视检查阀体无变形及裂纹					
（二）解体						
2	用螺丝刀拆下排气口罩、微动开关罩及微动开关。用开口扳手拆下紧急放风阀盖上的螺丝，并将盖取下。取出紧急阀弹簧及传递顶杆。取出紧急阀导向杆及放风阀。用开口扳手拆开紧急阀上盖，并将其拿下。抽出活塞组件，用专用扳手松开紧固螺母，分解出活塞杆、上、下活塞及膜板					
（三）检修						
3	将拆卸开的零件放入油盘内，用汽油清洗，并用压缩空气吹干净。目视检查各零件，丝扣良好，孔径应畅通无杂物，阀套紧固，阀及阀座工作面无拉伤、麻坑及变形，对不良件修复。目视检查稳定弹簧及复原弹簧无裂损、变形及锈蚀，弹性良好。目视检查上、下活塞、膜板、活塞板及导向杆无弯曲及裂纹，缩孔畅通，不良者更换新品。用手指上、下按动微动开关的触头，动作灵活。用万用表测量触指接触良好。更新所有橡胶件。测量缩孔直径Ⅰ为$\phi 1.7\,\text{mm}$、Ⅱ为$\phi 0.5\,\text{mm}$、Ⅲ为$\phi 1.2\,\text{mm}$					
（四）组装						
4	组装各橡胶件。注：橡胶件不得扭曲，其他规格不准代替。按顺序组装上、下活塞、膜板及活塞杆。注：膜板在上、下活塞间要平展，无扭曲。按顺序将稳定弹簧及活塞组件放进紧急室内然后装上阀盖，并将紧固螺丝紧固好。注：膜板在体与盖之间要平展，稳定弹簧不歪扭，位置正确。紧固螺丝时不得碰伤阀口，紧固时应对角紧固，用力一致。将放风阀、导向杆、传递顶杆及复原弹簧分别放进放风阀室，对好它们之间相互位置。装上放风阀盖，并将其紧固螺丝紧固好。装上微动开关，调整顶杆与开关距离。装好微动开关罩及排气罩。注：接线槽口应对正					
（五）试验						
5	将检修后的紧急阀装在试验台上，按DK-1型制动机试验台上，分别试验充气和泄漏、紧急灵敏度、排风和稳定试验，均应符合试验技术要求					
		调压阀检修				
（一）解体前检查						
6	外观检查阀体各部无损伤、裂痕，丝扣良好					

续表

任务编号	2-6	任务名称	制动机辅助阀类检修		
序号	检查内容			是	否
（二）解体					
7	解体前外观检查阀体各部无裂损，丝扣良好。将防缓螺母松开，逆时针转动手轮，使体内弹簧呈自由状态。卸上体，取出一、二级弹簧及橡胶膜板				
（三）清洗					
8	将解体后的各部件放入汽油盘中清洗，再用压缩空气吹干				
（四）检修					
9	目视检查一、二级弹簧、进气阀弹簧无裂损、变形及锈蚀。目视检查橡胶膜板及金属件良好，顶杆无弯曲。目视检查进气阀与套配合面良好，溢流阀与阀杆接触良好、密封。目视检查其他各部件良好。更换所有橡胶件				
（五）组装					
10	将进气阀部分的零部件装入体内。将金属膜板、橡胶膜板与溢流阀组装到一体。将一、二级弹簧放入上体，将膜板放在中间，并把上、下体组装到一起				
（六）试验					
11	将调压阀装在风压试验台上，拧动手轮，调整风压后的压力表应显示相应的压力。用肥皂水检查调压阀各部无漏泄，压力无上涨现象				
切换阀检修					
（一）解体					
12	拆下指示牌上四条 M4×5 的平头螺栓，将转换旋钮连同指示牌一起抽出，再取出自复弹簧和偏心杆。用卡簧钳取下转换阀底部卡圈，取下挡板。用螺丝刀从阀体偏心杆空腔处插进，撬压柱塞端头，使柱塞从阀体底孔退出。用专用工具取出阀套				
（二）清洗					
13	将解体后的各部件置于油盘中进行清洗，再用压缩空气吹干净				
（三）检修					
14	目视检查阀体无砂眼及裂损。各安装孔的丝扣完好，无滑扣现象。偏心杆套镶嵌牢固，套上无拉伤和严重磨损。若有拉伤和磨损，应更换新品。目视检查偏心杆处与阀套接触面无拉伤。目视检查柱塞无弯曲及变形，与偏心轴的连接槽连接可靠，不得有裂损及磨秃现象。目视检查柱塞套无偏磨、段磨和拉伤痕迹，壁上小孔畅通。更换所有的橡胶件。更换 O 形圈，柱塞 $\phi12\ mm \times 1.75\ mm$，柱塞套 $\phi20\ mm \times 2.4\ mm$。目视检查转换手把弹簧无锈蚀、变形及裂损，弹性良好				
（四）组装					
15	涂润滑脂：在相对运动的摩擦配合表面涂适量润滑脂。在柱塞或柱塞套的密封圈处涂医用凡士林，在偏心轴外表面涂适量 201 甲基硅油 总体组装：按拆卸相反顺序进行组装 注：将柱塞装入后，柱塞上的偏心杆连接槽应垂直向外；将偏心杆插入后，用转换旋钮插在偏心杆上，反复转换，柱塞应随转换旋钮的转动上下移动，应无过紧或过松现象；卡圈应全部镶入阀体发槽内。各部转动灵活无卡滞				
（五）试验					
16	将检修好的切换阀装在风压试验台上进行试验。切换阀转换性能良好，各部无漏泄				

项目 2 DK-1 型电空制动机主要部件检修

【任务训练】

1. 电动放风阀主要由（　　）、（　　）、（　　）和（　　）等零件组成。
2. 电动放风阀的两种作用状态是（　　）和（　　）。
3. 紧急阀主要由（　　）、（　　）、（　　）、（　　）、（　　）、（　　）和（　　）等零件组成。
4. 紧急阀的三种作用状态是（　　）、（　　）和（　　）。
5. 简述电动放风阀的工作原理。
6. 叙述紧急阀的三条通路分别是什么？
7. 叙述紧急阀的三个作用位工作原理。
8. 试叙述压力开关 208、209 的作用。
9. 简述调压阀的工作原理以及调整方法。
10. 叙述两个转换阀的作用。

【任务拓展】

一、SS_4 改进型电力机车空电联合制动

SS_4 改进型电力机车空电联合制动的切换由制动屏柜内联合制动电器屏上空电联合转换开关 466QS 完成，该开关有三个位置："0 位"切除；"Ⅰ位"自动缓解空气制动；"Ⅱ位"手动缓解空气制动。

列车运行在长大坡道上时，电空制动控制器手柄置于"运转位"，空气制动阀手柄置于"运转位"。若空电联合转换开关 466QS 在"Ⅰ位"，则司机只需转动司机控制器给定手轮，给定机车运行速度指令，空电联合制动装置将在机车电制动力已达最大，而列车继续加速到超过给定速度 5 km/h 时，发出一级减压指令（列车管减压 50 kPa）；如果速度还继续上升到超过给定速度 15 km/h 时，发出二级减压指令（列车管追加减压 20 kPa，即减压 70 kPa）。为发挥电制动作用，空气制动投入后，电制动将维持最大。当列车速度低于给定速度 15 km/h 时，将自动缓解列车空气制动。若空电联合转换开关 466QS 在"Ⅱ位"，则列车空气制动的缓解只能靠司机将电空制动控制器手柄从运转位移置中立位，再移回运转位来完成。在空气制动缓解后，为延长列车充风时间，电制动还将维持最大制动力达 1 min。空电联合制动过程中，司机根据运行要求可以随时人工干预空气制动，对列车管追加减压或充风缓解。同时，运行中只要机车存在电制动力，机车制动缸压力将自动缓解。

当空电联合转换开关 466QS 处于"Ⅰ位"时，为确保行车安全，在通过分相无电区断电时，空电联合制动将锁定在断电时的状态，只有在合闸以及重新给定司机控制器，司机按动操纵台面上的解锁恢复按钮，空电联合制动将从锁定点开始恢复工作。空电联合制动的锁定和解锁可在司机操纵台空电联合显示灯上显示。

此外，在机车加馈电阻制动故障后，空电联合制动装置将自动实行列车管减压。

空电联合制动的控制过程包括以下几方面。

1. 空电联合制动工作指令

导线 899（电源）→空气制动阀上的 3SA（1）→导线 801→电空制动控制器 1AC（运转、过充、中立、制动位）→导线 813→空电联合转换开关 466QS（Ⅰ、Ⅱ位）→导线 833→电子柜 AE。

当电子柜接收到导线 833 送入的电压信号（DC110V），而电子柜本身也处于准恒速加馈电阻制动位（即电子柜处于 A 组、司机控制器调速手柄置于制动位）时，电子柜空电联合制动环节开始工作。

从上述工作可知，只有 DK-1 型电空制动机处于电空位，且电空制动控制器手柄置于除重联位、紧急位以外的各位，以及空电联合转换开关 466QS 处于Ⅰ位或Ⅱ位时，导线 833 才有电。这就保证了只有 DK-1 型电空制动机处于电空位，本务机车操纵端电子柜的空电联合制动控制环节才能投入工作，而非操纵端和重联机车的电子柜的空电联合制动控制环节不能工作。另外，通过空电联合转换开关可切除电子柜的空电联合制动控制环节的工作指令，使电子柜的空电联合制动控制环节停止工作。

2. 制动缸压力自动缓解

在空电联合制动过程中，当电子柜检测到的电阻制动电流不小于 30 A 时，电子柜将发出制动缸缓解指令。该指令为一常开联锁，发出指令时，使得导线 445 与 845 连通，这时：

（1）导线 405（司机控制器制动位有电）→空电联合转换开关 466QS（Ⅰ、Ⅱ位）→导线 445→电子柜 AE→导线 845→中间继电器 457 KA 得电。

（2）导线 405→中间继电器 457 KA 常开联锁→导线 828→中间继电器 452 KA_{11-12} 常闭联锁→导线 862→中间继电器 451 KA_{15-16} 常闭联锁→导线 863→排风 1 电空阀 254YV 得电。

（3）作用管（包括容积室）压力空气→排风 1 电空阀 254YV 下阀口→大气。

由于作用管压力空气自动排大气，通过分配阀均衡部动作后，使机车制动缸压力空气也排大气，实现缓解。

3. 列车管减压控制

在空电联合制动过程中，当机车电制动力按准恒速特性控制已达最大，且列车继续加速超过给定速度 5 km/h 时，电子柜发出一级减压指令，即电子柜内列车缓解继电器得电，其常开联锁闭合，导线 846 与 847 连通。同时制动减压继电器得电 1s 后失电，其常开联锁使导线 847 与 848 连通 1s 后断开，常闭联锁使导线 850 与 849 断开 1s 后连通。

（1）空电联合转换开关 466QS 处于Ⅰ位：

导线 803（电空位下电空制动控制器置运转、过充位时有电）→466QS（Ⅰ位）→导线 846→AE联锁→导线847→AE联锁（闭合1 s）→导线848→455 KA。
└→455 KA常开联锁→中间继电器455 KA得电并自锁。
↑
导线803→455 KA常开联锁（闭合）→导线849→AE联锁（断开1 s后闭合）→导线850→456 KA。

中间继电器 456 KA 比 455 KA 晚 1s 得电。

455 KA$_{11-12}$ 断开，切断 254YV 经导线 818 得电的电路；455 KA$_{9-10}$ 断开，使 258YV 失电；其余各电空阀和中间继电器与电空制动控制器运转位相同。

所以，缓解电空阀 258YV、制动电空阀 257YV 同时失电，连通均衡风缸向大气排风的气路，均衡风缸压力下降。

由于电子柜发出一级减压指令时，电制动电流已达最大值，电子柜还将发出制动缸自动缓解指令。即，导线 405→466QS→导线 445→AE 联锁→导线 845→457 KA 得电。经电路：导线 405→457 KA 常开闭合→452 KA$_{11-12}$→451 KA$_{15-16}$→254YV，使排风 1 电空阀 254YV 得电，作用管排大气，实现制动缸自动缓解。

在中间继电器 455 KA 得电 1s 后，中间继电器 456 KA 得电，则有：导线 405→电空制动控制器 1AC→导线 836→中间继电器 456 KA 常开闭合→导线 822→209SA→导线 800→257YV。使制动电空阀 257YV 得电，切断了均衡风缸的排气口。由于均衡风缸压力空气只经制动电空阀 257YV 排气口排风 1s，其余与初制风缸均衡，所以均衡风缸只减压 50 kPa 左右。同样中继阀使列车管减压 50 kPa 左右后自动保压。车辆产生初制动作用。

因在列车管减压、保压过程中，中立电空阀 253YV 一直失电，所以总风遮断阀没有关闭列车管的风源，使列车管的漏泄能够得到补充。

（2）空电联合转换开关 466QS 处于 Ⅱ 位：

导线803→466QS（Ⅰ位）→导线846→466QS（Ⅱ位）→

导线847→AE联锁（闭合1 s）→导线848→455 KA

└─→455 KA常开闭合─┘

即，中间继电器 455 KA 得电并自锁。

其余电路、气路及各阀作用与空电联合转换开关 466QS 处于 Ⅰ 位时完全相同，均衡风缸、列车管减压 50 kPa 后自动保压，机车制动缸自动缓解，而车辆产生初制动作用。

4. 列车管追加减压

（1）自动追加减压。

在空电联合制动过程中，电子柜发出一级减压指令，且列车管已减压 50 kPa 后，如果列车速度继续上升，达到大于给定速度 15 km/h；或一级减压投入后，列车速度不再上升，也不再下降（或下降很慢），5 min 内不能达到缓解点，电子柜将发出二级减压指令，即电子柜内制动减压继电器得电 1s 后失电，其常闭联锁使导线 850 与 849 断开 1s 后再连通。由中间继电器 456 KA 得电电路可知，中间继电器 456 KA 将失电 1s 后再得电。这时 456 KA 的常开联锁使得导线 836 与 822 断开 1s 后再连通，制动电空阀 257YV 失电 1s 后再得电。

由于制动电空阀 257YV 失电 1s 后再得电，均衡风缸压力空气将经制动电空阀 257YV 上阀口排大气 1s。这时均衡风缸追加减压 20 kPa，同时列车管也追加减压 20 kPa。

（2）人工追加减压。

在空电联合制动装置进行一级减压后，司机可以通过移动电空制动控制器手柄达到追加列车管减压的目的。

当电空制动控制器手柄从运转位移至制动位再放中立位时，由于导线 803 失电，中间继电器 455 KA、456 KA 均失电，空电联合制动装置失去对 DK-1 型电空制动机的控制作用。这时除排风 1 电空阀 254YV 受中间继电器 457 KA 控制仍保持得电外，其余电路与电空位下电空制动控制器手柄在制动位和中立位完全相同，均衡风缸、列车管追加减压，其减压量受电空制动控制器手柄在制动位停留时间的控制。

5. 列车管充气缓解

（1）自动充气缓解。

在空电联合制动装置已进行空气制动后，且电空制动控制器手柄仍在运转位，转换开关 466QS 在 I 位。当列车速度下降到小于给定速度 15 km/h 时（该缓解点速度应大于 35 km/h），电子柜发出缓解指令，即电子柜内原得电的缓解继电器失电，其常开联锁断开导线 846 与 847，使中间继电器 455 KA 将失电。接着 455 KA 常开联锁断开中间继电器 456 KA 的电源，中间继电器 456 KA 失电。DK-1 型电空制动机恢复到电空制动控制器在运转位时的状态，均衡风缸、列车管充风缓解，全列车制动机缓解。

如果电空制动控制器手柄仍在运转位，转换开关 466QS 在 II 位，电子柜发出的缓解指令，不能影响中间继电器 455 KA、456 KA 的得电。

（2）人工充气缓解。

由中间继电器 455 KA 得电电路可知，只要导线 803 失电后再得电，中间继电器 455 KA 将解锁后失电，同时中间继电器 456 KA 也将失电。

在转换开关 466QS 处于 I 位，但还没自动缓解前，或转换开关 466QS 处于 II 位时，将电空制动控制器手柄从运转位移至中立位，让导线 803 失电后，手柄再回运转位，中间继电器 455 KA、456 KA 将失电，DK-1 型电空制动机将恢复到电空制动控制器运转位状态，均衡风缸、列车管充风缓解，全列车制动机缓解。

二、检查折角塞门开通状态

列车制动系统正常工作的基本前提是贯穿列车首尾的列车管处于开通状态。如果某一列车管折角塞门关断，那么自该折角塞门以后的所有制动机将失去控制，不可避免地造成列车制动力不足，从而危及行车安全。这方面的行车事故屡见不鲜，因此，在列车运行中，必须保证全列车列车管的畅通无阻。但由于我国铁路运输的特殊情况及其他种种原因，运行中关断列车管折角塞门的现象时有发生，由此而引起的事故是极为严重和可怕的。为避免此类事故的发生，铁路部门除制订严密的操作管理规程外，还要求制动机本身应具备便于检查列车管折角塞门开通与否的功能。

根据客、货运输的特点和需要，SS_4 改进型电力机车的 DK-1 型电空制动机设置了此项功能，而 SS_9 型电力机车则没有设置此项功能。下面，按照检查列车管折角塞门开通状态的操纵方法来分析其工作过程。

（1）将电空制动控制器手柄置于运转位，导线 803 得电，且全列车处于缓解状态

（2）按下"检查充气 481SB"按钮，直到列车管压力超过定压 100 kPa 为止。

当按下检查充气按钮时，导线 803→570QS1→481SB→检查电空阀 255YV 得电，连通总风向均衡风缸迅速充风的气路，即均衡风缸压力迅速升高，经中继阀动作，使列车管压力也迅速升高，直到列车管压力表指针指向超过定压 100 kPa 时为止。该作用过程中，由于列车管又细又长，且列车管压力表安装在机车的列车管支管上，所以，此时列车管压力表的读数只反映机车附近列车管的压力，而列车后部的列车管的压力比该值小得多。

（3）松开"检查充气 481SB"按钮并立即按下"检查消除 483SB"按钮，观察列车管压力表读数的变化。

当松开检查充气按钮并按下检查消除按钮时，首先，检查电空阀 255YV 失电，从而切断总风向均衡风缸充风的气路；其次，导线 803→570QS1→483SB→重联电空阀 259YV 得电，从而连通均衡风缸与列车管之间的气路，并使中继阀处于自锁状态。此时，均衡风缸过充量随列车前部列车管的过充量向后衰减，即列车管压力表读数下降。可见，列车管压力衰减快且幅度大，则可确认列车管畅通；反之，则可怀疑列车管通路受阻。

综上所述，可得到如下结论：

（1）该操纵用于检查列车管折角塞门开通状态，确保列车的行车安全。

（2）操作步骤：

① 将电空制动控制器手柄置于运转位。

② 先按下检查充气按钮，待列车管压力超过定压 100 kPa 时为止。

③ 松开检查充气按钮并立即按下检查消除按钮，观察列车管压力衰减情况，以判断列车管折角塞门开通情况。

（3）判断方法：

在较短时间内，列车管恢复定压，则为列车管畅通，无关断现象。

在一定时间内，列车管不能恢复定压，应引起警惕，可视为列车管不畅通，有折角塞门关断，须采取必要措施。并且列车管压力与定压差值越大，则关断处所离机车越近。

此方法只能定性地判断，并且随牵引车辆数的变化而有所变化。

（4）使用时的注意事项：

① 列车管过充量不宜过高，一般控制在 100 kPa 上下。

② 在消除过程中，即使列车管畅通，但由于受中继阀灵敏度的限制，恢复到与定压完全一致也是不可能的。通常，恢复到比定压高出 10 kPa 即属正常。

③ 对于单机，由于列车管容积小，所以，按下消除按钮时，只要列车管略有下降即可认为该装置作用正常。

（5）列车行驶过程中，严禁按压"检查充气"按钮，以防发生过量供给。所谓过量供给

是指司机误操作或制动机某部件发生故障，使列车管压力超过定压的现象。发生过量供给后，车辆副风缸压力也随之升高，当列车管恢复定压或发生漏泄时，虽然司机并未施行减压制动，但列车也会产生自然制动，从而造成轮箍弛缓、晚点等行车事故。

三、重联、无火回送及运用中停电的处理方法

（一）重联、无火回送方法

1. 车　上

（1）升弓合主断的情况下，自阀手柄重联位（穿好定位销），单阀手柄运转位，查看制动缸压力表稳定在 450 kPa；

（2）降弓、断电钥匙；

（3）将无火塞门转至"投入"位（即：本务机车列车管可向重联机车总风缸充风）；

（4）关闭弹停制动控制塞门 B40、06（在制动柜中部，压力表右侧黄色塞门水平正常位置）即弹停风缸压力经此阀排大气，实施弹停；

（5）对升弓控制风缸、弹停风缸进行排水；关闭两个总风缸上部中间的塞门 A10；排放总风缸排水塞门 A12 该塞门在总风缸下部，塞门把手顺管方向是关闭，横向是排风，将其横向排风至 250 kPa 以下；

（6）保留蓄电池脱扣；辅助柜面板脱扣只保留无线电台脱扣、夜间保留司机室灯、标志灯，把其他脱扣断开；

（7）进行储风，关闭 U43、13（在制动柜中部，压力表右上方水平黑色塞门）。

2. 车　下

（1）将机车端部平均管塞门开放；

（2）机车处于缓解状态下，手动缓解弹停制动（副司机侧 1、3 轮，共 4 处）；

（3）重联操作后，必须确认弹停已缓解、闸瓦离轮（车下制动显示标牌为"两绿一红"）。

注意：冬季进行重联、无火回送时，要每隔三个小时，将备用三（QA76）和备用脱扣闭合十五分钟再断开，避免发生冻结。

（二）停电处理方法

（1）降弓、断电钥匙；

（2）保留蓄电池脱扣；辅助柜面板脱扣只保留无线电台脱扣、监控器脱扣、夜间保留司机室灯、标志灯，把其他脱扣断开。

（3）进行储风，关闭 U43、13（在制动柜中部，压力表右上方水平黑色塞门）。

项目 3　DK-1 型电空制动机试验台综合试验

任务 3-1　DK-1 型电空制动机试验台综合试验

【任务描述】

假如你是机车检修人员，请通过试验台在制动机装车前对其进行试验，检查 DK-1 型电空制动机的各项作用是否正常，通过电空制动控制器、空气制动阀手柄在各作用位置间的顺序转换，同时观察压力表指针的变化，来分析、判断 DK-1 型电空制动机及各部件是否处于良好状态，如遇故障，请做好处理，并做好故障记录。

【任务目标】

- 能识读综合作用管路图；
- 能绘制 DK-1 型电空制动机综合作用管路图；
- 能说明各个阀类功用；
- 能说明受空气制动阀运转位，电空制动控制器各位电路控制关系；
- 能认识 DK-1 型电空制动机综合作用故障现象；
- 能判断、处理空气制动阀运转位，电空制动控制器各位作用故障；

【任务学习】

一、电空位综合作用

（一）大闸各工作位置，小闸运转位综合作用

1. 空气制动阀在运转位，电空制动控制器在过充位

该位置是车辆快速充气缓解，并保持机车制动所使用的位置。它可以使列车管高于定压 30~40 kPa 加速充气，一般在长大下坡道上或刚连挂好车辆需加速充风时使用。

（1）电空制动控制器。

在此位置 803 线有电，经中间继电器 455 KA、452 KA、451 KA 的常闭联锁，使得缓解电空阀 258YV 和排风 2 电空阀 256YV 得电，开放了均衡风缸充气通路，关闭了过充风缸的排气通路。

805 线有电，使得过充电空阀 252YV 得电，打开输入口，总风缸压力空气经 252YV 充入过充风缸及过充柱塞的左侧，推动过充柱塞右移。

（2）中继阀。

由于均衡风缸和过充风缸同时充风，过充柱塞右移顶于中继阀主活塞左侧，相当于均衡

风缸的压力增加了 30~40 kPa，从而使主活塞右移打开供气阀，列车管高于定压 30~40 kPa 迅速充气，车辆得到缓解。

（3）分配阀。

分配阀主阀部与运转位基本相同，只是工作风缸压力也得到过充 30~40 kPa。由于排风 1 电空阀无电，均衡部处于制动保压位，故制动缸也将保压，机车制动不能缓解。

（4）重联阀。

操纵节本机位，制动缸管通平均管，制动缸保压，平均管也保压；非操纵节补机位，作用管通平均管，平均管保压使得非操纵节作用管及分配阀容积室保压，均衡部处于制动保压位，非操纵节机车不能缓解。

2. 空气制动阀在运转位，电空制动控制器在运转位

该位置是列车运行中，电空制动控制器手把常放的位置，是向列车管充风以缓解列车制动所采用的位置。

（1）电空制动控制器。

在此位时，导线 803 得电，经过中间继电器 455 KA、452 KA、451 KA 的常闭联锁，使缓解电空阀 258YV 和排风 2 电空阀 256YV 得电，下阀口开放，总风经 55 调压阀调整为 500 kPa 或 600 kPa，向均衡风缸与中继阀主活塞左侧充气。256YV 得电关闭过充风缸排气口，使得过充风缸的压力空气只能经风缸上的缩堵慢慢排出。

导线 809 得电，经空气制动阀上的微动开关 3SA（2）和中间继电器 455 KA、452 KA 及 451 KA 的常闭联锁，使排风 1 电空阀 254YV 得电，开放排风口。

（2）中继阀。

均衡风缸压力上升，处于缓解充气位，主活塞左侧压力增高，推动活塞右移，带动活塞杆顶开供气阀，打开供气阀口，总风压力空气克服遮断弹簧反力，顶开遮断阀，经供气阀口充入列车管。列车管增压，车辆缓解。

（3）分配阀。

由于列车管增压，分配阀处于充气缓解位，主阀部活塞上侧压力上升，推动活塞下移，带动滑阀开放列车管向工作风缸的充气通路，使工作风缸充气直至与列车管压力相等。

由于排风 1 电空阀得电开放排风口，使得分配阀容积室的压力空气经作用管、排风 1 电空阀排大气，容积室压力降低，使得分配阀均衡活塞下侧压力降低，活塞下移，活塞杆离开均衡阀，开放中心孔，制动缸的压力空气经开放的活塞杆中心孔排大气，机车缓解。

（4）重联阀。

操纵节本机位，制动缸管通平均管，制动缸压力下降，平均管压力也随之下降；非操纵节补机位，作用管通平均管，由于平均管压力下降，容积室的压力经作用管随平均管压力一并下降，非操纵节分配阀均衡活塞下移，开放活塞杆中心孔，制动缸压力排大气，非操纵节机车缓解。

3. 空气制动阀在运转位，电空制动控制器在中立位

中立位是操纵列车准备实施常用制动前和制动后保压的工作位置，根据作用可分为制动前的中立位和制动后的中立位。

（1）电空制动控制器。

806 线得电，通过转换开关 463QS 无补风位联锁，使中立电空阀 253YV 得电，关闭遮断阀口，防止向列车管补风（如果需要补风时，将 463QS 置补风位即可）。

807 线得电，经二极管 262V，使制动电空阀 257YV 得电，关闭排气口，停止均衡风缸减压。

若电空制动控制器手把在制动前移至此位，缓解电空阀 258YV 经压力开关 209SA 的上接点、二极管 263V 及中间继电器 455 KA、452 KA 和 451 KA 的常闭联锁得电，使均衡风缸保持充气状态。

若电空制动控制器在制动减压后移至此位，因压力开关 209SA 的膜板下凹，心杆下移，微动开关的上接点断开，使缓解电空阀失电，切断了均衡风缸的充气通路，开放了上阀口，由于制动电空阀 257YV 得电，上阀口关闭，切断了均衡风缸的排风通路，使均衡风缸处于保压状态。

（2）中继阀。

此位置时，中继阀在中立电空阀 253YV 的作用下通过遮断阀关闭总风源，防止向列车管补风。在制动前的中立位，由于均衡风缸未减压，压力开关 209SA 仍然接通缓解电空阀 258YV，保持均衡风缸的规定压力，中继阀主活塞两侧压力平衡，列车管保压。在保压过程中如列车管压力由于泄漏而下降，尽管供气阀已打开，但由于遮断阀已关闭，列车管的泄漏不能得到补充。

在制动后的中立位，均衡风缸压力停止下降，列车管的压力经排气阀口排出，当压力下降至均衡风缸的压力时，主活塞处于平衡状态，排气阀在其弹簧的作用下关闭阀口，列车管压力停止下降而保压。同样在保压过程中，列车管的泄漏不能得到补充。

如果钮子开关 463QS 处于补风位，中立位时 253YV 不能得电，遮断阀不能切断列车管的风源，列车管的泄漏可以得到补充。

（3）分配阀。

由于列车管压力停止下降，根据制动前的中立位和制动后的中立位，分配阀分别处于充气缓解位和制动保压位。

制动前中立位，由于列车管没有减压，分配阀主阀部、均衡部与运转位相同。泄漏较慢时不会使分配阀主阀部动作，工作风缸经充风通路保持与列车管相通。

制动后中立位，由于列车管停止减压，主阀部工作风缸向容积室充风，工作风缸的压力下降至列车管的压力时，在主活塞尾部原来被压缩的稳定弹簧的反力及主活塞自重的作用下，主活塞仅带动节制阀下移，切断工作风缸与容积室的通路，使容积室的压力停止上升。同时

在均衡部，制动缸压力增大到与容积室压力相等时，在均衡活塞自重和均衡阀弹簧的作用下，使均衡阀压紧均衡活塞杆一起下移，关闭阀口，切断总风与制动缸的通路，制动缸的压力停止上升，呈保压状态。如制动缸压力泄漏时，则可通过均衡部来补给。

（4）重联阀。

操纵节本机位，制动缸管与平均管相通，制动缸保压，平均管也处于保压状态；非操纵节补机位，平均管与作用管相通，平均管保压，通过作用管使容积室保压，容积室压力通过均衡部控制制动缸保压。

4. 空气制动阀在运转位，电空制动控制器在制动位

该位置是司机在区间正常调速或在站内有目的有计划地停车所使用的位置。它与中立位配合使用，可使列车管实现阶段常用减压。

（1）电空制动控制器。

在此位置时，803 线失电，使得缓解电空阀 258YV 和制动电空阀 257YV 失电。均衡风缸的压力空气经缓解电空阀 258YV 的上阀口至制动电空阀 257YV 的上阀口排大气，同时也充入初制动风缸，而均衡风缸减压量的大小视司机手把在制动位时间的长短而定。

806 线得电，使中立电空阀 253YV 得电，总风缸的压力空气经开放的中立电空阀 253YV 的下阀口进入到遮断阀活塞左侧，使中继阀的遮断阀关闭，防止制动时向列车管进行补风。

808 线得电，为压力开关 208SA 的微动开关接点 466 闭合接通 808—800 线做准备。当列车管达到最大减压量时，压力开关 208SA 的膜板活塞下凹，带动心杆下移，使微动开关 466 的下接点闭合，使制动电空阀 257YV 得电动作，关闭上阀口，停止均衡风缸的排风。

（2）中继阀。

由于膜板活塞左侧的压力降低，排气阀开启，列车管压力空气经排气阀口排向大气，车辆产生制动作用。同时，中立电空阀 253YV 得电使总风充至遮断阀活塞左侧，使之关闭，防止补风。

（3）分配阀。

由于列车管压力逐渐降低，使分配阀由初制动位移到制动位。主阀部主活塞向上移动，先关闭工作风缸的充风通路；同时开通局减通路，列车管的压力空气进入局减室，并经主阀安装面上的缩孔排大气。接着切除局减通路，开通了工作风缸向容积室的充风通路，工作风缸的压力空气充入容积室。

由于均衡部均衡活塞下部与容积室相通，随着容积室压力的上升，均衡活塞上移，均衡活塞杆顶开均衡阀，总风经开放的均衡阀口进入制动缸，制动缸的压力上升，机车产生制动作用。

（4）重联阀。

由于操纵节本机位，使得制动缸管通平均管。制动缸压力上升，平均管压力也随之上升；非操纵节补机位，使得平均管与分配阀作用管相通，平均管压力经作用管进入非操纵节分配

阀容积室，推动均衡活塞上移，活塞杆顶开均衡阀，总风经开启的均衡阀充入制动缸，非操纵节机车产生制动作用。

5. 空气制动阀在运转位，电空制动控制器在重联位

该位置是作为重联机车或换端操纵时，手柄由此位取出。

（1）电空制动控制器。

821线得电，重联电空阀259YV得电，使均衡风缸的压力与列车管的压力混为一体，中继阀自锁失去排气作用，同时通过二极管264V使制动电空阀257YV得电关闭排风口；通过二极管260V使中立电空阀253YV得电关闭中继阀的总风源。这样就把列车管的充气与排气交给本务机车操纵，或换端交给另一端操纵。另外，在该位置排风1电空阀254YV失电，关闭作用管排风口，排风2电空阀256YV失电，加速排除过充风缸内的压力，缓解电空阀258YV失电，关闭了均衡风缸的充风通路，同时连通均衡风缸至初制动风缸的通路，使均衡风缸、列车管的压力同时向初制动风缸均衡，相当于列车管出现一个轻微初减压量。

（2）中继阀。

在此位置中继阀主活塞两侧由重联电空阀259YV沟通，不能形成压差，处于自锁状态。遮断阀处于关闭状态。

（3）分配阀。

分配阀处于制动后的保压位，分配阀的再次动作，如换端时则由另一端控制，如加挂机车则由本务机车控制，运行中重联机车将分配阀缓解塞门156开放。因为重联位时，排风1电空阀254YV不得电，作用管内的压力不能排出，造成机车不缓解。欲缓解机车制动时可下压空气制动阀手把，将作用管内的压力空气排大气，使机车缓解。

（4）重联阀。

如果换端操纵还没有转换重联阀，操纵节本机位制动缸管通平均管，处于保压状态；非操纵节补机位，平均管通作用管，使分配均衡部保压，机车制动缸保压。

如果机车为重联补机（连通总风管、列车管、制动平均管），重联阀处于补机位，分配阀的动作受列车管和作用管的控制，列车管压力的升降使容积室和作用管压力发生变化，由于补机位容积室通过平均管与本务机车制动缸相均衡，并未影响制动缸的压力。本务机车制动缸的压力变化通过平均管控制重联机车的均衡部，既而控制重联机车制动缸的压力变化。

6. 空气制动阀在运转位，电空制动控制器在紧急位

该位置是列车运行中紧急停车所使用的位置。

（1）电空制动控制器。

804线有电，使紧急电空阀94YV得电，同时经重联插座向重联机车的804线供电。电动放风阀得电动作排风（包括其他重联机车）。

812线有电，经两位置转换开关辅助联锁107QPF或107QPBW使得撒砂电空阀251YV、

241YV 或 250YV、240YV 得电动作，根据实际运行方向自动撒砂。

821 线有电，806 线有电，经钮子开关 463QS 使中立电空阀 253YV 得电，将总风送入遮断阀活塞左侧，使遮断阀关闭。分三条支路供电：

第一条支路使重联电空阀 259YV 得电，将均衡风缸内的压力空气与列车管连通，同时经紧急放风阀排大气；

第二条支路经二极管 260V 使中立电空阀 253YV 得电，保证遮断阀关闭，紧急制动时不向列车管充风；

第三条支路经二极管 264V 使制动电空阀 257YV 得电，关闭排风口，保证均衡风缸的压力必须经列车管排大气。

（2）电动放风阀。

紧急电空阀 94YV 得电，下阀口开放，总风经 158 塞门—94YV 下阀口—电动放风阀膜板下方，膜板上凸，并带动顶杆顶开夹心阀，开通列车管通大气的通路，列车管的压力空气快速降至零。

（3）紧急阀。

由于列车管的压力急剧下降，紧急室压力来不及通过缩孔Ⅰ逆流到列车管，紧急活塞失去平衡下移并压下夹心阀，开放列车管排风口，进一步加速列车管的排风，同时带动下部电联锁 95SA 合闭，接通 839 线与 838 线。

（4）中继阀。

总风压力空气充至遮断阀活塞左侧，遮断阀口迅速关闭，列车管风源被切断，重联电空阀将中继阀主活塞两侧均衡风缸、列车管沟通，不能形成压差而自锁。

（5）分配阀。

由于列车管压力急速下降，使主阀活塞迅速上升至极端，滑阀及各部位的制动通路开到最大位置，节制阀将制动孔，全部开放，工作风缸压力空气迅速进入容积室，同时由于增压阀上部压力急剧降零，下部与容积室相通，增压阀被顶起，开放总风与容积室的通路，容积室压力继续上升直至安全阀动作，靠安全阀保持容积室压力 450 kPa。均衡部均衡活塞下部容积室压力迅速上升到 450 kPa，活塞上移，顶开均衡阀。总风经均衡阀进入制动缸，制动缸压力迅速上升到 450 kPa，机车产生紧急制动作用。

（6）重联阀。

操纵节本机位，制动缸管通平均管，压力上升至 450 kPa。非操纵节补机位，平均管通作用管及容积室，压力同时上升至 450 kPa，通过非操纵节分配阀均衡部的作用，使制动缸压力上升至 450 kPa，机车产生紧急制动作用。

（二）小闸各工作位置综合作用

1. 电空制动控制器在制动后的中立位，空气制动阀在缓解位

该位置是列车施行制动后，需要单独缓解机车制动力时所使用的位置。

（1）电空制动控制器。

在中立位 809 线失电，使排风 1 电空阀 254YV 失电，关闭排风口，作用管及分配阀容积室压力空气的排出由空气制动阀控制。

（2）空气制动阀。

缓解位时作用柱塞受凸轮作用向左移动，作用柱塞与转换柱塞共同形成作用管通向大气的通路。分配阀容积室的压力空气通过作用管经空气制动阀排风口排向大气。

（3）分配阀。

容积室压力降低，均衡活塞下移，活塞杆顶面离开均衡阀，使得活塞杆轴向中心孔 d_5 被打开，制动缸内的压力空气经 d_5 孔排向大气，操纵节机车缓解。

（4）重联阀。

操纵节本机位，制动缸管通平均管；非操纵节补机位，平均管通作用管，随着操纵节制动缸压力的下降，平均管及非操纵节作用管和容积室的压力也随之下降。非操纵节分配阀均衡活塞下移，开放中心孔 d_5，制动缸压力空气经 d_5 排向大气，非操纵节机车缓解。

2. 电空制动控制器在运转位，空气制动阀在制动位

该位置是单独使机车制动，或单机运行时需要调速停车所使用的位置。

（1）空气制动阀。

在制动位时，作用柱塞凸轮得到一个降程，作用柱塞在其弹簧作用下右移，使调压阀管与作用管沟通，并关闭了作用管通大气的通路，总风经调压阀调整为 300 kPa 向作用管充气。此时，定位柱塞凸轮压缩微动开关 3SA（2），断开排风 1 电空阀 254YV，关闭作用管的排风口，以保证机车的单独制动作用。

（2）分配阀。

作用管、容积室充气，容积室增压推动均衡活塞上移，活塞杆顶面贴紧均衡阀，首先关闭制动缸的排风口 d_5，并继续上移顶开均衡阀，总风经打开的均衡阀口进入制动缸直至 300 kPa，机车产生制动作用。

（3）重联阀。

操纵节本机位，制动缸管通平均管，同时升压；非操纵节补机位，平均管通作用管，平均管的压力同时充入作用管和容积室，非操纵节容积室升压，通过均衡活塞上移打开均衡阀，总风经均衡阀口进入非操纵节制动缸，机车产生制动作用。

3. 空气制动阀电空位操作时（缓解位）

手柄放缓解位后，作用柱塞受凸轮的推动向左移动一个升程，此时作用柱塞与转换柱塞共同形成的通路为作用管通大气。使分配阀容积室的压力空气由空气制动阀的排风口排出，机车单独缓解（此作用位时，定位凸轮未压缩电联锁）。

4. 空气制动阀电空位操作时（运转位）

作用柱塞在运转位时与中立位相同，只是在运转位时定位凸轮未压缩电开关，此时电

空制动控制器也在运转位,则排风1电空阀得电,分配阀容积室与大气沟通,机车处于缓解状态。

5. 空气制动阀电空位操作时制动位

在制动位时,作用柱塞受凸轮的影响,得到一个降程,作用柱塞在弹簧的反作用下右移,改变了原来的通路,此时调压阀管与作用管沟通并关闭了作用管通大气的通路,以保证单独制动的作用(此作用位时,定位柱塞凸轮压缩电开关,使排风1电空阀失电,关闭排风口)。

6. 空气制动阀电空位操作时(中立位)

手柄放中立位时凸轮使作用柱塞停留在中间位,作用管与调压阀管及作用管与排风口之间的通路均被切断(此时定位凸轮已压缩电开关,排风1电空阀关闭排风口)。机车的制动力不变。

二、空气位综合作用

1. 空气位操作时,空气制动阀在缓解位

该位置是电空位故障转空气位时,需要缓解列车制动或正常运行时所使用的位置。手柄放缓解位,作用柱塞得到升程,沟通了均衡风缸风管与调压阀管的通路(调压阀调到制动主管规定压力)。调压阀把调整后的规定压力送入均衡风缸,使中继阀向制动主管充风,车辆全部得到缓解。

(1)空气制动阀。

空气制动阀手柄置缓解位,作用柱塞凸轮使作用柱塞向左移动,开通了调压阀向均衡风缸充风的通路。总风经调压阀调整成规定压力,充入均衡风缸。

(2)中继阀。

均衡风缸充风,中继阀主活塞左侧的压力增高,推动主活塞膜板向右凸起,带动顶杆向右移动,关闭排气阀口,开放供气阀口,使总风压力空气经遮断阀口、中继阀的供气阀口向列车管充风,列车缓解。

(3)分配阀。

列车管压力增高,主活塞下移,开放了列车管向工作风缸充风的通路,滑阀与滑阀座沟通了容积室通大气的通路,即容积室的压力空气经156塞门排大气。如果156塞门在关闭位时,需要缓解机车制动时,可下压空气制动阀手把,使容积室的压力空气经管座上的暗道及转轴下方的排风口排大气。容积室压力空气排大气,使均衡活塞下方压力降低,均衡活塞下移,开放空心阀杆,使制动缸内的压力空气排大气,机车呈缓解状态。

(4)重联阀。

操纵节本机位,制动缸管通平均管,平均管随制动缸压力下降而下降;非操纵节补机位,平均管通作用管,平均管压力下降,作用管和容积室压力也下降,使均衡活塞下移,开放空心阀杆，制动缸的压力空气排大气，非操纵节机车缓解。

2. 空气位操作时，空气制动阀在制动位

该位置是电空位故障转空气位时，列车需要调速或有计划地停车所使用的位置。手柄放制动位，作用柱塞得到一个降程，切断调压阀至均衡风缸的通路，使均衡风缸与大气沟通，由于均衡风缸的压力排向大气，造成中继阀将制动主管压力空气排向大气，机车车辆产生制动（此时，若司机需要进行机车单独缓解时，可将手柄下压，使作用管的风由打开的排风阀排出大气，形成单独制动作用）。

（1）空气制动阀。

空气制动阀手柄置制动位，作用柱塞凸轮降程在弹簧作用下使作用柱塞右移至极端，切断了调压阀管至均衡风缸的通路，开通了均衡风缸排大气的通路。均衡风缸的压力空气经作用柱塞凹槽和转换柱塞凹槽所构成的通路排大气。

（2）中继阀。

均衡风缸的压力空气排大气，中继阀主活塞左侧的压力降低，列车管的压力空气推动主活塞膜板向左凸起，在顶杆作用下关闭供气阀，开放排气阀口，使列车管压力空气经开放的排气阀口排大气，列车产生制动作用。

（3）分配阀。

列车管压力空气经中继阀排大气，造成主阀活塞上下产生压差，工作风缸的压力空气托主阀活塞上移，并带动滑阀及节制阀至制动位。开放了工作风缸至容积室的通路，容积室增压，使分配阀均衡活塞下方的压力高于上方的压力，托均衡活塞上移，开放均衡阀口，总风压力空气经均衡阀口进入制动缸，机车产生制动作用。

（4）重联阀。

操纵节本机位，制动缸管通平均管，平均管随制动缸管增压而增压；非操纵节补机位，平均管通作用管，随平均管增压，作用管和容积室增压，均衡活塞上移，打开均衡阀，总风经开放的均衡阀进入制动缸，非操纵节机车产生制动作用。

3. 空气位操作时，空气制动阀在中立位

该位置是电空位故障转空气位时，需要保持列车制动力时所使用的位置。手柄在中立位时，作用柱塞处于中间位置，全部通路均堵塞，保持列车制动状态，是施行制动后所放的位置。"空气位"时手柄在运转位无作用，因其作用柱塞与中立位相同，各通路均被切断，只是定位柱塞未压缩电开关。当大闸手柄在运转位时，可将容积室压力排大气，使机车缓解。"空气位"时电空控制器的电源已切断，不再产生以上作用，只能下压手柄解决机车单缓。

空气制动阀手柄置中立位，通过作用柱塞切断了调压阀管至均衡风缸之间的通路，也切断了均衡风缸通大气的通路，使得中继阀、分配阀都处于保压状态，机车和车辆均呈保压状态。

由于电空制动控制器失电，排风1电空阀254YV失电，下阀口关闭，分配阀容积室内的压力空气便不能排出，需要缓解机车的制动力时，司机可按压手把，使容积室内的压力空气经转轴下方的排风口排大气，使机车制动缓解，保持车辆制动力。

三、DK-1型电空制动机与列车分离保护装置的配合作用

DK-1型电空制动机中设有一个紧急放风阀95，作为列车分离的保护。当列车分离或拉车长阀时，列车管压力急剧下降，使紧急放风阀95动作并压缩微动开关95SA，自动停车中间继电器451KA得电吸合，通过451KA联锁的作用，使缓解、排风1、排风2电空阀失电，关闭均衡风缸的充气通路和分配阀作用管的排气通路，以保持机车制动力，使重联、中立、紧急等电空阀得电，从而迅速切断列车管的供风源，并进一步加速列车管排风，达到迅速停车的目的；同时，804线也得电，通过568KA的配合作用，使主断路器跳闸切除动力源；当分离发生在两节机车或重联机车之间时，总风联管、列车管和平均管将被拉断。除产生上述保护作用外，还将通过重联阀的自动转换保持制动缸的压力，使机车保持制动状态，即总风联管拉断后压力下降，操纵节本机位，制动缸遮断阀活塞上移，止回阀在弹簧作用下上移关闭阀口，防止制动缸压力空气流向平均管；非操纵节或重联机车重联阀在补机位，同样由于总风联管压力下降，重联转换阀活塞下方压力降低，活塞下移，顶开止回阀，自动转换成本机位，使作用管到平均管的通路被阻断，使非操纵节或重联机车作用管内压力空气不能排出，保持机车制动状态。

四、空气制动与电阻制动的配合作用

为改善机车在下坡道（曲线）运行使用电阻制动时对轨道横移的不良影响，特设在电阻制动前自动给予40 kPa左右的减压量，当电阻制动发挥作用后，又能自动消除此减压量。

当换向手柄制位，调速手轮离开"0"位时，中间继电器452KA经530KT、91KM的常开联锁和453KA的常闭联锁得电吸合，同时经841线给电子延时继电器454KT供电。由于452KA吸合，其常闭断开缓解电空阀258YV，使之失电关闭下阀口，开启上阀口，均衡风缸压力空气进入初制动风缸，并经制动电空阀口排大气；减压40 kPa后，压力开关209SA动作，接通836线经452KA常开到制动电空阀的电路，制动电空阀得电关闭排风口，停止均衡风缸减压。这样使列车得到一个减压量为40 kPa的初制动作用。同时，452KA常闭也断开了排风1电空阀，使作用管的压力空气不能排大气，机车保持制动作用。

454KT延时25~28s，电阻制动已发挥作用后，使453KA得电吸合，其常闭断开452KA电路，452KA常闭接通258YV，使均衡风缸充风；另一常闭接通排风1电空阀，开放排风口，列车的空气制动得以缓解。

调速手轮回"0"位后使导线415失电，继电器452KA、453KA、454KA均失电，为下次电阻制动做准备。

五、紧急停车后，再开车时的处理

自动停车装置动作、按紧急停车按钮、使用车长阀停车、列车分离后均使列车紧急停车，调速手轮只要不在"0"位，均使主断路器跳闸，中间继电器 451 KA 得电自锁。待处理完毕再开车时，必须将电空制动控制器手柄由运转位移置重联位或紧急位，使 813 线失电，451 KA 解锁后再置运转位，才能使列车管充风，否则机车车辆均不能缓解。

因为 813 线除重联位和紧急位外，其他位置均有电，使 415 KA 均处吸合状态，其常闭联锁断开了缓解电空阀 258YV 和排风 1 电空阀 254YV，均衡风缸不能充风和作用管排风口被关闭，机车车辆不能缓解。只有将电空制动控制器手柄移至重联位或紧急位，才能使 813 线失电，451 KA 解除自锁，其常闭接通 258YV 和 254YV，均衡风缸才能充风，作用管压力排大气，机车车辆缓解。

【任务检查】

制动机辅助阀类检修任务检查单如表 3-1-1 所示。

表 3-1-1 制动机辅助阀类检修任务检查单

任务编号	3-1	任务名称	DK-1 型电空制动机试验台综合试验		
序号	检查内容			是	否
（一）试验准备					
试验方法	电空制动控制器、空气制动阀手柄均在运转位，检查各压力表是否正常				
技术要求	（1）总风缸压力表为 750～800 kPa （2）均衡风缸、列车管、工作风缸压力表均为 500 kPa （3）容积风缸、制动缸压力表均为 0				
（二）紧急制动试验					
试验方法	开风门 42 电空制动控制器手把移紧急位				
技术要求	（1）列车管的压力由 500 kPa 降至 0 的时间为 3 s 以内 （2）制动缸压力由 0 升至 400 kPa 的时间为 5 s 以内 （3）撒砂信号灯亮				
（三）紧急后单缓试验					
试验方法	空气制动阀手把移缓解位，并下压手把；检查制动缸压力变化				
技术要求	应能缓解到 0，不再恢复				
（四）充气试验					
试验方法	关风门 42，电空制动控制器手把移回运转位				
技术要求	列车管压力由 0 升至 480 kPa 的时间 9 s 以内				
（五）列车管与均衡风缸漏泄检查					
试验方法	空气制动阀手把放运转位，电空制动控制器手把移制动位，待列车管减压 40～50 kPa 后，移至中立位				
技术要求	列车管漏泄每分钟不超过 10 kPa，均衡风缸漏泄每分钟不超过 5 kPa				

续表

任务编号	3-1	任务名称	DK-1 型电空制动机试验台综合试验		
序号	检查内容			是	否
（六）阶段制动试验					
试验方法	空气制动阀手把放运转位，电空制动控制器手把由中立位放回运转位，待列车管和工作风缸压力达到 500 kPa 后，移制动位，施行阶段制动，待制动缸压力稳定后，手把移中立位				
技术要求	列车管减压量与制动缸压力关系：减压 40～50 kPa、100 kPa 及 140 kPa，制动缸压力分别为 90～130 kPa、240～270 kPa 及 340～380 kPa				
（七）列车管最大减压量试验					
试验方法	电空制动控制器手把放制动位继续减压，待列车管停止减压时，观察列车管的减压量及制动缸压力变化				
技术要求	列车管定压为 500 kPa 时，其减压量为 190～240 kPa，制动缸压力 1 min 内不超过 10 kPa				
（八）过充作用试验					
试验方法	空气制动阀手把放运转位，电空制动控制器手把由制动位移过充位				
技术要求	（1）列车管过充量为 30～40 kPa （2）制动缸不缓解				
（九）过充量消除试验					
试验方法	电空制动控制器手把由过充位移回运转位				
技术要求	（1）列车管过充量在 120～180 s 内消除 （2）制动缸压力缓解至零				
（十）常用全制动作用试验					
试验方法	空气制动阀手把放运转位电空制动控制器手把放运转位，待均衡风缸、列车管充至 500 kPa 时，电空制动控制器手把移制动位，再移中立位				
技术要求	（1）均衡风缸减压 140 kPa 的时间为 5～7 s （2）制动缸压力上升至 340～380 kPa 的时间为 6～8 s				
（十一）制动缸漏泄试验					
试验方法	电空制动控制器手把在中立位，检查制动缸压力变化				
技术要求	每分钟漏泄不超过 10 kPa				
（十二）缓解性能检查					
试验方法	电空制动控制器手把由中立位移放运转位，检查制动缸压力变化时间				
技术要求	（1）制动缸压力由 340～380 kPa 下降到 40 kPa 的时间 5～7 s； （2）均衡风缸、列车管压力恢复到定压				
（十三）重联位试验					
试验方法	空气制动阀手把放运转位，电空制动控制器手把由运转位移放重联位（同时操纵阀手柄放 5 位）				
技术要求	列车管压力与均衡风缸压力同时下降				

续表

任务编号	3-1	任务名称	DK-1型电空制动机试验台综合试验		
序号	检查内容			是	否
（十四）空气制动阀阶段制动和阶段缓解试验					
试验方法	电空制动控制器手把放运转位分配阀主阀部排气口堵住并不得漏泄，空气制动阀由运转位移放制动位，施行阶段制动和阶段缓解				
技术要求	阶段制动和阶段缓解作用稳定				
（十五）单独制动试验					
试验方法	空气制动阀手把放制动位				
技术要求	制动缸压力由 0 升至 280 kPa 的时间为不大于 4 s				
（十六）单独缓解试验					
试验方法	空气制动阀手把移回运转位，试完后取下分配阀主阀部丝堵				
技术要求	制动缸压力由 300 kPa 缓至 40 kPa 的时间为不大于 5 s				
（十七）空气位准备试验					
试验方法	电空制动控制器手把放运转位，空气制动阀转换手柄置空气位电气台转换开关置空气位，关风门 22，开风门 41。调压阀 3 调整到 500 kPa 空气制动阀用手把由运转位移缓解位				
技术要求	（1）均衡风缸、列车管压力为 500 kPa；（2）制动缸压力为 0				
（十八）空气位常用全制动试验					
试验方法	空气制动阀手把在缓解位，待均衡风缸、列车管升至定压后手把移制动位				
技术要求	（1）均衡风缸减压 140 kPa，时间为 5~7 s；（2）制动缸压力升至（360±20）kPa				
（十九）空气位阶段制动试验					
试验方法	空气制动阀手把移缓解位，待均衡风缸升到定压后，再移制动位，施行阶段制动试完后关风门 41，开风门 22				
技术要求	检查阶段制动作用是否稳定				
（二十）电空制动试验					
试验方法	电空制动控制器，空气制动阀手把均置运转位，电气台转换开关至电空位，空气制动阀转换手柄至电空位				
技术要求	电阻信号灯亮列车管减压 40~50 kPa				
（二十一）自动停车试验					
试验方法	电空制动控制器、空气制动阀手把均置运转位，按自动停车按钮试后电空制动控制器手把在运转位和制动位间来回移动一次				
技术要求	应起紧急制动作用，紧急、重联、中立信号灯亮，列车管、均衡风缸排风				
（二十二）列车管开通状态检查试验					
试验方法	电空制动控制器、空气制动阀手把均置运转位，扳充气开关，均衡风缸、列车管达 550 kPa 时扳下开关				
技术要求	均衡风缸、列车管迅速上升检查信号灯亮				

【任务训练】

1. 试述小闸在运转位、大闸在运转位的综合作用。
2. 试述空气制动阀在运转位、电空制动控制器在过充位的综合作用？
3. 试述空气制动阀在运转位、电空制动控制器在制动位的综合作用？
4. 试述空气制动阀在运转位、电空制动控制器在中立位的综合作用？
5. 试述空气制动阀在运转位、电空制动控制器在重联位的综合作用？
6. 试述空气制动阀在运转位、电空制动器在紧急位的综合作用。
7. 试述大闸制动后在中立位、小闸缓解位时的综合作用。
8. 试述大闸运转位、空气制动阀在制动位的综合作用。
9. 试述大闸制动后移中立位、列车管压力下降的原因及处理方法。
10. 试述大闸运转位，均衡风缸压力正常，列车管压力与总风压力相同的原因是什么？
11. 试述大闸紧急制动位，制动缸开始不制动，而后压力慢慢上升至 100~130 kPa，安全阀不喷气的原因是什么？如何判断？
12. 大闸过充位，列车管无过量的原因是什么？

【任务拓展】

实际运行中，既可进行"一段制动法"操纵，又可进行"两段制动法"操纵。

一、一段制动法

一段制动法是指施行制动后不再进行缓解，根据列车减速情况追加减压，使列车停于预定地点的操纵方法。

二、两段制动法

两段制动法则是指进站前施行制动，待列车速度降至所需要的速度时进行缓解，充风后再次施行制动，使列车停于预定地点的操纵方法。

当在制动位实施追加制动时，需待第一次减压排风完成后，再施行追加减压。这是因为减压排风未完成就进行追加减压，相当于施行了一次大减压，列车因制动力过强而增加冲击，也容易使后部车辆产生紧急制动作用。同时，追加减压量不应超过第一次减压量，否则因列车制动力急剧增加，不利于平稳操纵。

制动位下，还可以进行"长波浪式制动"和"短波浪式制动"。

（一）长波浪式制动

长波浪式制动是指减压量小、列车减速慢、制动距离长的制动操纵方法。长波浪式制动的优点是列车在较长的距离内，基本保持匀速减速运行，且用风量小，使空气压缩机工作量小；缺点是闸瓦与轮箍摩擦时间长，易发热，因此在使用时，应注意制动距离不宜过长，以免闸瓦过热而使制动失效，或轮箍过热弛缓。另外，在起伏坡道的线路上，也可用空气制动阀调整机车的制动力。

（二）短波浪式制动

短波浪式制动是指减压量大（一般在 100 kPa 以上）、列车减速快、制动距离短的制动操纵方法。短波浪式制动的优点是闸瓦不易过热，缺点是制动频繁，空气压缩机工作量大，因此使用时，应掌握好缓解时机，防止因缓解过早使列车速度剧增，并且严防充风不足，错过下一次制动时机，而造成超速或放飚事故。

1. 放　飚

列车放飚脱轨事故是指列车在运行途中或调车作业过程中，由于人为或车辆的原因造成列车制动系统出现故障，致使全车或者部分车厢制动失效、制动性能不足，列车不能够在制动力的作用下停车，最终造成列车脱线颠覆，机车车辆或线路设备损坏、货物毁损和人员伤亡的事故。

2. 偷　风

实际运行中，禁止"偷风"操纵。所谓"偷风"是指列车制动保压时，人为地将电空制动控制器手柄由"中立位"短时间地移至"运转位"或"缓解位"，再移回"中立位"的操纵方法。因为车辆制动机通常为一次缓解型的，不具备阶段缓解性能，即当列车管充风时，不论是否充到定压，一次缓解型制动机均进行完全缓解，所以，"偷风"操纵会使列车部分或全部车辆完全缓解，而形成列车制动力不足，极易造成人为行车事故，故严禁"偷风"操纵。

3. 过充压力消除

当电空制动控制器由过充位移至运转位时，列车管会恢复定压，即产生 30~40 kPa 的减压量，但这一减压量不会使列车制动系统产生制动作用。这是因为，当电空制动控制器由"过充位"移至"运转位"时，均衡风缸压力仍保持定压，而过充风缸内原有的压力空气经过充风缸小孔$\phi 0.5$ mm 向大气缓慢排风，过充风缸压力缓慢降低，在中继阀的控制下，列车管的压力也缓慢降低，分配阀工作风缸的压力也缓慢降低，当列车管的压力缓慢降低到与均衡风缸压力相等时，列车管与工作风缸停止减压，并保持在定压，使全列车制动系统不产生制动作用。

因此，当电空制动控制器由过充位移至运转位时，既能消除列车管的过充压力，又能避免列车制动系统产生制动。事实上，这一操作会使排风 1 电空阀 254YV 得电，作用管向大气排风，机车还要缓解。

项目 4　制动机试验

任务 4-1　DK-1 型电空制动机日常试验（五步闸）

【任务描述】

假如你是机车乘务员，严格执行"五步闸"试验操作流程，加强规范乘务员出库前（站接）作业标准，确保机车运行中制动状态良好，检查 DK-1 型电空制动机的各项作用是否正常，要求乘务员严格按照"五步闸"步骤进行机车制动机试验，发现制动机故障坚决不出库、出库坚决不挂头、挂头坚决不开车。对制动机不良，要做到使用紧急停车，按压客列尾排风键，使用紧急放风阀，通知车辆乘务员拧紧制动机的顺序确保列车停车。

【任务目标】

- 能熟练操作 SS_4 改型电力机车 DK-1 型制动机；
- 能独立完成 DK-1 型制动机"五步闸"试验；
- 能认识 DK-1 型电空制动机综合作用故障现象；
- 能通过"五步闸"试验找出故障，并能进行分析及处理。

【任务学习】

一、"五步闸"试验准备工作

做 DK-1 型电空制动机五步闸试验，需要做试验准备，准备工作及技术要求如下。
试验方法：电空制动控制器、空气制动阀手柄均在运转位，检查各压力表是否正常。
技术要求：
（1）总风缸压力表为 750~800 kPa；
（2）均衡风缸、列车管、工作风缸压力表均为 500 kPa；
（3）容积风缸、制动缸压力表均为 0。

二、DK-1 型电空制动机"五步闸"操作前的准备事项及操作规范

1. 检查前的准备事项
（1）检查各管路连接是否正确。
（2）检查各塞门是否处于正确位置。
（3）检查各管路是否泄漏。
（4）检查制动阀外观状态、安装状态应良好。

2. 制动机机能检查操作规范

（1）检查中要求学员精神饱满。呼唤声音要洪亮，吐字清晰。手柄位置移放准确、利落。

（2）检查中要首先呼唤手柄位置及该位置的检查目的和技术要求，然后移动手柄至呼唤的位置，再看操纵台（试验台）上三个表的表针显示是否与该位置技术要求相符。

（3）检查中发现故障时要及时呼唤故障处所，试验完后马上填票，写清故障处所及原因。

（4）检查中要严格按照检查步骤进行，不得随意更改检查顺序。

（5）外观检查完后，在正式进行机能检查之前要呼唤"制动机五步闸检查开始"。

（6）若在机车上进行机能检查时，首先应打好止轮器，挂好禁动牌。脚踏风笛长鸣一声确认车下及周围无人时方可进行机能检查试验。

三、DK-1 型电空制动机"五步闸"试验要求

DK-1 型电空制动机"五步闸"试验要求如表 4-1-1 所示。

表 4-1-1　DK-1 型电空制动机"五步闸"试验要求

步骤序号	"五步闸"试验要求 注：13～16 为电空转换后的操作，试验完毕，应恢复到电空位
1. 大闸移至运转位，小闸移至运转位	列车管、均衡风缸为定压 500 kPa，制动缸压力为零
2. 大闸移至紧急位	紧急电空阀，中立电空阀，制动电空阀，撒砂电空阀得电 列车管在 3 s 内降到 0，制动缸压力在 5 s 内升至 400 kPa，最高压力为（450±10）kPa，分配阀安全阀喷气，自动撒砂，有牵引级位时自动切除主断路器
3. 小闸移至缓解位	并下压手把，制动缸压力应缓解至 0
4. 小闸移至运转位	制动缸压力不得回升
5. 大闸移至运转位	缓解电空阀，排风 1 电空阀，排风 2 电空阀得电 列车管压力 9 s 内升至 480 kPa，均衡风缸在 10 s 内升至 500 kPa，手柄停留 50 s 以上
6. 大闸移至制动位	中立电空阀，制动电空阀得电。均衡风缸减压 140 kPa 的时间为 5～7 s。制动缸压力升至（360±20）kPa 的时间为 6～8 s
7. 大闸移至中立位	中立电空阀，制动电空阀得电 均衡风缸、列车管泄漏每分钟不大于 5～10 kPa
8. 大闸移至过充位	过充电空阀，缓解电空阀，排风 2 电空阀得电； 均衡风缸定压，制动主管超过规定压力 30～40 kPa，制动缸压力不变
9. 大闸移至运转位	排风 1 电空阀，排风 2 电空阀，缓解电空阀得电； 120 s 左右过充压力消除，列车管恢复定压 500 kPa，制动缸压力缓解为零
10. 小闸移至制动位	制动缸压力由 0 升至 280 kPa 的时间不大于 4 s，最高升至 300 kPa
11. 小闸移至中立位	制动缸压力不变
12. 小闸移至运转位	制动缸压力由 300 kPa 降至 40 kPa 的时间不大于 5 s
13. 电空转换阀至空气位、小闸移至缓解位	均衡风缸、列车管为规定压力 500 kPa
14. 小闸移至制动位	均衡风缸减压 140 kPa 的时间为 5～7 s
15. 小闸移至中立位	均衡风缸、列车管泄漏每分钟不大于 5～10 kPa
16. 小闸移至运转位，再由运转位移至缓解位	下压手把制动缸压力方可为零
17. 小闸移至运转位，电空转换阀至电空位	均衡风缸、列车管恢复规定压力 500 kPa

【任务检查】

DK-1 型电空制动机日常试验（五步闸）任务检查单如表 4-1-2 所示。

表 4-1-2　DK-1 型电空制动机日常试验（五步闸）任务检查单

任务编号	4-1	任务名称	DK-1 型电空制动机日常试验（五步闸）		
序号		检查内容		是	否
1. 大闸至运转位，小闸至运转位		制动主管、均衡风缸为定压，制动缸压力为零			
2. 大闸至紧急位		制动主管在 3 s 内降到 0，制动缸压力在 5 s 内升至 400 kPa，最高压力为（450±10）kPa，分配阀安全阀喷气，自动撒砂，有牵引级位时自动切除主断路器			
3. 小闸移至缓解位		空气制动阀移缓解位，并下压手把，制动压力应缓解至 0			
4. 小闸移至运转位		制动缸压力不得回升			
5. 大闸至运转位		制动主管压力 9 s 内升至 480 kPa，均衡风缸在 10 s 内升至 500 kPa，手柄停留 50 s 以上			
6. 大闸至制动位		均衡风缸减压 140 kPa 的时间为 5~7 s 制动缸压力升至（360±20）kPa 的时间为 6~8 s			
7. 大闸至中立位		均衡风缸、制动主管泄漏每分钟不大于 5~10 kPa			
8. 大闸至过充位		均衡风缸定压，制动主管超过规定压力 30~40 kPa，制动缸压力不变			
9. 大闸至运转位		120 s 左右过充压力消除，制动主管恢复定压，制动压力缓解为零			
10. 空气制动阀手柄移至制动位		制动缸压力由 0 升至 280 kPa 的时间不大于 4 s，最高升至 300 kPa			
11. 空气制动阀手柄移至中立位		制动缸压力不变			
12. 空气制动阀手柄移至运转位		制动缸压力由 300 kPa 降至 40 kPa 的时间不大于 5 s			
13. 空气制动阀手柄移至缓解位		均衡风缸、制动主管为规定压力			
14. 空气制动阀手柄移至制动位		均衡风缸减压 140 kPa 的时间为 5~7 s			
15. 空气制动阀手柄移至中立位		均衡风缸、制动主管泄漏每分钟不大于 5~10 kPa			
16. 空气制动阀手柄移至运转位，再由运转位移至缓解位		均衡风缸、制动主管恢复规定压力，制动缸压力下压手把方可为零			

【任务训练】

1. 请叙述电空制动机"五步闸"试验准备工作。
2. 请叙述大闸置"紧急制动位"各压力表的指针示数。
3. 机车在进行"五步闸"试验时,发现电空制动控制器手柄置于"运转位",均衡风缸压力表显示为 500 kPa,列车管压力表显示压力为 0,无管路漏风声音,写出分析过程及原因。
4. 机车在进行"五步闸"试验时,发现电空制动控制器手柄置于"制动位",均衡风缸压力表显示为减压 140 kPa,列车管压力表显示压力为 0 kPa,无管路漏风声音,写出分析过程及原因。
5. 机车在进行"五步闸"试验时,发现电空制动控制器手柄置于"过充",均衡风缸压力表显示为定压,列车管压力表显示压力为定压,写出分析过程及原因。

【任务拓展】

一、DK-1 型电空制动机试验台简介

机车制动机的试验要求是严格的,在整机装车前,各主要部件均应在专用试验台上按技术条件逐项试验,不合格者不得装车。试验台作为 DK-1 型电空制动机试验的重要工具,在做试验之前,首先必须了解试验台的构造。

各阀均以列车管压力 500 kPa 为标准,在试验台上按以下各阀试验方法及技术要求进行各项性能试验,合格后方可装车。按本规范试验合格的各阀能满足列车管定压 600 kPa 的使用要求。

二、试验台综合试验方法及其技术要求

1. 紧急制动试验

试验方法:开风门 42 电空制动控制器手把移紧急位。

技术要求:

(1) 列车管的压力由 500 kPa 降至 0 的时间为 3 s 以内;
(2) 制动缸压力由 0 升至 400 kPa 的时间为 5 s 以内;
(3) 撒砂信号灯亮。

2. 紧急后单缓试验

试验方法:空气制动阀手把移缓解位,并下压手把;检查制动缸压力变化。

技术要求:应能缓解到 0,不再恢复。

3. 充气试验

试验方法:关风门 42,电空制动控制器手把移回运转位。

技术要求:列车管压力由 0 升至 480 kPa 的时间 9 s 以内。

4. 列车管与均衡风缸漏泄检查

试验方法:空气制动阀手把放运转位,电空制动控制器手把移制动位,待列车管减压 40~

50 kPa 后，移中立位。

技术要求：

列车管漏泄每分钟不超过 10 kPa 均衡风缸漏泄每分钟不超过 5 kPa。

5. 阶段制动试验

试验方法：空气制动阀手把放运转位，电空制动控制器手把由中立位放回运转位，待列车管和工作风缸压力达到 500 kPa 后，移制动位，施行阶段制动，待制动缸压力稳定后，手把移中立位。

技术要求：

列车管减压量与制动缸压力关系：减压 40~50 kPa、100 kPa 及 140 kPa，制动缸压力分别为 90~130 kPa、240~270 kPa 及 340~380 kPa。

6. 列车管最大减压量试验

试验方法：电空制动控制器手把放制动位继续减压，待列车管停止减压时，观察列车管的减压量及制动缸压力变化。

技术要求：

列车管定压为 500 kPa 时，其减压量为 190~240 kPa，制动缸压力 1 min 内不超过 10 kPa。

7. 过充作用试验

试验方法：空气制动阀手把放运转位，电空制动控制器手把由制动位移过充位。

技术要求：

（1）列车管过充量为 30~40 kPa；

（2）制动缸不缓解。

8. 过充量消除试验

试验方法：电空制动控制器手把由过充位移回运转位。

技术要求：

（1）列车管过充量在 120~180 s 内消除；

（2）制动缸压力缓解至零。

9. 常用全制动作用试验

试验方法：空气制动阀手把放运转位电空制动控制器手把放运转位，待均衡风缸，列车管充至 500 kPa 时，电空制动控制器手把移制动位，再移中立位。

技术要求：

（1）均衡风缸减压 140 kPa 的时间为 5~7 s；

（2）制动缸压力上升至 340~380 kPa 的时间为 6~8 s。

10. 制动缸漏泄试验

试验方法：电空制动控制器手把在中立位，检查制动缸压力变化。

技术要求：

每分钟漏泄不超过 10 kPa。

项目 4　制动机试验

11. 缓解性能检查

试验方法：电空制动控制器手把由中立位移放运转位，检查制动缸压力变化时间。

技术要求：

（1）制动缸压力由 340~380 kPa 下降到 40 kPa 的时间 5~7 s；

（2）均衡风缸、列车管压力恢复到定压。

12. 重联位试验

试验方法：空气制动阀手把放运转位，电空制动控制器手把由运转位移放重联位（同时操纵阀手柄放 5 位）。

技术要求：

列车管压力与均衡风缸压力同时下降。

13. 空气制动阀阶段制动和阶段缓解试验

试验方法：电空制动控制器手把放运转位分配阀主阀部排气口堵住并不得漏泄，空气制动阀由运转位移放制动位，施行阶段制动和阶段缓解。

技术要求：阶段制动和阶段缓解作用稳定。

14. 单独制动试验

试验方法：空气制动阀手把放制动位。

技术要求：制动缸压力由 0 升至 280 kPa 的时间为不大于 4s。

15. 单独缓解试验

试验方法：空气制动阀手把移回运转位，试完后取下分配阀主阀部丝堵。

技术要求：制动缸压力由 300 kPa 缓至 40 kPa 的时间为不大于 5s。

16. 空气位准备试验

试验方法：电空制动控制器手把放运转位，空气制动阀转换手柄置空气位电气台转换开关置空气位，关风门 22，开风门 41。调压阀 3 调整到 500 kPa 空气制动阀用手把由运转位移缓解位。

技术要求：

（1）均衡风缸、列车管压力为 500 kPa；

（2）制动缸压力为 0。

17. 空气位常用全制动试验

试验方法：空气制动阀手把在缓解位，待均衡风缸、列车管升至定压后手把移制动位。

技术要求：

（1）均衡风缸减压 140 kPa，时间为 5~7 s；

（2）制动缸压力升至（360±20）kPa。

18. 空气位阶段制动试验

试验方法：空气制动阀手把移缓解位，待均衡风缸升到定压后，再移制动位，施行阶段制动试完后关风门 41，开风门 22。

技术要求：检查阶段制动作用是否稳定。

19. 电空制动试验

试验方法：电空制动控制器，空气制动阀手把均置运转位，电气台转换开关至电空位，空气制动阀转换手柄至电空位。

技术要求：电阻信号灯亮列车管减压 40～50 kPa。

20. 自动停车试验

试验方法：电空制动控制器、空气制动阀手把均置运转位，按自动停车按钮试后电空制动控制器手把在运转位和制动位间来回移动一次。

技术要求：应起紧急制动作用，紧急、重联、中立信号灯亮，列车管、均衡风缸排风。

21. 列车管开通状态检查试验

试验方法：电空制动控制器、空气制动阀手把均置运转位，扳充气开关，均衡风缸、列车管达 550 kPa 时扳下开关。

技术要求：均衡风缸、列车管迅速上升检查信号灯亮。

项目 5　制动机应急故障处理

任务 5-1　制动机应急故障处理

【任务描述】

作为机车乘务员，不仅要熟练掌握机车驾驶的技能，还要能够精准确定地分析、判断机车故障的故障点并能及时实施处理，故障处理的成功与否直接关系到 DK-1 型电空制动机能否恢复正常工作，进而保证列车正常运行。

【任务目标】

- 能熟练操作 SS_4 改型电力机车 DK-1 型制动机；
- 能独立完成 DK-1 型制动机"五步闸"试验；
- 能认识 DK-1 型电空制动机综合作用故障现象；
- 能通过"五步闸"试验找出故障，并能进行故障分析及处理。

【任务学习】

（一）应急故障

1. 电空制动控制器手柄置"运转位"，三针一致，过量供给

原因：

（1）255 检查电空阀下阀口漏；

（2）操纵端充气按钮作用不良。

处理方法：

（1）更换 255 检查电空阀；

（2）检测充气按钮；

（3）运用中除特殊情况须立即停车处理外，一般均应维持列车运行。维持运行中需要减压时，累计减压量不能超过 140 kPa，要利用线路纵断面采用电阻制动配合使用，直至到达前方停车站停车后处理：关闭 157 塞门；转换扳键置"空气位"。

当车辆压力已过量至 900 kPa，可分两步消除：

（1）停车后追加减压至 260 kPa，待全列排风停止，再将空气制动阀用的调压阀调整至 700 kPa 再缓解。

（2）待全列充满风后，两次实行减压 140 kPa，待全列排风停止，再将空气制动阀用的调压阀调整到列车管定压，空气制动阀放缓解位，车辆即可缓解。

2. 电空制动控制器手柄置"运转位",均衡风缸与列车管均无压力

原因:

(1)电源开关未合。
(2)电空转换扳键未在"电空位"。
(3)紧急阀及电联锁故障。
(4)缓解电空阀故障。

处理方法:

(1)电空制动控制器手柄在各位置均不能工作,则恢复电源开关。
(2)空气制动阀手柄移"缓解位",均衡风缸有压力上升,但不能达定压,则转换扳键至"电空位"。
(3)断开464开关即恢复充风。检查紧急阀及电联锁,一时无法修复,即应断开464开关。
(4)手按258缓解电空阀头部,即能恢复充风。检查258缓解电空阀,一时无法修复,转空气位操纵。

3. 电空制动控制器手柄置"运转位",均衡风缸有压力,列车管无压力

原因:

(1)253中立电空阀下阀口未复位或被异物垫住。
(2)中继阀遮断阀卡,不复位。

处理方法:

(1)电空制动控制器手柄置"中立位"2~3次,看是否能恢复正常,若"运转位"253中立电空阀继续排风不止,关闭157塞门,转换至空气位操纵。检测更换253中立电空阀。
(2)转空气位操纵后,列车管仍无压力,拆检遮断阀,若一时修不好,抽出遮断阀,维持运行,到段检修。

4. 电空位操作,电空制动控制器手柄由制动后"中立位"移至"运转位",均衡风缸不充风

原因:

(1)258缓解电空阀接线松脱或803线无电。
(2)203止回阀固着或过风慢。
(3)157塞门关闭。

处理方法:

(1)检查258缓解电空阀接线及803线。运行中可手按充气按钮,当均衡风缸压力达到列车管规定压力时即松手(注意此时不得按消除按钮),或转空气位操纵。
(2)抽出203止回阀清洗,并吹扫管路。运行中处理同(1)。
(3)恢复157塞门至开位。

5. 电空制动控制器手柄置"运转位",均衡风缸及列车管压力升压缓慢

原因:

(1)中继阀主膜板破。
(2)263、264二极管同时击穿。

（3）259重联电空阀漏。

处理方法：

（1）电空制动控制器手柄放"制动位"不减压，拆检中继阀。运行中则用于动放风阀减压，待停车后拆中继阀，抽出供风阀，维持运行。

（2）充风先快后慢。转"空气位"恢复正常，则可切除264二极管（断开800—264接线），维持运行。

（3）转空气位操作正常，则确认259重联电空阀故障，检修此阀。运行中，则转空气位操作。

6. 电空制动控制器手柄初置"中立位"，就有初制动减压量

原因：

（1）209压力开关故障。

（2）263二极管断路。

处理方法：

（1）检查258缓解电空阀是否得电；短接压力开关209联锁则恢复正常，即可确认该压力开关故障。运行中遇该故障，仍维持运行，注意初放中立位即有减压，其余均正常。

（2）判断方法同上，可短接263二极管，可继续运行。但注意此时无初制动作用。

7. 电空制动控制器手柄制动后置"中立位"，均衡风缸压力继续下降

原因：

（1）某端空气制动阀转换柱塞第二道O形密封圈漏。

（2）257制动电空阀上阀口不严。

（3）262二极管断路。

处理方法：

（1）检查调压阀53（54）溢流孔，判断泄漏端。操纵端O形密封圈漏，可在减压后放"中立位"，将电空扳键扳至"空气位"，空气制动阀回"运转位"后，扳键再扳回"电空位"即可缓解。非操纵端O形密封圈漏，则需转至空气位运行。

（2）更换257制动电空阀，或转空气位操纵。

（3）电空制动控制器放"制动位"过量减压后能自动保压，则可短接800—807线，维持运行。

8. 电空制动控制器手柄制动后移"中立位"，均衡风缸保压，列车管压力下降

原因：

（1）中继阀排风口不严。

（2）列车管以及折角塞门泄漏。

处理方法：

（1）更换中继阀排风阀胶垫。运用中可轻击中继阀体，停车时用最大减压量排风，以吹落排风口异物，维持运行。

（2）检修列车管各接头并研磨折角塞门。运用中维持运行，到段检修。

9. 电空制动控制器手柄制动后回"中立位"，均衡风缸及列车管又恢复定压

原因：

（1）258缓解电空阀故障。

（2）压力开关209故障。

处理方法：

（1）观察回升定压缓解，则为电空阀口漏，拆检电空阀。运用时则应转"空气位"。

（2）若258电空阀得电，则应断开其连锁，维持运行（注意此时初放中立位即有初制动作用）；若减压缓慢，且回"中立位"又缓慢回升，则为压力开关膜板小破故障，转"空气位"运行，回段拆检压力开关。

10. 电空制动控制器手柄减压后回"中立位"，制动缸不保压

原因：

（1）254排风1电空阀故障。

（2）分配阀故障。

处理方法：

（1）查254电空阀排风口有无排风声，在单机运行时必须将该阀进风口堵死，维持运行。此时单缓用于压缓解。

（2）查254电空阀及作用管系、工作风缸均不漏，则维持运行，需保持机车制动力时可推空气制动阀至"制动位"，因段检修分配阀。

11. 电空制动控制器手柄置"制动位"，均衡风缸不减压

原因：

（1）260二极管击穿。

（2）压力开关膜板破损。

（3）258缓解电空阀下阀口未关闭。

处理方法：

（1）查259重联电空阀得电，则拆除260二极管，维持运行。

（2）查257制动电空阀有排风声，但压力不降。当关153塞门后正常，即判为压力开关膜板破损故障，转"空气位"运行，回段检修。

（3）查257电空阀正常，而无排风声，拆检258缓解电空阀。运行时则转空气位操纵。

12. 有初制动减压后，不能继续减压或减压缓慢

原因：

（1）257制动电空阀排风口有脏物堵。

（2）非操纵位端转换扳键在"空气位"。

（3）208压力开关在最大减压量动作后不恢复。

处理方法：

（1）查257电空阀排风口，有少量排风甚至不排风，则拆检该电空阀座处缩堵。

（2）查257电空阀受电，且只有初制减压量，应恢复非操纵端转换扳键至"电空位"。

（3）检查208压力开关状态，未达其动作值时，其心杆应处高位。反之，拆检该压力开关。上述故障在运用中均应转至空气位操作。

13. 列车管减压80~100 kPa左右起紧急阀

原因：

（1）紧急阀95的缩堵Ⅰ、Ⅱ中之任意一半堵。

（2）初制动缸及257制动电空阀缩堵d_4、d_3中任一缩堵孔变大。

处理方法：

（1）清洗检查紧急阀空心阀杆。运用中则关闭116塞门维持运行。此时在拉手动放风阀或列车分离时无保护作用，应随时注意列车管的压力变化。

（2）此故障一般均在调试过程中出现。由于缩堵d_4、d_3大，均衡风缸减压速率过快，应拆检相应缩堵。

14. 电空制动控制器手柄置"紧急位"，列车管不排风

原因：

（1）风路管系中，塞门117或158其中之一关闭。

（2）电动放风阀94橡皮碗破。

（3）804线无电或紧急电空阀故障。

处理方法：

（1）查塞门是否关闭，若处"关闭位"，恢复即可。

（2）在紧急位可听到大的排风声，总风压力下降，但列车管压力未见下降，则更换该阀橡皮碗。

（3）查紧急电空阀无电，则为该故障。查线或拆检该电空阀。运行中需紧急停车时，可使手动放风阀排风实现紧急制动作用。

15. 电空制动控制器手柄置"紧急位"，列车管压力降不到零

原因：

（1）253中立位电空阀故障。

（2）中继阀遮断阀关不住。

处理方法：

列车管压力下降先快后慢，且有回升，并伴有大排风声。拆检253电空阀或中继阀遮断阀。运用中则维持运行，遇非常情况应提前采取措施。

16. 电空制动控制器手柄置"紧急位"时制动缸压力升至400 kPa的时间大于5 s

原因：

分配阀总风通增压阀缩孔Ⅲ偏小或增压阀弹簧反力偏大。

处理方法：

查作用管及制动缸管无大漏，则可判为该分配阀故障。检修相应的部件或更换。不影响正常运行。

17. 电空制动控制器手柄置"紧急位"，机车制动缸压力单缓不到零

原因：

（1）分配阀总风通增压阀缩孔口偏大。

（2）空气制动阀作用管通路变窄或增压阀柱塞不灵活。

处理方法：

该故障一般在调试中发现，对运行不影响。若升压时间过快，即为（1）项故障；在升压时间正常时，则判为（2）项故障，拆检相应的部件即可。

18. 电空制动控制器手柄置"过充位"，列车管无过充量

原因：

（1）252 过充电空阀故障。

（2）过充风缸无缩堵。

处理方法：

（1）查 252 过充电空阀，手压该阀有列车管过充量，则检修该阀。

（2）能听到过充风缸有大排风声，应安装缩堵。

该故障均不影响正常运行。但无过充性能，在长大下坡道区段运行时当特别注意。

19. 电空制动控制器手柄置"过充位"，列车管过充量追踪总风压力

原因：

（1）中继阀过充活塞漏气。

（2）操作失误。

处理方法：

（1）均衡风缸压力上升快于列车管压力，则拆检该活塞，更换 O 形密封圈。

（2）一般是因过充压力未消除前，误将电空制动控制器手柄置"重联位"，从而引起列车管追踪总风压力。注意操作规程。

运行时仍可维持，处理方法同"三针一致"故障。

20. 电空制动控制器手柄由"紧急位"回"运转位"，列车管不充风

原因：

（1）电空制动控制器手柄未置"中立位"解锁或"紧急位"停放时间太短。

（2）紧急阀 95 下部联锁开关 469 未回"正常位"，中间继电器 451 不失电。

处理方法：

（1）属操作不当，严格按操作规程。

（2）将钮子开关 464 置"切除位"，可继续运行。但此时已无列车分离保护作用，要引起注意。回段后及时更换 464 联锁开关。

21. 电空制动控制器手柄由"紧急位"回"运转位"，254 排风 1 电空阀排风不止

原因：

（1）分配阀主阀节制阀漏。

（2）分配阀增压阀卡住未复位。

处理方法：

将电空制动控制器移放"中立位"，查列车管压力下降，为（1）项故障；列车管压力不降，且制动缸压力上升，则为（2）项故障。可维持运行，但注意电空制动控制器制动时，应及时单缓小闸。到段拆检相应部件。

22. 电空制动控制器手柄由"过充位"回"运转位"，过充量不消除

原因：

（1）252过充电空阀不复位。

（2）过充风缸排风缩堵被脏物堵。

处理方法：

查过充风缸无排风声，则属（2）项故障；过充风缸排风正常，且排风不止，应属（1）项故障。拆检相关部件。运行不影响，注意把握减压量即可。

23. 电空制动控制器手柄置"重联位"，均衡风缸不保压

原因：

259重联电空阀故障或二极管264开路。

处理方法：

更换相关部件。运用时，本务机车不受影响；担当补机时，出现该故障时必须关115塞门。

24. 电空制动控制器手柄置"运转位"，空气制动阀手柄置"制动位"，制动缸无压力

原因：

（1）分配阀均衡活塞破。

（2）空气制动阀电联锁故障，257制动电空阀无法得电。

（3）254排风1电空阀故障。

（4）分配阀缓解塞门156未关。

处理方法：

（1）电空制动控制器紧急位制动缸有压力，但不保压。而空气制动阀在制动位无制动缸压力，则应拆检分配阀均衡部，更换橡胶皮碗。

（2）查254电空阀未得电，有排风声，且834线无电，应拆检空气制动阀之电联锁。

（3）查254电空阀未得电，但834线有电，应拆检254电空阀。

（4）查分配阀缓解管处有排风声，则关闭156塞门。

以上故障均可维持运行，到段检修。但机车制动缸无压力。若单机运行，则应转空气位操纵。

25. 电空制动控制器手柄置"运转位"，空气制动阀手柄放"中立位"，制动缸不保压

原因：

（1）空气制动阀柱塞O形密封圈损坏。

（2）分配阀均衡阀关闭不严。

处理方法：

查空气制动阀处有小排风声，则为空气制动阀故障，应拆检其作用柱塞；若在均衡部有排风声，则拆检分配阀均衡阀。二者均可维持运行。

26. 空气位操纵，空气制动阀手柄置"缓解位"，不充风

原因：

（1）空气制动阀转换扳键不到位。

（2）二极管264击穿。

（3）257制动电空阀故障。

处理方法：

（1）扳动转换扳键数次，确认位置正常，即可操作。

（2）查259重联电空阀得电，则可断821-800线维持运行。

（3）在未将转换阀153转至"空气位"时，该项会引起故障。当故障转换时已转153至"空气位"，则257电空阀故障不影响空气位操作。

27. 空气位操纵，空气制动阀置"制动位"，均衡风缸排风慢

原因：

空气制动阀均衡风缸排风口被堵。

处理方法：

查空气制动阀前方排风口排风不正常，可维持运行，到段拆检该排风缩堵。

（二）连挂车列后所发生的故障处理

1. 单机试验正常，而挂车后仅列车管充风缓慢

原因：

（1）总风滤尘器100堵塞或冻结。

（2）尾部车辆列车管折角塞门开放。

（3）车列中个别分配阀紧急部仍开放或排风口未关死。

处理方法：

（1）抽出总风滤尘器100滤芯清洗干净，如冻结引起则先解冻并排出滤尘器100内积水。运行中，可抽出滤芯后维持运行，回段处理。

（2）关闭尾部车辆列车管折角塞门。

（3）检查车辆分配阀。

2. 单机试验正常，而挂车后仅列车管减压缓慢

原因：

中继阀104排风弯头堵塞。

处理方法：

清除中继阀104排风弯头堵塞物，如铸造残留砂芯等。

3. 单机试验正常，而挂车后电空制动控制器"制动位"减压后置"中立位"，均衡风缸和列车管压力有较大回升，但不回升到定压

原因：

（1）重联电空阀 259YV 下阀口窜风。

（2）二极管 264VD 击穿。

处理方法：

（1）更换或处理重联电空阀 259YV。运行中可转"空气位"操纵。

（2）如重联电空阀 259YV 得电，则为二极管 264VD 击穿。同上，运行中可转"空气位"操纵。

4. 单机试验正常，挂车后，电空制动控制器手柄置"制动位"或"中立位"发生异常

原因：

（1）尾部车辆列车管折角塞门未关。

（2）列车充风未满。

（3）个别车辆制动机紧急灵敏度过高。

处理方法：

（1）关闭尾部车辆列车管折角塞门。

（2）待列车充满风后再操作列车制动机。

（3）关闭紧急阀列车管塞门 116 后，仍有些故障现象，则为车辆制动机故障现象。

5. 使用紧急按钮，拉车长阀以及断钩保护、自停装置作用后，电空制动控制器不能缓解

原因：

（1）没有按操作方法操作制动机。

（2）二极管 261VD 击穿。

（3）紧急阀 95 故障使得紧急阀微动开关 95SA 不复位，或紧急阀微动开关 95SA 故障。

处理方法：

（1）按操作方法操作制动机，即紧急制动后，需经 15 s 以上电空制动控制器手柄移至"重联位"（或"紧急位"）后，再回"运转位"（或"过充位），才能缓解列车。

（2）更换二极管 261VD，运行中，可通过将开关板上钮子开关 464QS 朝上切除断钩保护性能，维持运行。

（3）检修紧急阀 95 或紧急阀微动开关 95SA，运行中可切除钮子开关 464QS 维持运行。

6. 电空位操作，电空制动控制器手柄放"过充位"、"运转位"时，使用紧急按钮、拉车长阀以及断钩保护、自停装置动作后，列车管压力仍保留较大压力不能下降到 0

原因：

（1）钮子开关 464QS 朝上处"切除位"。

（2）紧急阀 95 故障活塞门 116 关闭。

（3）紧急阀 95 动作后，传递杆不能顶触下部微动开关 95SA，或微动开关 95SA 故障。

（4）中间继电器 451 KA 电源线断，或线圈断线，或卡位。

（5）二极管 261VD 开路。

处理方法：

（1）钮子开关 464QS 扳下，处闭合位。

（2）检修紧急阀 95 或开通塞门 116。

（3）调整紧急阀微动开关 95SA 位置，或更换微动开关 95SA。

（4）检查中间继电器 451KA 电源线，或更换中间继电器 451 KA。

（5）如果中间继电器 451KA 动作正常，可确认二极管 261VD 开路，更换二极管 261VD。

7. 列车管过充后，电空制动控制器手柄移至"运转位"，列车管过充压力很快消失

原因：

（1）排 2 电空阀 256YV 电源线断路。

（2）排 2 电空阀 256YV 线圈断电或卡位，上阀口泄露。

处理方法：

（1）检查排 2 电空阀 256YV 电源线。

（2）更换排 2 电空阀 256YV 或检修上阀口。

8. 列车管过充后，电空制动控制器手柄由"常用制动位"移至"中立位"，列车管压力仍高于均衡风缸 30~40 kPa

原因：

排 2 电空阀 256YV 卡位，不恢复。

处理方法：

更换排 2 电空阀 256YV。

9. 非操纵节机车（或重联机车）中继阀 104 排风不止

原因：

（1）非操纵节机车（或重联机车）处于"空气位"，但中继阀列车管塞门 115 未关闭。

（2）非操纵节机车（或重联机车）处于"电空位"，但电空制动电源自动关闭 615QA 断开。

（3）非操纵节机车（或重联机车）中继阀排风阀口被污物堵住，阀口漏风。

（4）重联电空阀 259YV 线圈断线或卡位，或控制导线断。

处理方法：

（1）恢复"电空位"，或关闭塞门 115。

（2）闭合自动开关 615QA，如不能闭合，则关闭塞门 115。

（3）拆检中继器。运行中可关闭塞门 115 维持运行。

（4）更换重联阀 259YV，或检查控制导线。运行中可关闭塞门 115 维持运行。

10. 电空制动控制器手柄置常用"制动位"、"紧急制动位"时，列车管降不到规定压力，且操纵节中继阀 104 排风不止

原因：

（1）非操纵节机车（或重联机车）处于"空气位"，但中继阀列车管塞门 115 未关闭。

（2）非操纵节机车（或重联机车）处于"电空位"，但电空制动电源、自动开关 615QA 断开。

（3）非操纵节机车（或重联机车）中继阀供风阀口和遮断阀口被污物堵住，阀口漏风。

（4）重联电空阀259YV线圈断线或卡位，或控制导线断。

处理方法：

（1）恢复"电空位"，或关闭塞门115。

（2）闭合自动开关615QA，如不能闭合，则关闭塞门115。

（3）拆检中继器。运行中可关闭塞门115维持运行。

（4）更换重联阀259YV或检查控制导线。运行中可关闭塞门115维持运行。

11. 电空制动控制器、空气制动阀操纵制动机时，操纵节机车制动缸压力变化慢，且压力比不符合要求

原因：

（1）操纵节机车重联转换阀93工作位置不对。

（2）操纵节机车重联转换阀93内重联阀活塞杆上O形密封圈破损漏风，造成作用管与平均管窜风。

处理方法：

（1）将操纵节机车重联转换阀93置"本机位"。

（2）拆修重联转换阀93，更换O形密封圈。

12. 重联转换阀93内转换阀上部或按钮处漏风

原因：

重联转换阀93内转换阀柱塞上O形密封圈破损漏风。

处理方法：

拆检重联转换阀93内转换阀，更换O形密封圈。

13. 制动缸上闸后重联转换阀93阀体排气孔排风不止

原因：

重联转换阀93内遮断阀活塞杆上O形密封圈破损漏风。

处理方法：

拆检重联转换阀93的遮断阀，更换O形密封圈。

（三）主要零部件故障

1. 电空阀

（1）253中立电空阀。

故障原因：

① 电空制动控制器手柄置"运转位"，该电空阀不失电，或卡位，使"电空位"或"空气位"操作时列车列车管均不能充风。

② 置"制动位"时，253中立电空阀不得电，相当于有补风功能。

处理方法：

① 关塞门157，以排尽屏柜中总风余风，使中继阀遮断阀复位；或敲打遮断阀体，使其复位；均无效时，则应抽出遮断阀，以维持运行，回段更换。

② 在其他电空阀作用良好时，可不必处理，继续运行。但必须注意此时属补风运行，掌握好制动时机。

（2）254 排风 1 电空阀。

故障现象：

① 该阀不失电或卡住漏泄，机车不能制动。

② 该阀不吸合，机车不缓解。

处理方法：

① 运行中，若非单机运行，则可不必处理。需单机制动时，可推空气制动阀手柄至"制动位"，以保持一定的制动力。在单机运行时，为确保安全，必须处理，可在 254 排风 1 电空阀座后加胶皮等以堵住排风口。机车单缓可用手压空气制动阀手柄即可。

② 不必处理，但需随时观察制动缸压力，及时用空气制动阀缓解位或下压手柄缓解机车制动缸压力。

（3）256 排风 2 电空阀。

故障现象：

① 256 排风 2 电空阀不得电。双机牵引时，故障机车重联，当手柄从"过充位"移回"重联位"后出现过量供给，使本务机的中继阀排风不止。

② 256 排风 2 电空阀不失电或卡住漏泄。"过充位"无过充压力。

处理方法：

① 关故障机车的 115 塞门。

② 不影响机车运行，因段检修。

（4）257 制动电空阀。

故障现象：

① 电空制动控制器手柄置"制动位"，257 制动电空阀不失电，均衡风缸只有初制动减压量 40 kPa 左右。

② 电空制动控制器手柄置"中立位"，257 制动电空阀不得电或卡位漏泄，使列车列车管压力继续下降。

处理方法：

① 该故障处理方法见前述"操作运用故障"中的相关条目。

② 将转换阀 153 置"空气位"，由"空气位"运行。

（5）258 缓解电空阀。

故障现象：

① 电空制动控制器手柄置"运转位"、"过充位"，258 缓解电空阀不得电，均衡风缸不充风。

② 258 缓解电空阀失电后下阀口关不严，制动后中立位保不住压，均衡风缸回风。

处理方法：

① 一般均应转"空气位"运行。

② 如列车列车管压力保持不变，可不做处理。若列车列车管跟随上升，应转"空气位"操纵，回段检修。

(6) 259 重联电空阀。

故障现象：

① 259 重联电空阀不失电或下阀口漏泄。在"运转位"挂 10 辆以上车辆时充不起风；制动时均衡风缸压力下降非常缓慢，甚至均衡风缸只排风而压力不下降。

② 259 重联电空阀不吸合。若在机车重联时，作为补机有此故障的同时，中继阀遮断阀在开位不复位，将造成本务机车减压补机充风的危险性后果。

处理方法：

① 转空气位操作。

② 在单机牵引列车时，不影响运行，可不作处理。在重联牵引时，补机必须关闭 115 塞门。

(7) 电空阀内部故障。

在确认系统故障的原因是由电空阀引起后，如何判别电空阀自身的故障，是至关重要的。

故障现象：

① 有电不吸合，手压动铁心后性能正常。

② 无电时，排风口无排风声。

③ 有电时，排风口有排风声。

④ 手压动铁心无行程或下压后不回弹。

处理方法：

① 由于线圈断线或烧损，更换。

② 由于下阀门漏。拆检下阀门，若有脏物垫住，则清理即可；如阀门拉伤或阀座缺陷，则更换相应部件。在更换时应注意控制阀门行程。

③ 由于上阀门漏。拆检方法同上。

④ 系组装不当或阀门及阀杆选配不当，重新组装并检查行程。

2. 分配阀

故障现象：

(1) 保不住压，制动缸压力上升。

(2) 保不住压，制动缸压力下降。

(3) 均衡部排风不止。

(4) 制动位制动缸无压力。

(5) 制动缸压力追踪上升至总风压力。

处理方法：

(1) 节制阀漏。拆检节制阀。

(2) 滑阀漏。检修滑阀。

(3) 均衡阀或空心阀杆端部缺陷。拆检均衡部。若表面缺陷不严重，可用细砂纸磨平衡阀或修磨空心阀杆。

(4) 均衡部膜板破损，拆检更换。

(5) 增压阀不复位或 O 形密封圈漏。拆检增压阀。

3. 中继阀

故障现象：

（1）均衡风缸有压力，列车列车管无压力或压力不上升。

（2）排风口一直有排风声。

（3）过充时，均衡风缸压力上升，列车列车管追踪总风压力。

故障原因及处理方法：

（1）遮断阀卡，拆检遮断阀。主膜板破损，在确认遮断阀正常时属此故障，更换主膜板。

（2）排风阀关闭不严。阀口脏物垫、阀面或阀口破损、阀挡圈断，更换相应部件。

（3）过充活塞 O 形密封圈损坏，产生漏泄，使均衡风缸过充。停止使用"过充位"，更换 O 形密封圈。

【任务训练】

1. 空气位，要实现紧急制动，可操作（　　）实现。
2. 分配阀安全阀的作用是防止容积室内（　　）而使机车出现滑行现象。
3. 在（　　）内所走行的距离称为空走距离。
4. 当重联电空阀 259 下阀口漏泄时，将使中继阀不能正常地控制（　　）的充气与排气。
5. 运行中遇电空控制部分故障时，可转到（　　），并将 153 转换阀转至（　　）维持运行。
6. 列车管漏风会引起制动缸压力（　　）。
   A. 下降　　　　　　B. 上升　　　　　　C. 不变
7. 常用制动起紧急制动的原因之一是（　　）。
   A. d3 缩孔太大　　　B. d3 缩孔太小　　　C. 制动电空阀故障
8. 过充位无过充压力的原因之一是（　　）。
   A. 制动电空阀的故障
   B. 排风 1 电空阀故障
   C. 过充电空阀故障
9. 电空位操作的运转位均衡风缸不充风的原因之一是（　　）。
   A. 过充电空阀故障
   B. 排风 1，电空阀故障
   C. 缓解电空故障
10. 电空位操作的运转位均衡风缸不充风的原因之一是（　　）。
    A. 803 线无电　　　B. 807 线无电　　　C. 806 线无电。
11. 电空位均衡风缸充风，列车管不充风的原因有（　　）。
    A. 缓解电空阀故障
    B. 过充电空阀故障
    C. 中立电空阀故障
12. 简述列车断钩后，机车是怎样实现紧急制动的？
13. 造成空压机电机转不动可能的主要原因有哪些？

【任务拓展】

机车检查

一、机车检查注意事项

（1）机车应停放在有地沟的平直线上，机车前后放好渡板，禁止跳越地沟。
（2）机车检查作业前机车必须处于制动状态，并做好安全防护工作。
（3）各部件检查完毕后，必须恢复正常状态，并且防止异物落入电器间及各电器装置内部。
（4）进行电器试验时，应严格遵守操作程序，避免造成电器误动作而损坏电器装置内部。
（5）电器间内禁止明火作业，上、下机车时应面向内手把牢，脚座站稳，注意人身安全。
（6）对加封的零部件（铅封、漆封），严禁破封。各种保护装置，乘务员不得私自改变其参数。

二、机车的检查方法

机车乘务员应对所用机车的车体结构、各种部件的名称、正常安装位置及状态要十分熟悉，掌握该车型的运用特点和容易出现故障的处所，充分合理地利用检查时间。检查机车时应以有条不紊的顺序、正常的姿势和适当的方法进行，要做到：

顺序检查，不错不漏；姿势正确，步伐不乱；
锤分轻重，目标明确；耳听目视，仔细周到；
测试工具，运用自如；手触鼻嗅，灵活熟练。

1. 锤检法

锤检法有三种，即锤击、锤触、锤撬。

锤击：锤击是靠检查锤敲击部件发出的音响及手握柄的感觉来判断螺栓的坚固程度或部件是否发生断裂，锤击适用于 M14 以上的螺栓，弹簧装置以及适宜用锤击判别发生断裂的部件。

使用锤击检查时应根据螺栓的大小、部件的状态和位置，用力适当，掌握"轻重缓急"，用力不宜过大，以免损伤零部件。不准锤击带压力的管接头以前摩擦工件表面光洁度较高的部件或对 M14 及以下的螺栓、螺钉锤击。

锤触：锤触主要适用于一些较细的管子和卡子，以及一些脆弱部件，也适用于 M14 以下的螺栓、螺钉，检查是否有松动和间隙等。

2. 手检法

有两种，即手动、手触。

手动：对不宜锤检的部件应用手动检查，手动包括：晃、拍、别、拧，适用于较细小的螺钉、管接头、各种阀门、仪表、电器等。用手晃动看安装，手拧看松漏的方法，检查是否松缓、泄漏，安装不牢固等现象，判断各油、风管路阀门是否在正确位置。

手触：手触主要适用于检查有关部件的温度。在运行中不能手触检查的部件，应在停车后进行,手触时应用手指前感觉温度,以免烫伤。

3. 目视法

在进行锤检和手检的同时也要进行目视,做到手、眼、灯、锤配合协调,动作一致,对各表指针的位置、检查日期的确认,各紧固件的螺栓平垫、防缓垫及弹簧片状态、油管泄漏程度、油位确认、电机火花等级的判别等,均需要进行目视。

4. 测量法

使用塞尺、直尺、卷尺专用工具测量有关部件正常间隙、距离、行程等各限度尺寸。

5. 测试法

使用万用表测试电压、电阻、电流的数值。使用万用表时,应先调好表针处于"0"位,安好表笔(红笔标"+",黑笔标"-"),然后,根据要测试项目选择好挡位和量程,严格遵守安全操作规则,防止烧表及触电事故。

三、机车制动相关检查作业程序

机车制动相关检查作业程序如表 5-1-1 所示。

表 5-1-1 机车制动相关检查作业程序

顺序	检查部位	检查内容及要求	检查方法
B节机车前部	1. 前部外观	1. 前照灯、近照灯及标志灯外观完好 2. 前窗玻璃,刮雨器、路徽及机车标志完好 3. 排障器无变形,距轨面高度 80~110 mm 4. 脚踏板无变形	目视 目视 目视、锤检 目视
	2. 车钩	1. 钩提杆无变形,提钩时自动开放无抗劲,全开位 220~250 mm 2. 车钩摆动灵活,钩体各部分无裂纹,油润良好 3. 钩舌销无折损,开口销(开度为 60°),油润良好 4. 钩体钩舌无裂纹,防跳台不少于 90°,钩舌与锁铁摩擦部油润良好 5. 推动钩舌,转动灵活,闭锁位 110~130 mm 6. 下销锁油润良好 7. 车钩中心线距轨面垂直高度 815~890 mm	线式给油 托起转动弧形给油 锤检、线式给油 手检、测量 点式给油 测量
	3. 制动软管	1. 折角塞门状态良好,无泄漏 2. 防尘堵及安全链齐全 3. 连接器口面与地面成垂直,胶圈无老化、丢失 4. 软管卡箍牢固;卡耳间隙不少于 2 mm 5. 软管无老化、龟裂、水压试验不超过 3 个月 6. 软管与机车中心线夹角为 45°	均为手检目视
	4. 总风联管	同 3.制动软管	
	5. 平均管	软管无裂纹,截止塞门位置正确,卡子无松动	手检、目视
	6. 重联插座	重联插座完好、牢固无烧损现象,插座盖完好	手检、目视

续表

顺序	检查部位	检查内容及要求	检查方法
B节机车左侧	1. 车体外观	车体平整，百叶窗无破损	手检、目视
	2. 司机室门窗	侧门、侧门完整，扶手、脚踏安装牢固	手检、目视
	3. 第一砂箱	1. 砂箱盖严密，锁闭良好 2. 砂量充足，砂质纯净干燥 3. 砂箱体无变形，支板无开焊，安装螺栓齐全紧固	手检、目视 手检、目视 锤检、目视
	4. 第一动轮轮缘喷油器	1. 油箱体无裂损、漏油现象 2. 加油口盖密封良好，油量充足 3. 分配油泵无漏油现象 4. 各风管、油管无松动、漏油现象 5. 截止塞门位置正确锤检、目视	锤检、目视 手检、目视 手检、目视 手检、目视 手检、目视
	5. 第一动轮及轴箱悬挂装置	1. 轮箍、轮辐无裂纹 2. 轮箍、无迟缓现象 3. 安装弹簧上座无裂纹，安装螺栓、定位销锁齐全牢固 4. 弹簧上、下压盖无裂纹 5. 弹簧无裂损，弹簧无异变。弹簧自由高度397 mm，压缩高度285 mm 6. 弹簧座定位良好	锤检、目视 目视 锤检、目视 锤检、目视 锤检、目视 目视
	6. 第一轴箱	1. 箱体和拉杆无裂纹，芯轴卡圈无脱落 2. 轴箱内侧油封无漏油 3. 油箱端盖无变形漏油，各安装螺栓齐全无松动 4. 轴箱吊耳、穿销、开口（45°）状态良好 5. 轴箱温度正常（三点摸轴）	锤检、目视 目视 锤检、目视 锤检、目视 手触
	7. 第一轴箱速度传感器	1. 速度传感器安装牢固，接线无破损 2. 插座牢固无破损 3. 防尘罩完整	手检、目视 手检、目视 手检、目视
	8. 第一轴箱垂向油压减振器	安装螺丝紧固，座无裂纹，机体无漏油	锤检、目视
	9. 第一动轮制动器	1. 制动缸端盖螺栓齐全紧固；制动缸风管无漏泄；制动缸安装螺栓紧固齐全 2. 传动螺杆的密封罩良好 3. 脱钩装置良好 4. 调整手轮良好 5. 闸瓦吊杆螺栓紧固 6. 闸瓦托定位调整螺栓无松动 7. 闸瓦安装正确，无裂纹、偏磨、厚度不小于10 mm；缓解后闸瓦与轮箍踏面间隙应为6~9 mm 8. 闸瓦吊杆螺栓紧固，开口销完好，油润良好 9. 传动螺杆注油堵无松动、破损	锤检、目视 目视 目视 手检、目视 锤检、目视 锤检、目视 锤检、目视 弧形给油 定期注入
	10. 第一轴箱横向油压减振器	安装螺丝紧固；座无裂纹，体无漏油	锤检、目视
	11. 侧向摩擦限制器	1. 橡胶弹性球铰链无裂损 2. 弹性外罩安装牢固，弹簧完好 3. 三角棒及三角导框无裂纹，三角导框厚度不小于6.3 mm；摩擦片完好，厚度不小于5 mm	目视 手检、目视 目视

续表

顺序	检查部位	检查内容及要求	检查方法
B节机车左侧	12. 橡胶堆	1. 无裂损老化,自由高度273 mm,垫板卡板安装牢固 2. 侧梁无开焊裂纹	均为手检、目视
	13. 总风缸左部	1. 总风缸92截断塞门113,总风缸91截断塞门111均在开放位,位置正确 2. 排水阀安装牢固;在关闭位,排水试验作用良好	手检、目视 手检、目视
B—A节机车重联部	1. 脚蹬、扶手、标志灯、重联插座	1. 脚蹬、扶手安装牢固无开焊 2. 标志灯完整良好 3. 重联插座安装牢固,盖完整无烧损,重联线连接状态良好	锤检、目视 目视 手检、目视
	2. 车钩	两车钩在锁闭位,处于连接状态;钩体、钩舌无裂纹,穿销开口销齐全,开度符合要求;车钩提杆座、车钩提杆无裂纹变形,锁闭螺母紧固,各部油润良好	锤检、目视
	3. 总风联管、制动软管、平均管	1. 各风管处于连接状态,风管无破损、老化、连接良好 2. 各风管水压试验符合要求 3. 风管座折角塞门、塞门卡作风良好,无损坏 4. 各塞门均处于开放位置	手检、目视 手检、目视 手检、目视 手检、目视
A节机车底部	1. 排障器内侧	1. 排障器安装牢固、无变形 2. 自动信号接收装置支架牢固无开焊 3. 接收装置导线无破损、松动、脱落、线圈距轨面高度130~160 mm	锤检、目测 锤检、目测 手检、目测
	2. 车钩缓冲装置	1. 牵引销套无窜动,止退销螺母无松动,开口销完好 2. 弹簧箱体及尾框无裂纹 3. 前后从板与座无贯通间隙 4. 托板螺栓齐全牢固	锤检、目视 锤检、目视 目视 锤检
	3. 车体牵引梁及牵引装置	1. 车体牵引梁与车体连接处以及各补强板无裂纹、开焊、变形 2. 牵引座无裂纹,牵引座与梁连接螺栓紧固,无松动 3. 牵引橡胶垫无老化现象 4. 橡胶垫压盖良好无裂纹;压盖螺栓其防缓螺栓紧固 5. 牵引叉头完好无开焊,叉头与牵引杆连接状态良好,连接螺栓紧固,开口销完好 6. 牵引叉头油堵完好,油润良好	锤检、目视 锤检、目视 目视 锤检、目视 锤检、目视 定期压入
	4. 左右扫石器	1. 扫石器支架无开焊 2. 扫石器调整螺栓齐全牢固 3. 扫石器距轨面高度 50~80 mm,扫石器距轨面高度20~25 mm,扫石器胶皮距轨面距离10~15 mm	锤检、目视 锤检、目视 测量、目视
	5. 第一砂箱(左右)	1. 箱体及支架无裂纹,安全螺栓无松动 2. 撒砂器、砂管安装牢固 3. 撒砂器风管、砂管、清扫堵及调整螺栓齐全牢固 4. 砂管吊铁无裂纹,"U"型卡子无松缓 5. 砂管口畅通,无偏斜变形,距轨面高度应为 30~55 mm	锤检、目视 锤检、目视 锤检、目视 锤检、目视 目视

续表

顺序	检查部位	检查内容及要求	检查方法
A节机车底部	6. 转向架前端梁及三角撑杆座	1. 前端梁各部无裂纹 2. 各风管卡子牢固，接头无松漏，软管无破损 3. 三角撑杆无裂纹，各联结螺栓紧固，无松动	目视 锤检、目视 锤检、目视
	7. 三角撑杆	1. 三角撑杆各处无裂纹 2. 三角撑杆与牵引梁、三脚架连接螺栓紧固，开口销良好 3. 各油堵完好	目视 锤检、目视 定期压油
	8. 第一动轮	1. 轮箍、轮辐无裂纹 2. 轮箍踏面擦伤深度不大于 0.7 mm，剥离长度不大于 40 mm，深度不小于 1 mm 3. 轮缘无碾堆，垂直磨耗高度不大于 18 mm，轮缘厚度在距其顶点 18 mm 处测量为 23~33 mm 4. 轮缘喷油器喷嘴齐全，位置正确	锤检、目视 目视 目视 手检、目视
	9. 手制动机	1. 传动臂各轴销及开口销齐全，油润良好 2. 链条链轮状态完好，链轮油润良好	点式给油 点式给油
	10. 第一动轮制动器	1. 闸瓦托调整弹簧无折损 2. 制动缸无开焊 3. 调整手轮作用良好 4. 脱钩装置位置正确 5. 闸瓦安装正确，锁闭销完好 6. 闸瓦无偏磨裂纹，厚度不小于 10 mm 7. 闸瓦、吊杆螺栓紧固，开口销完好，油润良好 8. 闸瓦与轮箍踏面环节间隙应为 6~9 mm 9. 传动杆注油堵无松动破损	手检、目视 目视 手检、目视 手检、目视 手检、目视 目视 弧形给油 目视 定期压入
	11. 手制动机传动装置	各传动杆无变形裂纹，穿销、开口销齐全完好，油润良好	点式给油
	12. I 端制动风机通风网	通风网无异物	
	13. 总风缸 91、92	1. 安装带紧固无开焊窜位，各螺栓无松动 2. 各塞门位置正确	锤检、目视 手检、目视
第一制动风机组	正面	1. 制动风速继电器 511KF 外罩完好，开盖检查动作灵活，触点开闭可靠 2. 风速继电器连线插座安装牢固，接线良好	均为手检、目视
电子电源柜	电源柜	1. 电源柜 A/B 组转换开关在 A 位或 B 位 2. 各"电源"插件，"稳压触发"插件安装到位，固定螺丝紧固 3. 各单极自动开关在闭合位 "蓄电池"闸刀 667QS，"负载"666QS，刀夹有力，无放电灼痕、裂纹，把柄无松动。"重联"闸刀在正常位（上合），钮子开关 675SB 在"运行"位。接线无松脱，无放电灼痕	均为手检、目视
	电子柜	1. 电子柜 A/B 组转换开关在 A 位 各插座接线牢固，无松脱，固定螺丝紧固	手检、目视 手检、目视

续表

顺序	检查部位	检查内容及要求	检查方法
空气制动屏	制动屏正面	1. 插座64XS，66XS安装牢固，接线无松脱 2. 各中间继电器（458KA，457KA，456KA，455KA，451KA，452KA，453KA）及各电空阀，安装牢固作用良好，接线无松脱 3. 空电联合选择开关466QS在"0"位 4. 各钮子开关，153、154转换开关在正常工作位 5. 各二极管元件（260、261、262、263）无烧损，接线脱落 6. 各压力传感器（201BP、202BP），各压力开关（208、7.09及压力继电器516KF）外观完好，安装牢固，接线无脱落，风管接头无松漏 8. 辅助压缩机控制按钮作用良好 9. 控制风缸及辅助风缸压力表外观完整，指示正确，检查不过期 10. 各调压气（51、52、55）调整压力符合规定要求，检查不过期 11. 压力调节器517KF安装牢固，各部不漏风。接线无松脱 12. 中继阀各部不漏风 11. 紧急阀及电动风阀安装牢固，各部不漏风，接线无松脱 12. 分配阀安装牢固，各部漏风 13. 重联转换阀位置正确，各部不漏风 14. 各塞门在正常工作	手检、目视 手检、目视 手检、目视 手检、目视 手检、目视 手检、目视 手检、目视 手检、目视 耳听、目视 锤检、目视 锤检、目视 手检、目视 手检、目视
机车后部	2号端子柜	1. 各插座安装牢固，接线无松动，固定螺丝紧固 2. 柜门无变形 3. 各端子排接线无松脱，无放电灼痕	均为手检、目视
	走廊门	同司机室走廊门	
	渡板	无裂纹、破损，连接良好	手检、目视
	杂品柜上	1. 轮缘喷漆器及电制动记录仪控制盒、箱体安装牢固 2. 指示灯及标牌完整清晰 3. 背面插座及连线无松脱	均为手检、目视
机械室	空气干燥器	1. 滤清筒及干燥筒安装牢固，各管接头无漏泄 2. 温控器开关在正常工作位，指示灯显示正常 3. 排泄电磁阀的电控阀安装牢固，接线无松脱，排泄阀排泄作用良好，无漏泄 4. 干燥器旁通塞门G1在开放位，G2在关闭位 5. 各电控阀安装牢固，风接头无松漏，塞门在开放位	锤检、手检 手检、目视 手检、目视 手检、目视 手检、目视
	空气制动柜上	1. 压缩及安装牢固 2. 空气滤清器完好无堵塞 3. 联轴器转动灵活、无松动 4. 电机安装牢固，接线盒完好。接线无松脱 5. 储风缸排水阀安装牢固，排风作用良好 6. 各风路接头无松漏 7. 加油堵无松动，无漏油 8. 插座62XS，68XS，60XS安装牢固，接线无松脱	锤检、手检 手检、目视 手检、目视 手检、目视 手检、目视 手检、目视 定期压入 手检、目视

续表

顺序	检查部位	检查内容及要求	检查方法
机械室	空气主动柜背面	1. 均衡风缸、过充风缸安装牢固,管接头无漏风 2. 各塞门在正常工作位 3. 急阀及电动放风阀塞门在开放位,铅封完好	锤检、目视 手检、目视 手检、目视
	电子电源柜上部	各外接插座安装牢固,接线无松脱	手检、目视
	压缩机组	1. 冷却器安装牢固,无裂损。漏油 2. 曲轴箱无漏油,注油堵、放油堵齐全,油位表完好,无漏油,油位应在上、下刻线之间,高低压安全阀 3. 逆止阀安装牢固,接头无松漏,铅封无破损 4. 压缩机法兰盘安装牢固,无变形联轴器无松动,螺杆、胶圈齐全完好 5. 风扇叶片无变形、裂损,传动皮带无破损。风扇防护罩牢固无破损 6. 电机安装螺栓无松动 7. 电机接线盒严密,接线无松脱 8. 电机轴承注油堵无丢失	锤检、目视 注入压缩机油 手检 锤检、目视 手检、目视 手检、目视 锤检、目视 手检、目视 定期压油

项目 6　CCB-Ⅱ型电空制动机

任务 6-1　HXD3 型电力机车制动系统

【任务描述】

HXD3 型电力机车是中国铁路的干线货运用电力机车车型之一，是"和谐型"大功率交流电力机车系列车型之一。制动也采用了最新式的 CCB-Ⅱ空气电空制动机，对机车乘务员、检修人员在业务知识、检修技术能力上提出了一定要求。本任务主要介绍了 HXD3 型电力机车制动系统内容包括 CCB-Ⅱ电空制动机中各主要部件的构造及作用。

【任务目标】

- 能说明 CCB-Ⅱ电空制动机主要优点；
- 能指认 CCB-Ⅱ电空制动机制动柜内部部件；
- 能叙述 CCB-Ⅱ电空制动机主要部件作用；
- 能叙述 CCB-Ⅱ电空制动机各部件控制关系。

【任务学习】

为了提高铁路的运输能力，近几年我国铁路通过技术引进、技术合作一直在向高速、重载的方向发展。我国引进了目前国际上较先进的机车用 CCB-Ⅱ微机控制制动系统。本套制动系统是基于网络的电空制动系统，本任务主要介绍了 CCB-Ⅱ制动机的组成及各部分作用、控制关系、综合作用、操纵方法等。

一、HXD3 型电力机车制动系统概述

HXD3 型大功率电力机车采用了先进的机车用 CCB-Ⅱ第二代微机控制制动系统。该制动系统是基于网络的电空制动系统，它是按照美国铁路协会标准（AAR）以 26-L 制动机为基础，进行设计的电空制动控制系统。该系统可以在干线客运和货运机车上使用，可以和我国现有的机车车辆制动系统进行匹配使用。

（一）CCB-Ⅱ制动系统的优点

（1）控制准确性高，反应迅速快。
（2）安全性较高。
（3）部件集成化高，可进行部件的线路更换，维护简单。
（4）有自我诊断、故障显示及处理方法提示功能。

（二）HXD3 型电力机车制动控制的原则

（1）优先使用机车再生制动，其制动指令由司机控制器发出。

（2）若再生制动存在时进行常用制动操作，机车制动缸保持零压力，机车实施再生制动，车辆实施空气制动；若常用制动存在时进行再生制动操作，机车制动缸压力下降为零，机车实施再生制动，车辆保持原空气制动压力。

（3）在紧急制动过程中，机车和车辆实施最大的空气制动力。

（4）机车再生制动与单独制动阀产生的机车空气制动可同时存在于机车上。

（三）制动机整体布置概述

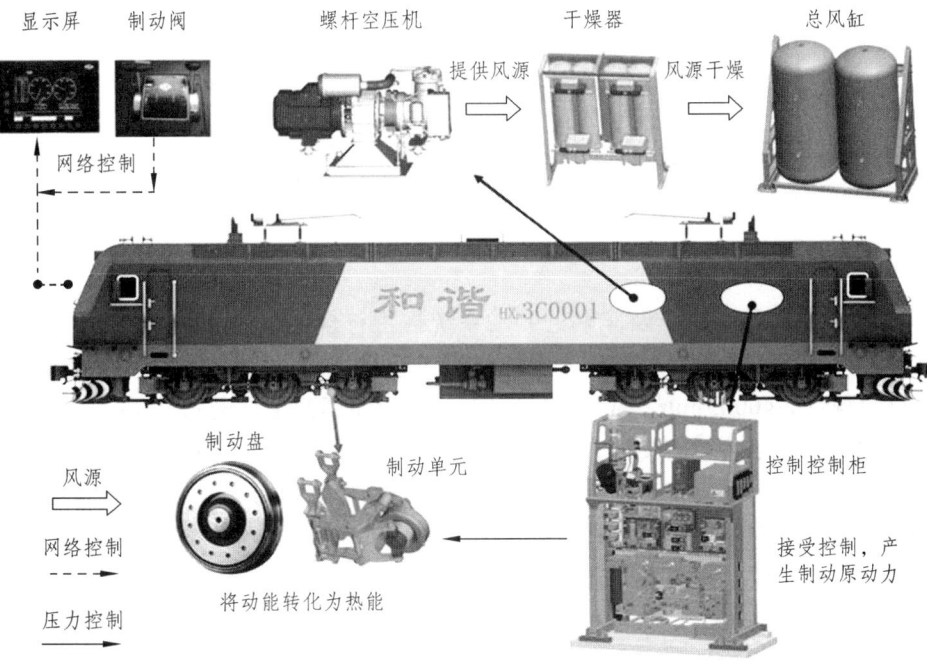

图 6-1-1　HXD3 型电力机车 CCBⅡ制动系统整体布置图

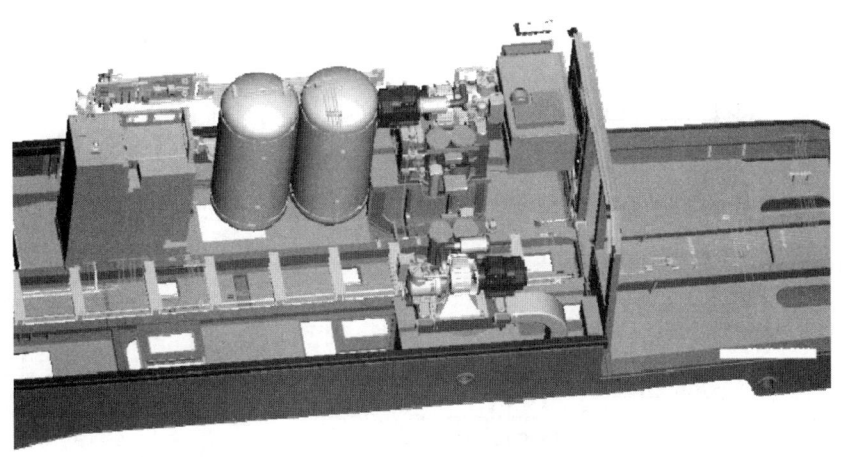

图 6-1-2　CCB-Ⅱ制动系统整体布置图

大功率交流传动 9 600 kW 六轴货运电力机车（以下简称 HXD3B 型机车）的空气系统采用目前国际先进的 CCB-Ⅱ 制动控制系统，风源部分由螺杆式压缩机和吸附式双塔干燥器等部件组成，基础制动采用盘形制动方式，如图 6-1-1 和图 6-1-2 所示。

CCB-Ⅱ 电空制动机空气系统主要包括风源系统、制动控制系统、基础制动及辅助功能，如图 6-1-3 所示。

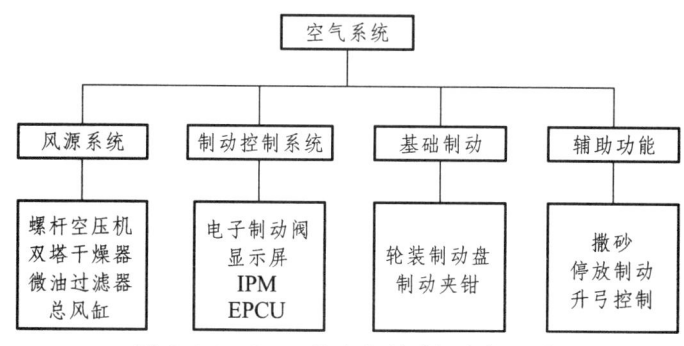

图 6-1-3　CCB-Ⅱ 电空制动机空气系统

二、风源系统

风源系统的作用是为机车及车辆的制动系统提供符合要求的干燥、洁净的压缩空气。HXD3B 型电力机车采用两台克诺尔公司的 SL20-5-102 型螺杆式空气压缩机组作为系统风源，排风量为每台 2 400 L/min。如图 6-1-4 所示。配套使用两个克诺尔公司的 LTZ2.2-H 型双塔干燥器和两个克诺尔公司的 OEF2 型微油过滤器作为风源滤水、滤油的处理装置。其双塔干燥器的空气处理量为每个 2.4 m³/min。机车采用 2 个容积均为 800 L 的风缸串联作为压缩空气的储存容器，风缸采用车内立式安装。为了满足机车重联功能在机车端部安装了总风重联管软管和平均管软管。如图 6-1-5 所示。

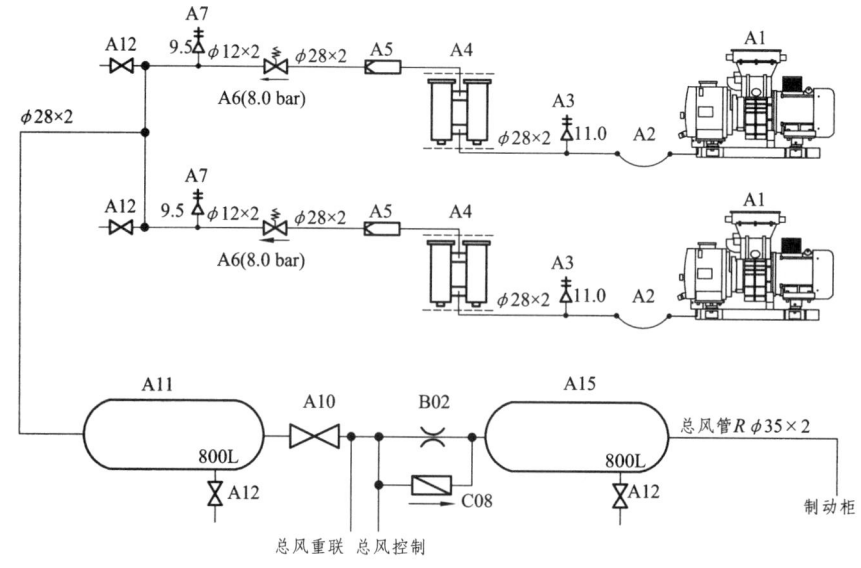

图 6-1-4　风源系统原理图

图 6-1-5　风源系统机械间布置图

（一）空气压缩机组

空气压缩机组型号为 SL20-5-102（见图 6-1-6），为螺杆式压缩机组，其驱动电机为三相交流电动机。此空气压缩机组具有温度、压力控制装置，可以实现无负荷动作。冷却器排风口向下，以满足机械间的独立通风要求。空气压缩机组的开停状态由总风压力开关和压力传感器进行自动控制，也可以通过手动按钮强行控制开停。

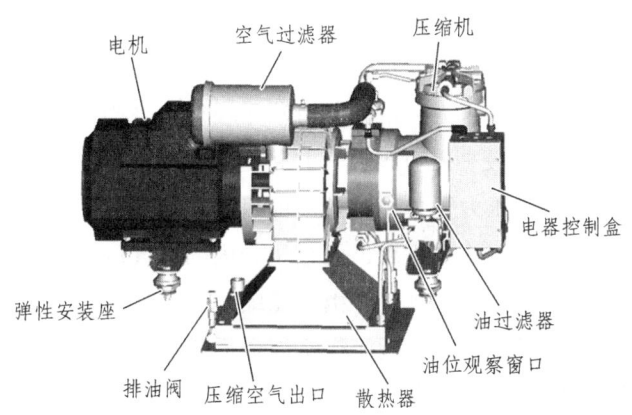

图 6-1-6　SL20-5-102 型螺杆压缩机

1. 控制模式

本机车装有两台螺杆空气压缩机组，为间歇工作制。通过压力开关及压力传感器进行启停控制，启停压力如表 6-1-1 所示。

表 6-1-1　空压机启动控制表

序号	总风缸压力（kPa）	启动台数	启动位置
1	680<P<750	1	软件计算
2	P<680	2	全部

（1）工作原理。

螺杆压缩机由阴阳两个螺杆形的转子，旋转进行空气的压缩和输送，900 kPa 的压缩空气一级压缩产生。其工作示意图如图 6-1-7 所示。

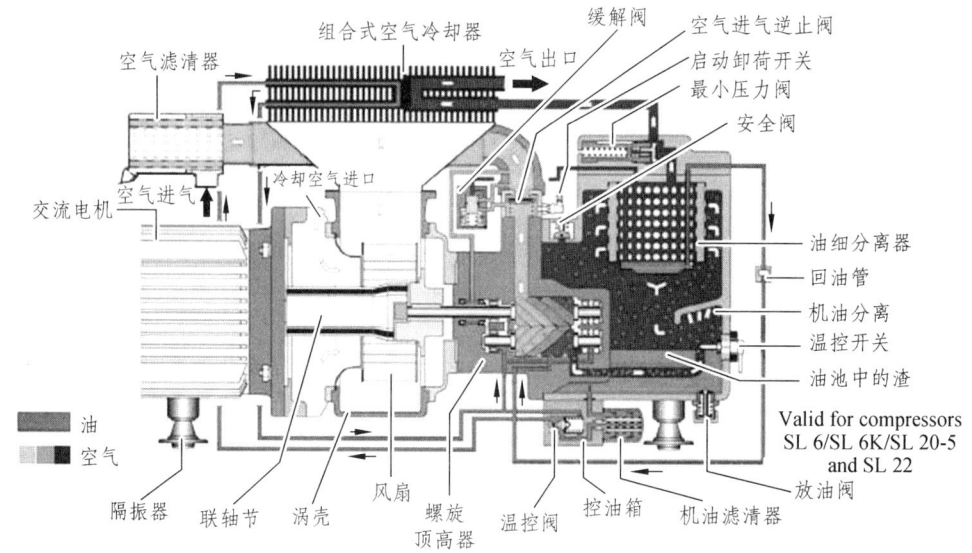

图 6-1-7　螺杆压缩机工作原理图

① 空气压缩过程。

空气通过空滤器和进气阀吸入压缩机体。空气被压缩后，通过与转子连接的输送口被推进压缩机壳。如果压缩机启动时，压缩机壳里无空气压力，最小压力阀将保持关闭状态，以便使压缩机壳内迅速建立起空气压力，帮助润滑油尽快循环。当压缩机壳内空气压力达到约 6.5 bar（1 bar = 0.1 MPa）时，最小压力阀打开并将压缩空气送出。送出的压缩空气达到系统的规定压力后，压缩机受总风压力开关控制自动停机，最小压力阀将自动关闭，将系统和压缩机壳内的通路隔断。每次压缩机停机后，压缩机壳内的空气压力被自动释放。压缩机停机后，最小压力阀和进气阀关闭。在进气口，由于压缩机体空气逆流而压力升高，导致泄荷阀打开。压缩机壳里压缩空气可通过减压阀流进空滤器后排向大气，从而快速将压缩机壳里空气压力降低到约 1.8 bar。剩余的压力通过泄荷阀上的缩孔被缓慢排放至 0 bar。停机时间大于 6 s 后，可以实现空压机的无负荷再启动。

② 油循环过程。

当压缩机运转时，在压缩机壳里建立起的空气压力将壳内的润滑油通过油过滤器输送到轴承、传动装置和压缩机体内油喷射点。这些油用于润滑，密封并带走空气压缩产生的热量。压缩机传送的空气/油混合物通过输送口并打在壳内挡板上，这一过程属于油粗级过滤。之后，压缩空气又经过油细分离器进行精级过滤。精级过滤分离的油被收集到油细分离器底部，在压缩机壳内空气压力作用下，通过回油过滤器返回到压缩机体内。

（二）空气干燥器（见图 6-1-8）

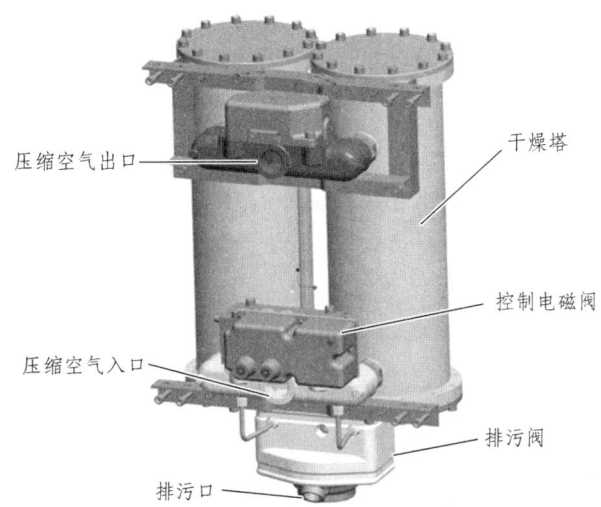

图 6-1-8　LTZ2.2-H 空气干燥器结构图

干燥器型号为 LTZ2.2-H，属于双塔吸附式干燥器。该干燥器具有低温加热功能，位于空气压缩机组和总风缸之间，具有过滤压缩空气中油、水，降低压缩空气露点的功能，保证空气系统在正常使用时，不会出现液态水。

1. 空气干燥器结构

主要包括：

（1）两个干燥塔，每个塔内集成一个油分离器和一定量的干燥剂。

（2）带有计时功能的脉冲电磁阀。

（3）带可更换再生节流孔（47）的双逆止阀。

（4）排放阀，LTZ-H 型单元的排放阀还配备了一个恒温器控制器。

（5）消音器（72）和冷凝排放盖。

每个电磁阀的工作状态用一个气动压力指示器显示。当电磁阀作用时，压力指示器弹起，对应塔处于再生状态。

2. 工作原理

其工作原理如图 6-1-9 所示。无热吸附式双塔干燥器的再生和吸附工作在两个塔中同时进行，当压缩空气在一个塔内通过干燥剂进行干燥时，另一塔内的干燥剂被干燥的空气吹扫进行再生处理。到达干燥器的饱和压缩空气里的油和冷凝物在首先通过油分离器时被提取出来。饱和的压缩空气接着通过干燥塔的干燥剂，压缩空气里水分子被吸收，干燥器出口压缩空气的相对湿度达到 35% 以下。分干燥后的压缩空气通过再生节流孔（47）进入再生塔，吸收饱和干燥剂表面的水分，并将其排放到大气。两个工作塔交替作为干燥塔和再生塔进行工作。

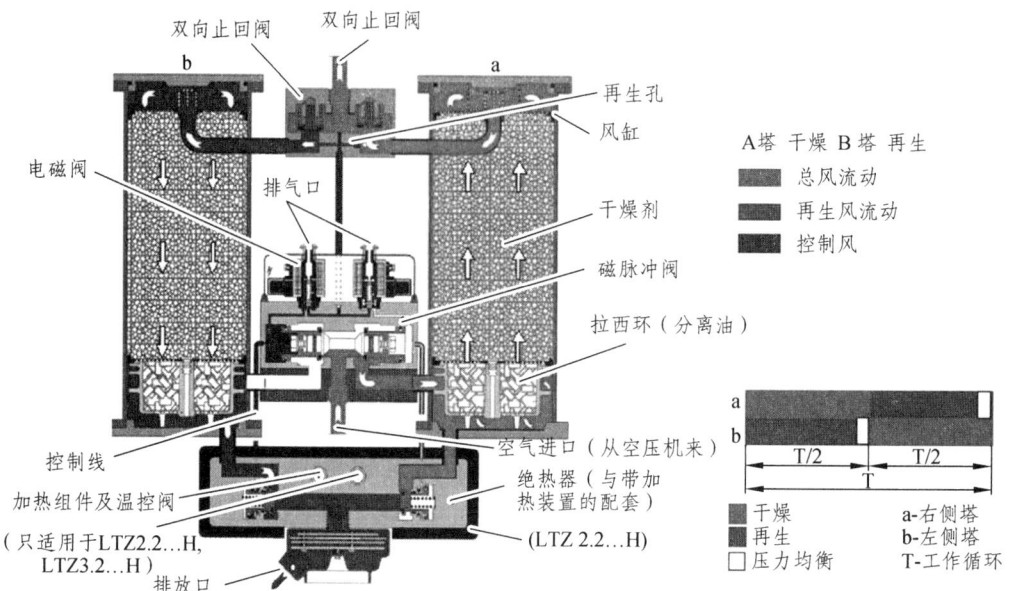

图 6-1-9　LTZ2.2-H 干燥器原理图

三、端部制动部件（见图 6-1-10、表 6-1-2）

图 6-1-10　机车端部制动部件

1—平均软管；2—总风重联软管；3—列车软管

表 6-1-2　机车端部制动部件功能表

序号	代号	部件名称	功能	数量/单端
1	B85	平均软管	为重联机车提供制动缸压力	2
2	B83	总风重联软管	为重联机车提供总风压力，也为重联机车断钩保护监测压力	2
3	B84	列车软管	为车辆提供控制压力	1

四、制动控制系统

第二代微机控制制动机（CCB-Ⅱ）是以 26-L 型空气制动机为基础根据美国铁路协会相关标准（AAR）进行设计的电空制动控制系统，该系统可以在客运和货运机车上使用，同时可以和我国现有的机车车辆制动系统进行匹配使用。

CCBII 制动机是基于微处理器和 LON 网的电空制动控制系统，除了紧急制动作用由机械阀触发，其他所有逻辑控制指令均由微处理器发出。

CCB-Ⅱ制动机包括 5 个主要部件：
- EBV—Electronic Brake Valve，即电子制动阀；
- LCDM—Locomotive Cab Display Module，即制动显示屏（机车集成）；
- EPCU—Electro-Pneumatic Control Unit，即电空控制单元；
- X-IPM—Integrated Processor Module，即微处理器；
- RIM—Relay Interface Module，即继电器接口模块。

（一）电子制动阀（EBV）

电子制动阀是 CCB-Ⅱ制动机的人机接口。操作者通过如图 6-1-11 所示电子制动阀直接给电空控制单元（EPCU）发送指令，并通知微处理器（IPM）进行逻辑控制。电子制动阀采用水平安装结构。自动制动手柄位于左侧，单独制动手柄位于右侧，中间为手柄位置的指示标牌。在 EBV 内部有一个机械阀，当自动制动手柄置于紧急制动位时机械阀动作，保证机车车辆在任何状态下均能产生紧急制动作用。

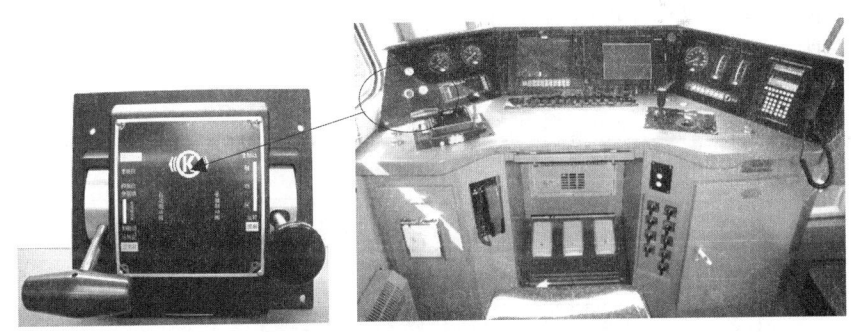

图 6-1-11　电子制动阀（EBV）

自动制动手柄和单独制动手柄均采用推拉式操作方式，并具有自保压特性。

自动制动手柄含有运转位、初制动位、全制动位、抑制位、重联位和紧急制动位等操作位置。在初制动位和全制动位之间的是常用制动区。单独制动手柄包含运转位和全制动位等操作位置。在运转位和全制动位之间的是制动区域。通过侧压单独制动手柄可以实现机车的单独缓解功能。

HXD3B 型电力机车的每一个司机室均装有一个电子制动阀。当操纵端司机室的机车显示屏被激活，微处理器（IPM）将激活操纵端的电子制动阀，操作者可以用来进行制动控制；

此时非操纵端司机室的电子制动阀未被激活,不能够送出制动指令。未被激活电子制动阀的自动制动手柄,需用销子将其锁定在重联位上,以免误动作触发紧急制动,单独制动手柄应放置在运转位。

司机通过 EBV 可以控制单独制动(机车)和自动制动(车辆和机车)。当推向一侧时,单独手柄也可以缓解自动制动产生的机车制动。除紧急制动之外,EBV 是完全的电空制动阀。在紧急制动的情况下,EBV 在后面安装有一个气动阀(21 排风阀),在电气元件触发紧急制动的同时,此阀也触发 EPCU 产生紧急制动。

(1)运转位——列车管根据均衡风缸控制来充风,列车制动处于缓解位和充风位。ERCP 响应手柄位置,给均衡风缸充风到设定值;BPCP 响应均衡风缸压力变化,列车管被充风到均衡风缸设定压力;16CP 响应列车管压力变化,将作用管(16#管)压力排放;BCCP 响应作用管压力变化,机车制动缸缓解;同时车辆副风缸充风,车辆制动机缓解。

(2)初制动——最小列车制动。ER/BP 减少和 BC 压力。

(3)常用制动区——即初制动与全制动之间。手柄放置在初制动与全制动之间时,均衡风缸将根据手柄的不同位置减少压力。

(4)抑制位——机车产生常用惩罚制动后,必须将手柄放置此位置使制动机复位后,手柄再放置运转位,机车制动作用才可缓解。在抑制位,机车将产生常用全制动作用。

(5)重联位——当制动机系统在补机或断电状态时,手柄应放此位置。在此位置,均衡风缸将按常用制动速率减压到 0。

(6)紧急位——在此位置,自动制动阀上的机械阀动作,列车管压力排向大气,触发 EPCU 中 BPCP 及机车管路中的紧急排风阀动作,产生紧急制动作用。

自动制动压力如表 6-1-3 所示。

表 6-1-3 自动制动压力

ER 定压 自动制动应用		ER / BP 减压量(kPa)	制动缸充风 压力(kPa)
500 kPa	初制动	50	70 - 10
	全制动	145	360 ± 15
	ATP 惩罚制动	100	230 ± 15
	紧急制动	到 0	450 ± 15
600 kPa	初制动	50	70 ~ 100
	全制动	170	415 ~ 440
	ATP 惩罚制动	100	230 ± 15
	紧急制动	到 0	

其手柄包括运转位,通过制动区到达全制动位。手柄向前推为制动作用,向后拉为缓解作用。20CP 响应手柄的不同位置,使制动缸产生作用压力为 0~300 kPa。当侧压手柄时,13CP 工作,可以实现缓解机车的自动制动作用。

(二)制动显示屏(LCDM)

HXD3B 机车制动显示屏集成在机车显示屏内(见图 6-1-12),其功能同 HXD3 机车用制动显示屏(LCDM)相同。

HXD3B 型电力机车每个司机室的操纵台上装有一个机车显示屏。当通过钥匙开关两端机车显示屏同时得电,均可显示机车制动的状态。当机车微机判断出操纵挡后,将其信号将送到制动系统微处理器(IPM),微处理器(IPM)根据此信号激活对应的操作端电子制动阀(EBV),使其具有控制机车车辆制动系统的功能。但非操作端的机车显示屏不可对制动状态进行修改。

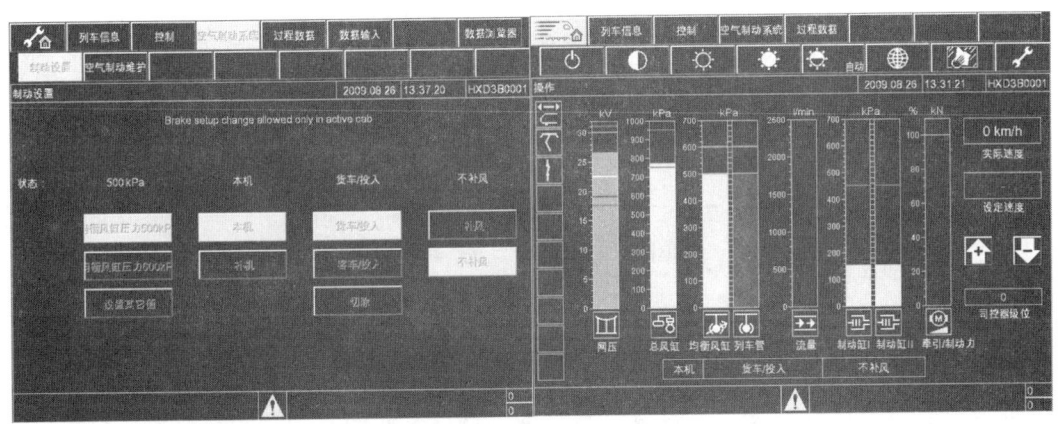

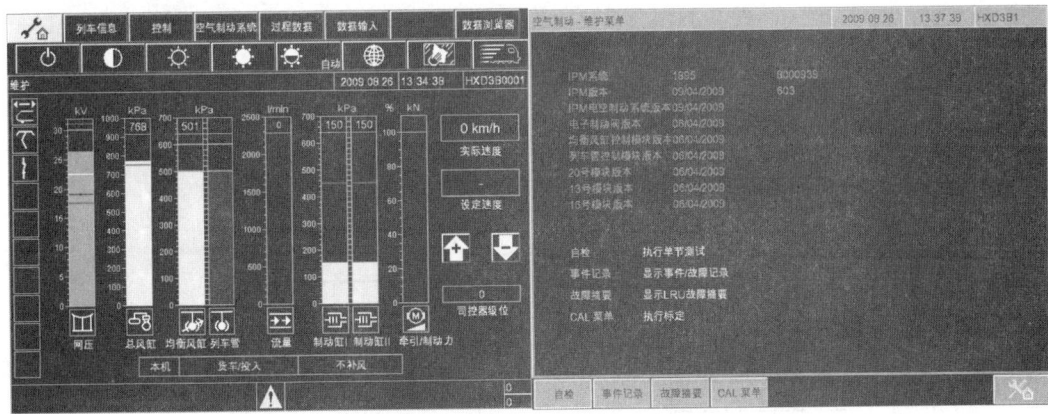

图 6-1-12　制动显示屏(LCDM)

制动屏在机车正常操作时,实时显示均衡风缸、列车管、总风缸和制动缸的压力值,也实时显示列车管流量和空气制动模式的当前状况。通过显示屏还可以实时显示制动机故障信息,并将其记录。

通过显示屏还可以对制动机进行如下操作：对制动机各模块进行自检，可以进行本机/补机、均衡风缸压力设定、列车管投入/切除、客车/货车、补风/不补风、风表值标定、故障查询等功能的选择和应用。

（三）微处理器（IPM）

微处理器是 CCB-Ⅱ制动机的中央处理器（见图 6-1-13），进行各制动功能的软件运算，并对各部分软件状态进行检测和维护。它处理所有与制动显示屏（LCDM）有关的接口任务，并通过 LON 网络传送制动命令给电空控制单元（EPCU）。

微处理器也通过继电器接口模块（RIM）与机车控制系统（TCMS）和安全装置（ATP）进行通信。其接口示意图及简化电路如图 6-1-14 和图 6-1-15 所示。

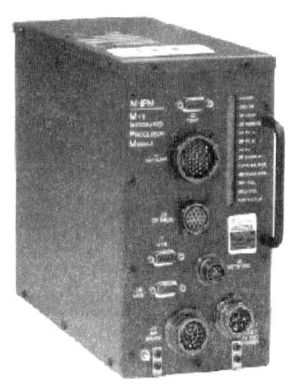

图 6-1-13　中央处理器

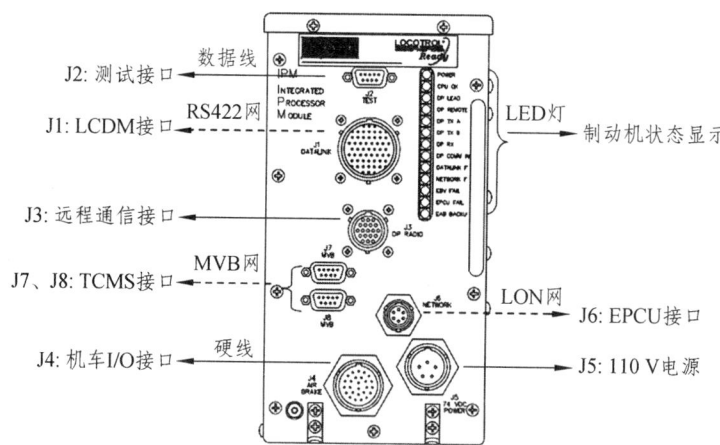

图 6-1-14　微处理器（IPM）接口示意图

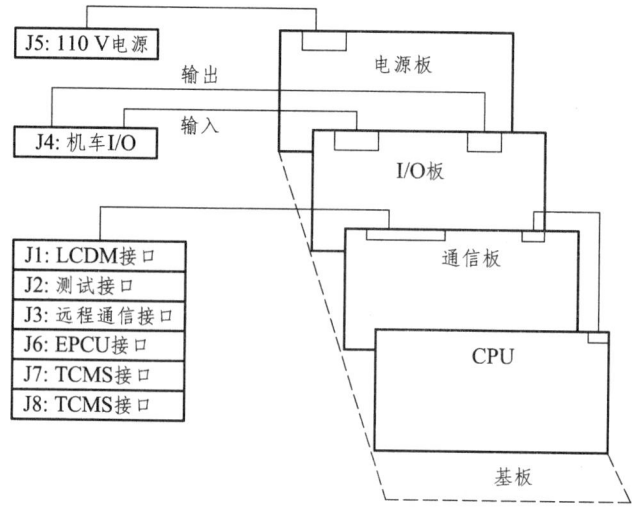

图 6-1-15　微处理器（IPM）简化电路

微处理器前端设有 9 个指示灯，用来提供制动系统状态的反馈信息。若制动系统处于正常工作状态，微处理器顶端两个绿色的指示灯处于指示状态，而其他指示灯没有指示信息。各指示灯具体含义如下：

POWER——绿色表示微处理器已得电；

CPU OK——绿色表示微处理器工作状况良好；

DP LEAD——绿色表示该机车处于动力分散主控机车模式（HXD3 机车无此功能）；

DP REMOTE——绿色表示该机车处于动力分散从控机车模式（HXD3 机车无此功能）；

DP TX A——黄色表示该机车电台 A 正在传输无线信息（HXD3 机车无此功能）；

DP TX B——黄色表示该机车电台 B 正在传输无线信息（HXD3 机车无此功能）；

DP RX——绿色表示该机车正接收无线信息（HXD3 机车无此功能）；

DP COMM INT——红色表示该机车无线通信故障（HXD3 机车无此功能）；

DATALINK FA——红色表示该微处理器与机车控制系统、电空控制单元或制动显示屏通信失败；

NETWORK FA——红色表示 CCB-Ⅱ系统内部通信失败；

EBV FAIL——红色表示 CCB-Ⅱ系统电子制动阀失效；

EPCU FAIL——红色表示 CCB-Ⅱ系统电空控制单元失效；

EAB BACKUP——红色表示 CCB-Ⅱ系统已进入备份模式。

（四）继电器接口模块（RIM）

继电器接口模块位于机车制动柜，是微处理器（IPM）与机车间进行通讯的继电器接口。

信号输入部分包括：由安全装置（ATP）产生的惩罚制动和紧急制动，再生制动投入信号，MREP 压力开关工作状态信号，机车速度信号。

信号输出部分包括：紧急制动信号，动力切除（PCS）信号，撒砂开关动作信号，再生制动切除信号，重联机车故障信号。

（五）电空控制单元（EPCU）

EPCU 工作逻辑：

自动制动阀→ERCP→均衡风缸→BPCP →列车管→16CP →作用管→BCCP →闸缸→DBTV→单独制动阀→20CP →单独作用管→BCCP →闸缸→13CP →IPM →作用管→大气。

电空控制单元（EPCU）由电空阀和空气阀组成来控制机车空气管路的压力，是制动系统的执行部件，所有电空阀和空气阀集成到八个线路可更换模块（LRU），如图 6-1-16 所示。其中五个 LRU 是"智能的"可以通过软件进行自检并通过 LON 网络和 EBV、IPM 进行通信，其功能简述如下：

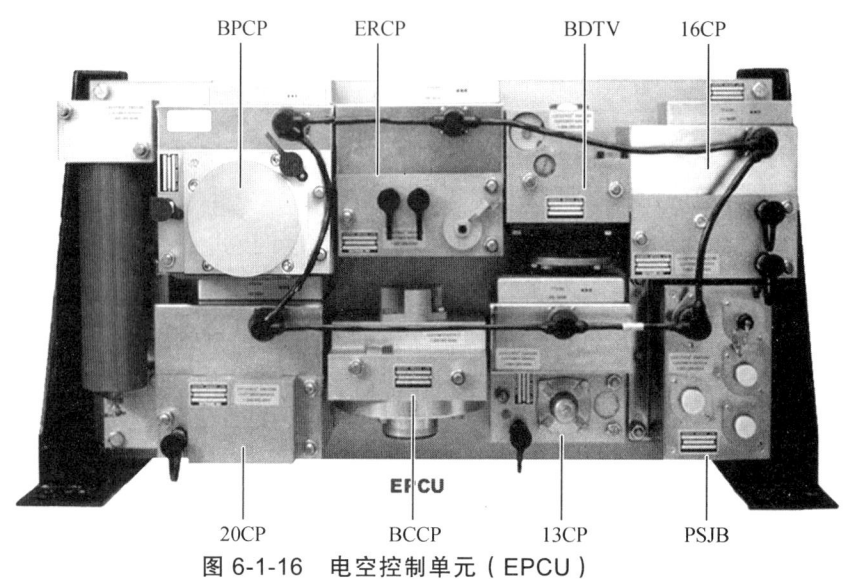

图 6-1-16　电空控制单元（EPCU）

1. 列车管控制模块（BPCP）

BPCP 模块接收来自 ERCP 模块控制的均衡风缸的压力，由内部 BP 作用阀响应其变化并快速的产生与均衡风缸具有相同压力的列车管的压力，从而完成列车的制动、保压和缓解。它的作用相当于 JZ-7 或 DK-1 系统中继阀作用。

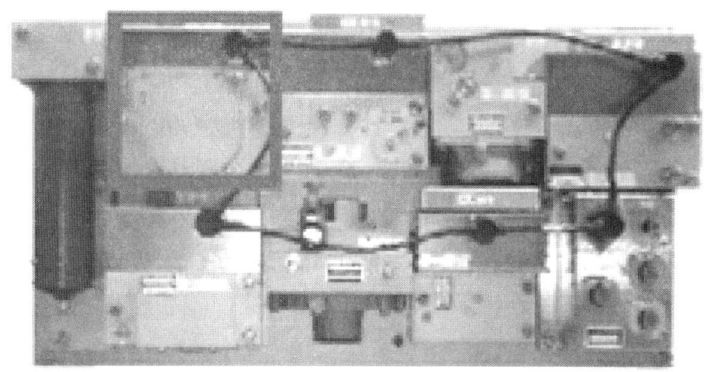

图 6-1-17　列车管控制模块（BPCP）

此外 BPCP 模块可以监测列车的压力或接收自动制动阀、IPM 的指令，当发现列车管压力快速下降或接收到来自自动制动阀、IPM 的紧急制动指令，BPCP 模块会加快列车管减压产生紧急制动。此作用相当于 JZ-7 分配阀中紧急部或 DK-1 中电动放风阀和紧急阀的作用。

它由外壳、管座、BP 作用阀、MV53 电磁阀、BPCO 机械阀、BPT 列车管压力传感器、MRT 总风压力传感器、FLT 列车管流量传感器、C1 充风节流孔、TPBP 列车管压力测试点、EMV 紧急电磁阀（74V）、MVEM 紧急电磁阀（24V）、PVEM 气动紧急放风阀、C3 充风节流孔等部分组成。如图 6-1-18 所示。

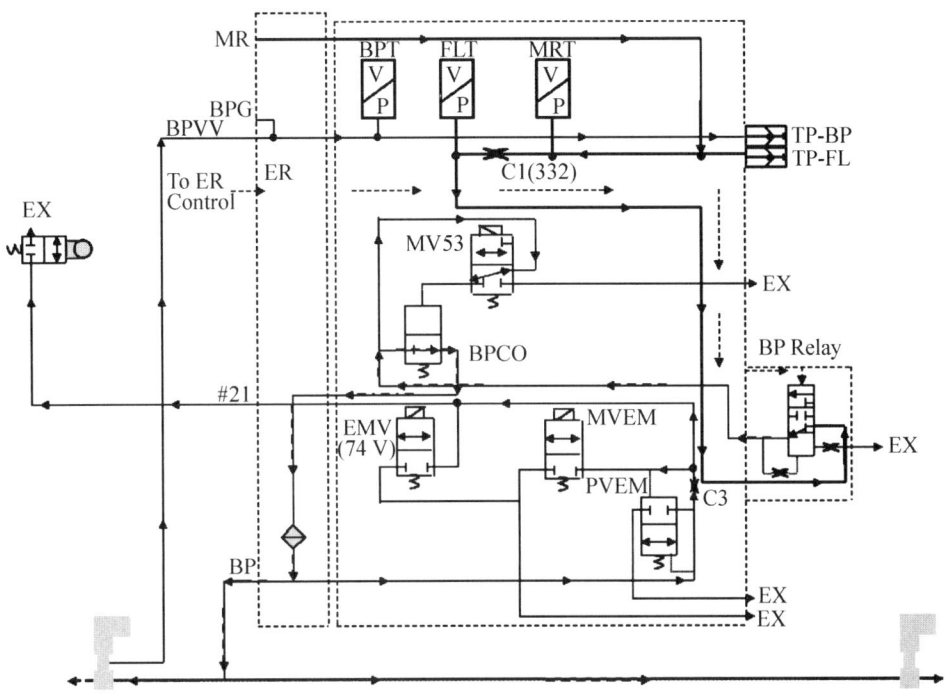

图 6-1-18 列车管控制模块连接示意图

管座亦为 BPCP 模块的安装座。管座上设有五根管子的连接孔，即总风管 MR，列车管压力反馈管 BPVV、列车管控制管 ER（BP Control）、21 号管、列车管 BP。

各部件简介如下。

（1）BP 作用阀。

接受均衡风缸压力的控制产生与之相等的列车管压力，实现对列车的制动、缓解控制功能。其排风管路（EX）的列车管排风速度受 1/4 英寸节流孔限制，使得制动时进行常用制动功能，而不会引起紧急制动。此阀是 BPCP 模块的核心部件，是纯机械阀。

（2）MV53 电磁阀/BPCO 机械阀。

MV53 电磁阀同 BPCO 机械阀共同作用，实现机车列车管投入/切除，补风/不补风，一次缓解/阶段缓解等功能。

MV53 电磁阀失电——允许由 BP 作用阀产生的列车管压力通过本电磁阀，进而控制 BPCO 机械阀使其开通，BPCO 开通后由 BP 作用阀产生的列车管压力通过 BPCO 机械阀，压缩空气经过过滤后进入列车列车管。

MV53 电磁阀得电——由 BP 作用阀产生的列车管压力不能通过本电磁阀，并且本电磁阀另一侧控制 BPCO 机械阀的压缩空气排向大气，从而使得 BPCO 机械阀关闭通路，机车（或列车）的列车管路和 BP 作用阀隔离。机车列车管处于保压状态，BP 作用阀虽仍受均衡风缸压力的控制但它不再控制机车的列车管压力。

机车正常运行（本机状态、列车管补风、阶段缓解）时 MV53 电磁阀处于常失电状态，如果正常运行时产生紧急制动作用或将机车设置为单机状态（列车管/切除）、补机状态，MV53 电磁阀将得电。当列车管压力低于 48～90 kPa 时，BPCO 自己会关闭通路。

（3）BPT 列车管压力传感器。

产生与列车管压力成比例的电压信号，传送给集成处理器 IPM，进行数据处理并通过制动显示屏显示压力值。

（4）MRT 总风压力传感器。

产生与第二总风缸压力成比例的电压信号，并传送给集成处理器 IPM。如果 ERCP 模块上的总风压力传感器故障，本压力传感器将代替其功能，在显示屏显示总风压力。

（5）FLT 列车管流量传感器。

产生与经过充风节流孔 C1 的总风压力成比例的电压信号，并传送给集成处理器 IPM。IPM 通过比较 MRT 和 FLT 的电压信号，计算出列车管的充风流速，并在显示屏显示。

（6）C1 充风节流孔。

直径为 0.3075 英寸，其作用是限制总风给列车管的充风速度，并且充风时可产生节流孔前后的总风压力降。

（7）TPBP 列车管压力测试点。

此测试点直接和列车管压力反馈管 BPVV 连接，通过与系统外部的压力表连接，能够检测出列车管的实际压力。

（8）EMV 紧急电磁阀（74V）。

此电磁阀由集成处理器 IPM 直接控制，产生紧急作用。

EMV 紧急电磁阀失电——21 号管不排风（正常操作模式）；

EMV 紧急电磁阀得电——21 号管排风，产生紧急制动。

（9）MVEM 紧急电磁阀（24V）。

此电磁阀接收电子制动阀 EBV 的紧急制动指令，产生紧急作用。

MEMV 紧急电磁阀失电——EBV 不在紧急制动位，21 号管不排风；

MEMV 紧急电磁阀得电——EBV 在紧急制动位，21 号管排风，产生紧急制动。

（10）PVEM 紧急放风阀。

由于 21 号管排风，造成 PVEM 紧急放风阀动作，使得列车管内空气以足够大的流速排向大气，保证紧急制动的发生。

2. 均衡风缸控制部分（ERCP）

ERCP 用于均衡风缸控制部分接受大闸及微机信号，产生均衡风缸压力。如图 6-1-19 所示。ERCP 模块接收来自 EBV（电子制动阀）的自动制动手柄信号，IPM（集成处理器）以及机车监控系统（ATP）的指令来控制机车均衡风缸的压力。它的功能类似于 JZ-7 制动机中自动制动阀内调整阀，以及 DK-1 制动机中自动制动阀和缓解电磁阀、制动电磁阀联合的作用。如图 6-1-20 所示。

其不同之处在于，调整阀是纯机械结构，只响应自动制动阀手柄的动作，且均衡风缸的压力由凸轮的行程来决定；DK-1 虽然是通过电信号控制电磁阀实现均衡风缸的压力控制，但均衡风缸充风缓解时最高压力是通过加装在总风管路上的减压阀来限制，均衡风缸排风制动时，其最小减压量通过制动电磁阀的缩口和初制风缸联合实现，最大减压量通过自动制动阀手柄长时间停留在制动位，即制动电磁阀长时间得电来实现，控制准确度、减压精度都不

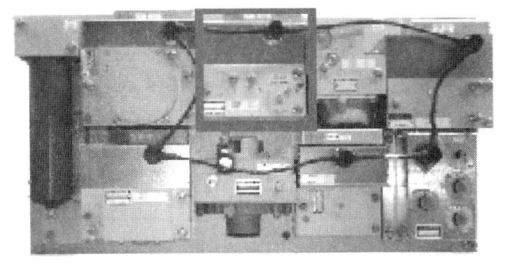

图 6-1-19 均衡风缸控制部分（ERCP）

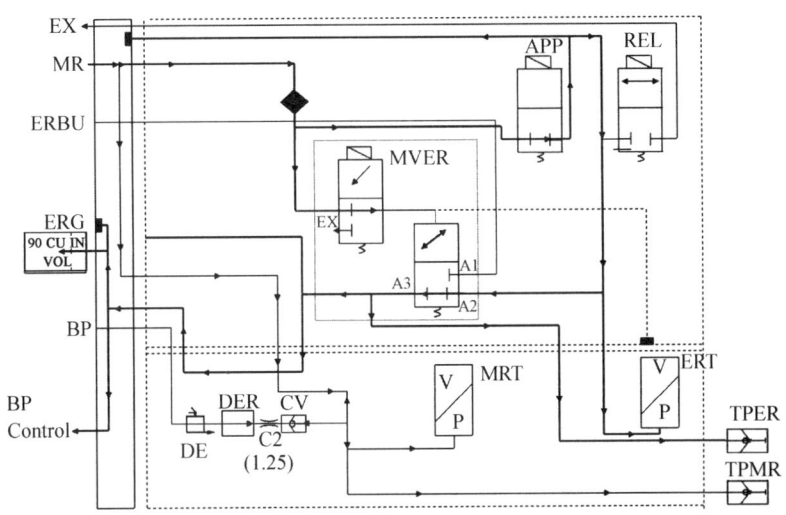

图 6-1-20 均衡风缸控制部分（ERCP）模块连接示意图

是很理想，且不能自保压。本系统中的 ERCP 模块通过电子信号能够准确地控制均衡风缸的压力，且具有自保压功能，如果此模块发生了故障，会自动由其他模块（16CP）来代替其功能，DK-1 的电磁阀没有备份功能。

同时无动力回送装置也位于此模块内部。

它由外壳、管座、均衡风缸、REL 缓解电磁阀、APP 作用电磁阀、MVER 均衡模块电磁阀、MRT 总风压力传感器、ERT 均衡风缸压力传感器、TPER 均衡压力测试点、TPMR 总风测试点、过滤器等部分组成，其中无动力回送装置由 DE 无动力塞门、DER 压力调整阀、C2 充风节流孔，CV 单向止回阀等部分组成。

管座亦为 ERCP 模块的安装座。管座上设有四根管子的连接孔，即列车管 BP、总风管 MR、列车管控制管 BP Control（类似 DK-1 中的均衡管，JZ-7 中的中均管）、均衡风缸备份管 ERBU。均衡风缸（90 立方英寸）直接连接在管座上。

各部件简介如下。

（1）REL 缓解电磁阀：

得电——均衡风缸通大气，均衡风缸减压；

失电——停止均衡风缸通大气，均衡风缸保压。

（2）APP 作用电磁阀：

得电——总风通均衡风缸，均衡风缸增压；

失电——停止总风通均衡风缸，均衡风缸保压。

ERCP 通过 REL、APP 电磁阀实现对均衡风缸压力的控制。在缓解后或制动后的保压状态时，两个电磁阀均失电。在当操作用自动制动阀手柄在重联位，REL 电磁阀得电将均衡风缸风压排空到零。

（3）MVER 均衡模块电磁阀：

得电——产生控制压力，允许机械阀接口 A2 通 A3，从而均衡风缸接收 REL、APP 电磁阀指令。

失电——控制压力排大气，允许机械阀接口 A1 通 A3，从而使均衡风缸同 ERBU 管连通。

MVER 电磁阀用来控制其机械阀接口的连通，是 ERCP 模块的缺省电磁阀。

当制动机断电、机车设置为补机，或 ERCP 模块故障处于备用模式下，MVER 电磁阀失电；其他状态下均得电。

（4）MRT 总风压力传感器。

产生与第二总风缸压力成比例的电压信号，并通过 IPM 转换，在 LCDM 显示屏上显示总风压力。如果此传感器故障，会自动由 BPCP 模块中的 MRT 压力传感器产生第二总风缸压力，并在显示屏显示。

（5）ERT 均衡风缸压力传感器。

产生与均衡风缸压力成比例的电压信号，并通过 IPM 转换，在 LCDM 显示屏上显示均衡风缸压力。备用模式下，其均衡风缸压力由 16CP 模块中的 16T 压力传感器通过 IPM 转换，在 LCDM 显示屏上显示。

（6）TPER 均衡风缸压力测试点。

此测试点直接和均衡风缸连接，通过与系统外部的压力表连接，能够检测出任何状态下均衡风缸的实际压力。

（7）TPMR 总风压力测试点。

此测试点直接和第二总风缸连接，通过与系统外部的压力表连接，能够检测出第二总风缸的实际压力。

（8）DE 无动力塞门。

此塞门在机车附挂时（无动力回送）使用，有投入和切除两个位置。

投入——将列车管和第二总风缸连通，允许列车管给总风缸充风，机车附挂时使用此位置；

切除——断开列车管和第二总风缸的通路，机车在正常运行时使用此位置。

（9）DER 压力调整阀。

当无动力塞门在投入位时，限制列车管给总风缸充风的压力到 250 kPa。

（10）C2 充风节流孔。

当列车管给总风缸充风时限制其压缩空气的流速，使得总风缸能够获得稳定的压缩空气，同时避免列车管压力下降太快而引起机车紧急制动。

（11）CV 单向止回阀

防止机车在正常状态或无火回送状态时，总风缸压力空气向列车管逆流的现象发生。

3. 13 控制部分（13CP）

13 控制部分如图 6-1-21 所示，实现单独缓解机车制动缸压力的功能。当单独制动手柄推至一边时 13CP 从内部控制实现单缓机车制动缸压力（由自动制动产生）。

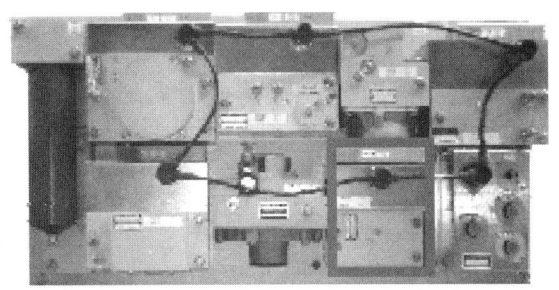

图 6-1-21　13 控制部分（13CP）

当单独制动手柄推至一边时，13CP 控制 13#管充风，对 DBTV 里的 BO 阀进行控制，排空 16TV 作用管的风压；同时制动系统控制 16CP 模块中的缓解电磁阀，排空作用风缸和 16#作用管的压力，实现单缓机车制动缸压力（该压力由自动制动产生）。同时在 ER 备用情况下与 16CP 共同动作来实现均衡风缸的压力控制。它由外壳、管座、MV13S 电磁阀和 ERBU 电磁阀等各部件组成。13CP 模块连接如图 6-1-22 所示。

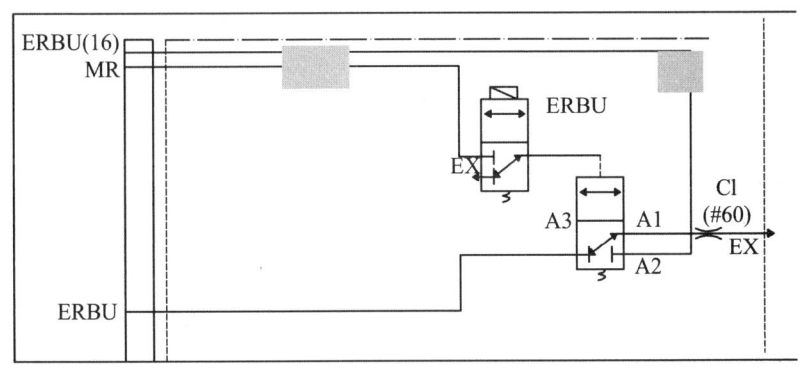

图 6-1-22　13 控制部分（13CP）模块连接示意图

管座亦为 13CP 模块的安装座。管座上设有三根管子的连接孔，即总风管 MR，通往 16CP 的 ERBU 管，通往 DBTV 的 13 号管。

（1）MV13S 电磁阀。

单阀侧压，得电——总风缸给 13 号管充风，帮助 DBTV 内部实现机械的单缓功能；

单阀恢复，失电——停止总风缸给 13 号管充风。

（2）ERBU 电磁阀。

ERBU 模块和 16CP 中 ERCP 模块配合使用，当 ERCP 模块故障失效时，系统自动使 MVER 失电，MV16 失电，ERBU 得电，

利用 16CP 模块中的 REL 缓解电磁阀，APP 作用电磁阀代替 ERCP 中 REL 缓解电磁阀，APP 作用电磁阀的作用，用 ERBU 电磁阀代替 16CP 模块中 MV16 电磁阀的功能，实现对均衡风缸的控制。

4.16 控制部分（16CP）

其用于响应列车管的减压量，平均管压力，单缓指令，来产生制动缸管的控制压力；功能类似 JZ-7 系统的分配阀或 DK-1 系统中分配阀主阀部的作用。

在本机模式下，16CP 根据列车管压力降低、平均管压力、单独缓解命令以及工作在本务模式下的 EBV 手柄在制动区的位置，通过电气信号

产生制动缸的控制压力；在补机状态时，除了列车管压力降到 140 kPa 以下并且总风重联管压力开关动作以外不再根据列车管的减压而产生制动缸的控制压力，重联机车的制动缸压力由平均管的压力来控制。其控制部分如图 6-1-23 所示。

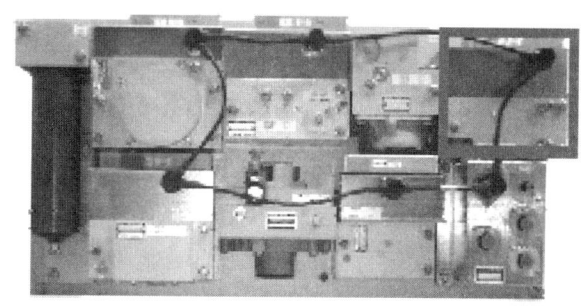

图 6-1-23　16 控制部分（16CP）

在本机模式下，16 号管增加的压力同列车管减少的压力的比率为 2.5∶1，并且 16 号管增加的压力最大不超过（450±15）kPa。

当接受到单独缓解命令，或列车管压力增加 14 kPa 时，制动缸压力开始缓解；当出现电源故障时，16CP 对制动缸的控制压力自动进行释放，然后通过 DBTV（本务状态）或者从 20CP 到制动缸中继阀的先导压力对制动缸压力进行控制；一旦列车管压力小于 140 kPa，16CP 内部的紧急限制阀（ELV）将增加制动缸先导压力到一个常规值 440 kPa，这样会产生一个最小 420 kPa 的制动缸压力。产生的制动缸压力在补机单元不能自动释放，只有当列车管的压力被充风到高于 140 kPa，补机单元中的制动缸压力才可随列车管压力增高进行缓解；在 ER 控制单元故障情况下，16CP 与制动缸隔离，通过 3 个电磁阀的动作连接到均衡风缸（上电 ERBU，断电 MV16 和 MVER）。这样 16CP 可以控制均衡风缸的压力。制动缸的控制压力则由 DBTV 控制。

在 20CP 故障情况下，16CP 可以根据 EBV 单独制动手柄的位置产生制动缸控制压力。这种方式可以在本务机车上产生相应的制动缸压力，但是不能在本务机车上产生相应的平均管的压力。

它由外壳、管座、REL 缓解电磁阀、APP 作用电磁阀、MV16 电磁阀、PVTV 三通阀、DCV2 变向阀、PVE 紧急压力阀、ELV 紧急限压阀、DCV1 变向阀、16T 压力传感器、BPT 列车管压力传感器、BCT 制动缸压力传感器、C1 充风节流孔、TP16 作用管压力测试点、TPBC 测试点、过滤器及作用风缸等部分组成。

管座也为 16CP 模块的安装座。管座上设有七根管子的连接孔，即均衡风缸备用管 ERB（13）、总风管 MR、制动缸控制管 16#管、通 DBTV 控制管 16TV 管、列车管 BP、单独缓解

管#13 号管、制动缸压力反馈管 BCCO。作用风缸（90 立方英寸）直接连接在管座上。如图 6-1-24 所示。

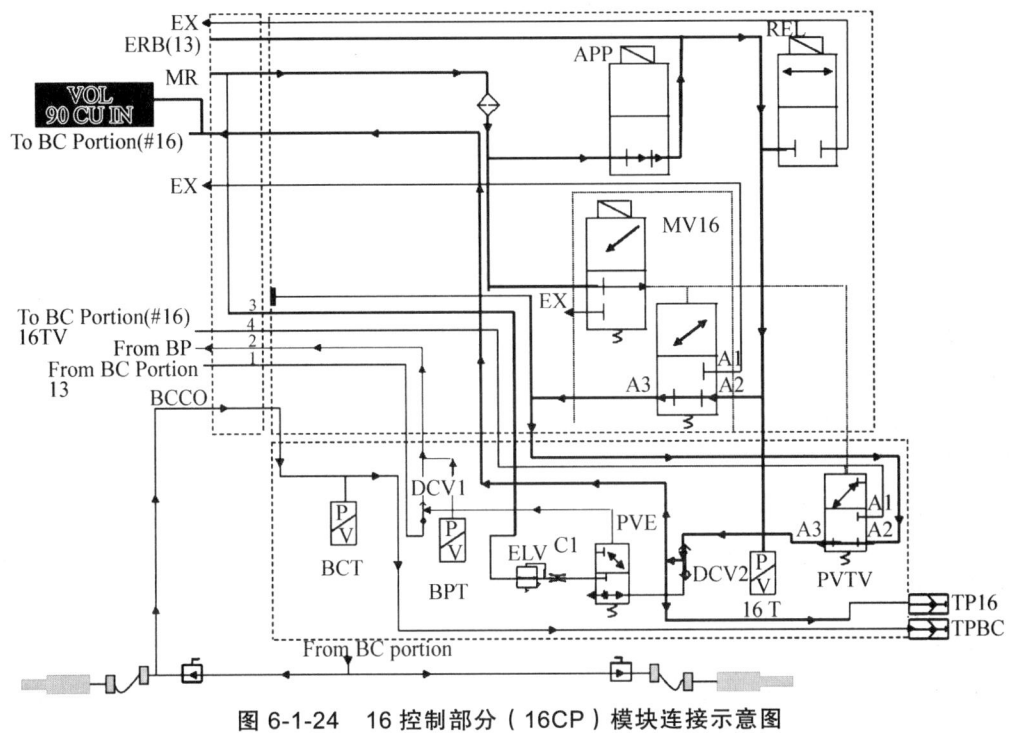

图 6-1-24　16 控制部分（16CP）模块连接示意图

（1）REL 缓解电磁阀。

得电——作用风缸通大气，作用风缸减压；

失电——停止作用风缸通大气，作用风缸保压。

（2）APP 作用电磁阀。

得电——总风通作用风缸，作用风缸增压；

失电——停止总风通作用风缸，作用风缸保压。

16CP 通过 REL、APP 电磁阀实现对作用风缸压力的控制。在缓解后或制动后的作用风缸达到目标值，两个电磁阀均失电，进行作用风缸保压。若将机车设置在补机位，REL 电磁阀得电，将作用风缸的压力空气排空。

（3）MV16 电磁阀。

得电——产生控制压力，允许机械阀接口和 PVTV 三通阀接口的 A2 通 A3，从而作用风缸接收 REL、APP 电磁阀指令。

失电——控制压力排大气，允许机械阀接口和 PVTV 三通阀接口 A1 通 A3，从而使作用风缸同 DBTV 连通，并受其控制。

本电磁阀用来控制其机械阀接口的连通，是 16CP 模块的缺省电磁阀。

当制动机断电、ERCP 模块故障处于备用模式、16CP 模块故障处于备用模式，MV16 电磁阀失电，16CP 模块失去对作用风缸的控制能力，同时允许 DBTV 模块对作用风缸进行控制，即对制动缸压力进行控制；其他状态无论机车设置为本机/投入、本机/切除或补机，MV16 电磁阀均得电。

（4）PVTV 三通阀。

此阀为机械阀，受 MV16 电磁阀控制，和 MV16 电磁阀配合作用，完成 16CP 对作用风缸的控制或 DBTV 对作用风缸的控制的选择或自动转换。在正常的工作状态下，作用风缸的压力控制应由 16CP 模块产生的 16 管压力来完成，但 DBTV 也适时根据列车管的压力变化产生作用风缸的控制压力 16TV，但此控制压力在 PVTV 三通阀处被堵截。

（5）DCV2 变向阀。

DCV2 从 16/16TV 或 ELV 中选择最高压力，并以此向作用风缸充风。

（6）PVE 紧急压力阀。

当 BP 压力低于 140 kPa 时，PVE 动作，接通 ELV 和 DCV2，允许总风通过 ELV 直接进入作用风缸。

（7）ELV 紧急限压阀。

将 MR 压力限制到 440 kPa，使通过 PVE 紧急压力阀控制的作用风缸的压力不超过 440 kPa。

（8）DCV1 变向阀。

DCV1 从列车管 BP 和单独缓解管 13 中选择最高压力，最高压力控制 PVE 紧急压力阀动作。

在紧急后自动制动单独缓解时，13 号管强制 PVE 动作，切断总风通往作用风缸的通路，可进行机车缓解。但当解除单缓命令后，PVE 恢复原态，BC 压力恢复到 440 kPa。

当使用单独手柄进行单独缓解时，建议将单阀手柄置于制动区，以免单缓后机车突然缓解溜车。

（9）16T 压力传感器。

产生与作用管压力成比例的电压信号，传送给集成处理器 IPM，进行数据处理。

（10）BPT 列车管压力传感器。

产生与列车管压力成比例的电压信号，传送给集成处理器 IPM，进行数据处理。

如果 BPCP 模块上的 BPT 压力传感器故障，本压力传感器将代替其功能，在显示屏显示列车管压力。

（11）BCT 制动缸压力传感器。

产生与制动缸压力成比例的电压信号，传送给集成处理器 IPM，进行数据处理。并在显示屏显示制动缸压力

（12）TP16 作用管压力测试点。

此测试点直接和作用风缸连接，通过与系统外部的压力表连接，能够检测出任何状态下作用风缸的实际压力。

（13）TPBC 制动缸压力测试点。

此测试点直接和制动缸反馈管 BCCO 连接，通过与系统外部的压力表连接，能够检测出

任何状态下制动缸的实际压力。

5.20 控制部分（20CP）

如图 6-1-25 所示，其通过响应列车管减压和小闸及单缓指令产生平均管压力；其作用类似 JZ-7 或 DK-1 系统中的重联阀，但平均管的控制压力来源不同。

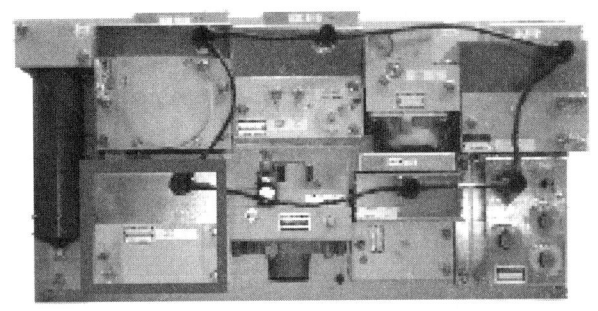

图 6-1-25　20 控制部分（20CP）

根据列车管减压、单独缓解命令产生本务机制动缸和补机的制动缸平均管压力。

20CP 根据列车管减压量、单独缓解命令、本务投入/切除模式下单独制动手柄位置等判断信号，产生本务机和补机的制动缸、平均管压力；平均管控制压力为列车管减压量的 2.5 倍；当列车管管压力增加 14 kPa 或者在单独缓解时，因列车管增加产生平均管压力缓解。

平均管压力直接根据 EBV 单独制动手柄命令产生，从在运转位的 0 kPa，直到全制动时的 300 kPa，平均管可无级变化；平均管压力取常用制动或 EBV 单独制动命令中压力较高者；20CP 在电源故障时进行压力保持，不会排风也不会向平均管供风；20CP 只在本务机车上有效，故障后会在 LCDM 或仪表显示一个恒定的制动缸压力值。当 20CP 故障时，16CP 会根据本务机单独制动命令产生制动缸压力，但是平均管没有压力；20CP 在补机单元不起作用，将保持在"保持"模式。

它由外壳、管座、REL 缓解电磁阀、APP 作用电磁阀、MVLT 电磁阀、20R 阀、PVLT 阀、20TL 压力传感器、20TT 压力传感器、C1 充风节流孔、TP20 平均管压力测试点、过滤器及作用风缸等部分组成。

管座亦为 20CP 模块的安装座。管座上设有两根管子的连接孔，即总风管 MR，平均管 20#。作用风缸（45 立方英寸）直接连接在管座上。如图 6-1-26 所示。

（1）REL 缓解电磁阀：

得电——作用风缸通大气，作用风缸减压，平均管排风；

失电——停止作用风缸通大气，作用风缸保压，平均管停止排风。

（2）APP 作用电磁阀：

得电——总风通作用风缸，作用风缸增压，平均管充风；

失电——停止总风通作用风缸，作用风缸保压，平均管停止充风。

20CP 通过 REL、APP 电磁阀实现对作用风缸压力，平均管压力的控制。在缓解后或制动后的作用风缸达到目标值，两个电磁阀均失电，进行作用风缸保压。若将机车设置在补机位，两个电磁阀均在失电状态。

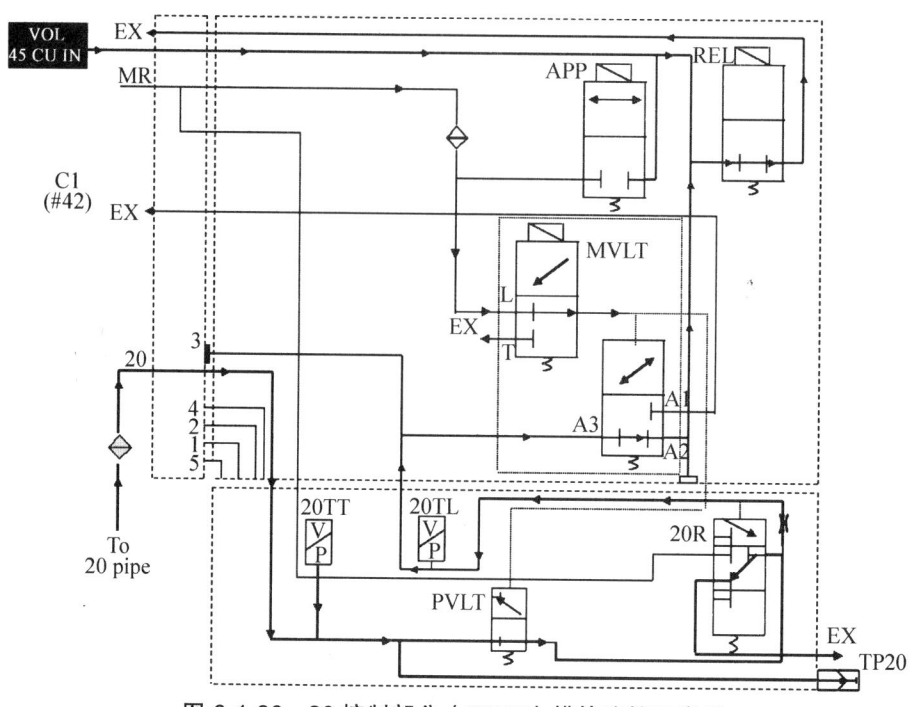

图 6-1-26　20 控制部分（20CP）模块连接示意图

（3）MVLT 电磁阀：

得电——产生控制压力，允许机械阀接口的 A2 通 A3，同时开通 PVLT 阀，从而实现通过控制 REL、APP 电磁阀对平均管来进行控制。

失电——控制压力排大气，允许机械阀接口 A1 通 A3，同时关闭 PVLT 阀，从而使 20CP 失去对平均管的控制能力。

本电磁阀用来控制其机械阀的接口的连通和 PVLT 阀的通断，是 20CP 模块的缺省电磁阀。

当制动机断电、20CP 模块故障、机车处于补机模式时，MVLT 电磁阀失电，PVLT 阀关闭，20CP 模块失去对平均管的控制能力。机车平均管管路呈自保压状态；机车设置为本机/投入、本机/切除，MVLT 电磁阀均得电。

（4）20R 阀：

在 20CP 对平均管控制时，提供较大的充风通道。

（5）PVLT 阀：

和 MVLT 电磁阀配合使用，实现 20CP 模块对平均管的控制。此阀只有一个通路，在关断后不能将机车平均管排空。

（6）20TL 压力传感器。

机车在本机模式下，产生与平均管压力控制压力成比例的电压信号，传送给集成处理器 IPM，进行数据处理。

（7）20TT 压力传感器。

机车在补机模式下，产生与机车平均管压力成比例的电压信号，传送给集成处理器 IPM，进行数据处理。

（8）TP20 平均管压力测试点。

直接和 PVLT 阀前部的平均管相连，通过与系统外部的压力表连接，能够检测出任何状态下平均管的实际压力。

6. 制动缸控制部分（BCCP）

BCCP 从 16CP 或平均管接收到制动缸命令压力，机械产生制动缸压力。BCCP 是大容量的空气中继阀，它使用主风缸作为供风、16 号管和平均管作为控制，对机车制动缸进行充风和放风，使制动缸压力必须与 16 号控制管或平均管压力相匹配。在失电情况下，BCCP 会使制动缸通过 PVPL 与平均管连接，这样补机就可以同本务机一样产生制动。PVPL 在均衡风缸后备压力是 69 kPa 或更高时开通。失电时，13CP 模块缩堵限制均衡风缸压力的释放，从而本务机的 PVPL 可以将其制动缸与平均管相连而产生平均管压力，用于产生补机制动缸压力；空电互锁电磁阀也位于 BCCP 模块的 16 号管路中。

BCCP 由外壳、管座、BCCP 作用阀、DCV1 变向阀、PVPL 阀等部件组成。

管座亦为 BCCP 模块的安装座。管座上设有五根管子的连接孔，即总风管 MR，通往 16CP 的 16 号管，通往 20CP 的 2 号#管，通往 13CP 的 ERBU 管，通往制动缸的 BC 管。如图 6-1-27 所示。

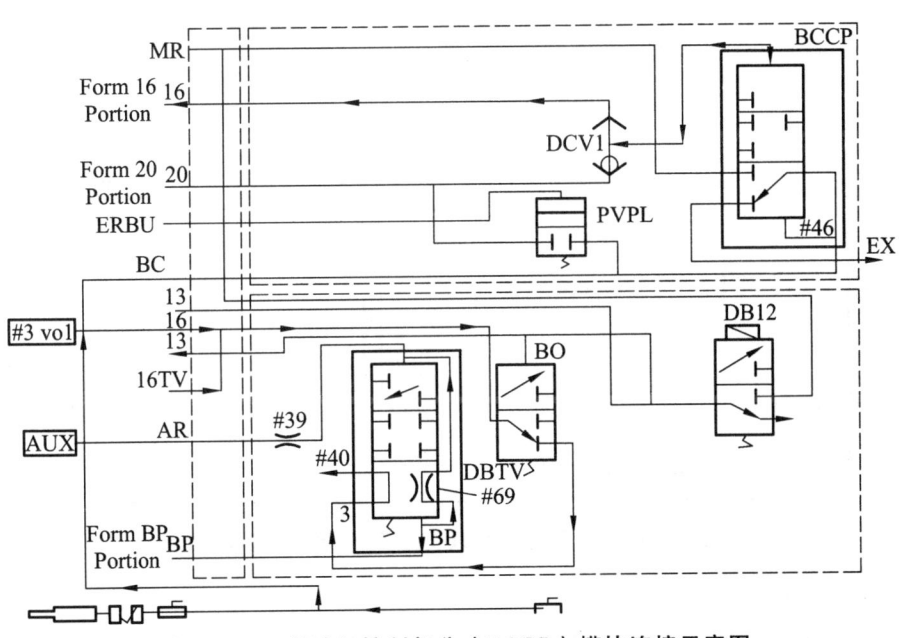

图 6-1-27　制动缸控制部分（BCCP）模块连接示意图

（1）BCCP 作用阀。

BCCP 是大容量的空气中继阀。BCCP 按照 16 号管控制压力或平均管压力 1∶1 的比率提供制动缸压力。

（2）DCV1 变向阀。

DCV1 在 16 号管和 20 号平均管中选择最高压力，导通此压力作为 BCCP（制动缸中继阀）的控制压力。

（3）PVPL 阀。

在 ERBU（均衡风缸备份）工作期间，或 ERCP 断电均衡风缸排风（重联位或断电）期间，连接制动缸和机车平均管。避免 20CP 不能工作时，本机机车不能产生平均管的压力，从而导致补机没有制动缸压力。

7. DB 三通阀（DBTV）部分

响应列车管的减压量产生制动缸管的控制压力，可以作为 16CP 的备份模块。DBTV 在电气失效模式下，DBTV 三通阀为 16 压力提供了一个空气备份，来控制制动缸中继阀。

在电气失效模式下，DBTV 三通阀为 16CP 提供了一个空气备份，来控制制动缸中继阀。列车管充风缓解时，DBTV 使列车管向 EPCU 上的辅助风缸充风。当列车管压力降低时，DBTV 从辅助风缸向 16TV 管充风，与列车管减压成正比。当产生全制动时，DBTV 会使辅助风缸与 16TV 管和 3 号风缸压力均衡，从而达到全制动效果。

它由外壳、管座、DBTV 阀、BO 阀、缩堵、辅助风缸和 3 号风缸等部件组成。

管座亦为 DBTV 模块的安装座。管座上设有三根管子的连接孔，即列车管 BP，通往 16CP 的 16TV 管，通往 13CP 的 13#管。辅助风缸（435 立方英寸）和 3 号风缸（60 立方英寸）直接连接在管座上。如图 6-1-28 所示。

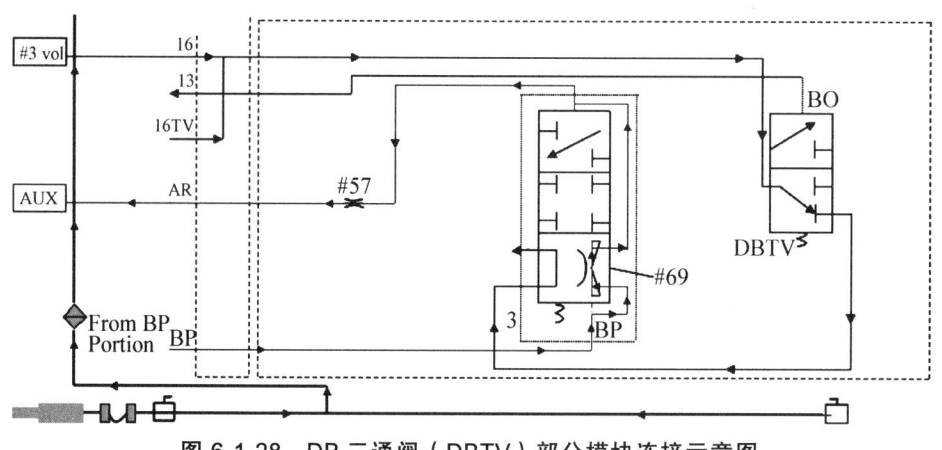

图 6-1-28　DB 三通阀（DBTV）部分模块连接示意图

（1）DBTV 阀。

BP 压力增加——16TV 号管排风，制动缸缓解，列车管给辅助风缸充风；

BP 压力降低——辅助风缸和 16TV 管接通，16TV 充风，制动缸作用；

BP 压力不变——16TV 关闭，充风、排风作用停止。

由于 DBTV 阀为纯机械结构，为使每次产生的制动缸控制压力达到目标值，在列车缓解时，辅助风缸必须完全充满。

（2）BO 阀。

BDTV 中，13#管压力高于 140 kPa 时，将导致 16TV 排风，自动制动作用缓解。

8. 电源接线盒（PSJB）

PSJB 内置电源，为 CCB Ⅱ 制动机供电（将 110 V 转换到 24 V），在外部具有多个接插件，允许 EPCU、EBV、B-IPM 和 RIM 相互连接。电源连接箱是所有节点以及 IPM 连接的位于 EPCU 上的中枢装置。其内部有向 CCBII 系统供电的电源（24 V），其表面有使 EPCU、EBV、X-IPM 和 RIM 可以相互连接的插头。

五、CCBII 制动机的综合作用

（一）自动制动作用

自动制动作用，即 CCBII 制动机的单独制动手柄位于"运转位"，操纵自动制动手柄在"运转位"或"制动位"，观察本机及重联机车的各主要部件的相互作用关系。

1. 本机运转位

该位置是列车在运行过程中，自动制动手柄常放位置，是向全列车初充风、再充风缓解列车制动以及列车正常用运行所采用的位置。

ERCP 模块接收自动制动手柄指令，给均衡风缸充风到设定值；BPCP 模块响应均衡风缸压力变化，列车管被充风至均衡风缸设定压力；16CP/DBTV 模块响应列车管压力变化，将作用管 06 号管/16TV 管压力排放；BCCP 模块响应作用管压力变化，机车制动缸排风缓解；同时车辆副风缸充风，车辆制动机缓解。

2. 本机制动位

该位置是操纵列车常用制动，使列车正常缓慢停车或调整运行速度所使用的位置，包括"初制动位"和"全制动位"，两者之间是常用制动区。自动制动手柄在制动区的停留位置决定了均衡风缸的减压量，达到目标减压量后，均衡风缸自保压。机车在货车模式时，自动制动手柄在制动区可实现阶段制动作用，但只可实现一次缓解功能，机车在客车模式下，自动制动手柄在制动区可实现阶段制动和阶段缓解作用。

ERCP 模块接收到自动制动手柄指令，将均衡风缸压力减到目标值；BPCP 模块响应均衡风缸压力变化，列车管减压到均衡风缸压力；16CP/DBTV 模块响应列车管减压变化，给作用管 06 号管/16TV 管充风；BCCP 模块响应作用管压力，机车制动缸充风制动；同时车辆副风缸给车辆制动缸充风，车辆制动机制动。

3. 紧急位

该位置是列车运行过程中需紧急停车时所使用的位置。

一旦自动制手柄放置在此位置，列车列车管迅速减压到零，均衡风缸以常用制动速率减压到零，16CP 模块响应列车管减压变化，迅速给作用管 06 号管充风到最大允许压力，BCCP 模块响应作用管压力增加，给机车制动缸充风产生紧急制动作用；同时车辆副风缸给车辆制动缸充风，车辆制动机制动。

4. 自动制动的单缓

列车实施制动后认为有必要单独降低机车制动力时使用的位置，需要通过单独制动手柄侧压来帮助实现此功能。

单独制动手柄侧压，13CP 模块响应该指令，给 13 号管充风，控制 DBTV 模块中的 16TV 作用管减压；同时 16CP 模块和 20CP 模块也响应该指令，允许 16 号作用管和 20 号平均管进行减压；BCCP 模块响应 16 号作用管压力变化，允许机车制动缸排风缓解，缓解由自动制动手柄动作产生的制动作用；车辆制动机仍保持制动作用。

5. 补机运转位

补机（重联机车）自动制动手柄应用销子固定在"重联位"，单独制动手柄应放置在"运转位"。此位置为本务机车在"运转位"时，补机（重联机车）受机车间列车管软管、总风软管、平均软管压力控制，而发生作用的位置，其缓解作用应和本务机车同步。

本务机车列车管充风，作用管（06 号）及平均管（20 号）压力排空，制动作用缓解。补机（重联机车）接收列车管压力增高的变化，通过 DBTV 模块将 16TV 作用管风压排空，同时给补机副风缸充风；补机响应平均管压力的变化，通过 BCCP 将制动缸压力排空，补机缓解。

6. 补机制动位

本务机车列车管减压，平均管、作用管增压，机车制动缸充风产生制动作用。补机接收列车管压力减少的变化，通过 DBTV 模块停止列车管给辅助风缸充风，并将辅助风缸的风压传送到 16TV 作用管；补机接收平均管压力增高的变化，通过 BCCP 给制动缸充风，补机制动。

（二）单独制动作用

单独制动作用，操纵本机的单独制动手柄在"运转位"或制动区，观察本机及重联机车的各主要部件的相互作用关系。该作用用于单独操纵机车的制动、缓解，通常自动制动手柄置"运转位"。

1. 本机运转位

该位置为单独缓解机车用。

20CP 模块内缓解电磁阀得电，将 20 号管的压力排空；作用电磁阀失电阻止总风给 20 号管充风；BCCP 模块响应 20 号管压力变化，机车制动缸排风缓解。

2. 本机制动位

该位置为单独制动机车用。

20CP 模块内缓解电磁阀失电，作用电磁阀得电，总风给 20 号管充风，MVLT 得电允许总风通过，控制 PVLT 阀开通，20 号管压力进入 BCCP 模块，制动缸充风，机车制动。

3. 本机制动、缓解位

重联机车自动制动手柄应用销子固定在"重联位"，单独制动手柄应放置在"运转位"。重联机车受机车间列车管软管、总风软管、平均软管压力控制，而发生作用，其制动、缓解应和本务机车同步。

（三）空气备份

当机车制动系统 EPCU 中 ERCP 或 16CP 模块故障时，制动系统自动转换到空气模式，使其仍然可继续工作。

1. 列车管充风，机车缓解

当列车管充风缓解时，DBTV 模块使作用管 16TV 压力排空，同时列车管给副风缸充风；16CP 模块中预控电磁间断电，从而使作用风缸及作用管 16 号同 16TV 连通，并随 16TV 排空；BCCP 模块响应作用管压力变化，排空制动缸压力，机车缓解。

2. 列车管减压、机车制动

当列车管减压制动时，DBTV 模块使副风缸给作用管 16TV 充风，同时列车管停止给副风缸充风；16CP 模块中预控电磁阀断电，作用风缸及作用管 16 号同 16TV 连通，并随 16TV 增压；BCCP 模块响应作用管压力变化，使制动缸充风，机车制动。

（四）无火回送

机车无动力回送中，由于其空气压缩机停止使用，此时必须开放机车无动力装置。无动力装置由 DE 无动力塞门，DER 压力调整间，C2 充风节流孔，CV 单向止回阀等部分组成，集成于 ERCP 模块中，连接机车列车管与总风管。当开通无动力塞门后，列车管内压力空气经 DE 无动力塞门，DER 压力调整阀，C2 充风节流孔，CV 单向止回阀将调整后的空气压力充入总风缸。此时总风缸在机车制动机系统中相当于车辆的副风缸。

无火回送的空气作用原理同空气备份相同，但总风缸压力较低，约为 220 kPa。

（五）惩罚制动

1. 加电惩罚（Power-Up）

当 EPCU 或 BIPM 加电时，是一个不可抑制的惩罚制动。

2. 失电惩罚（Loss Of Power）

当本务机车上 EPCU 或 BIPM 断电时，ER 会以常用制动速度放风到 0，这是一个不可抑制的惩罚制动，补机上的 EPCU 掉电不会产生惩罚制动。

3. 空气制动故障惩罚（Air Brake Fault）

在本务机车上的空气制动故障，ER 会以常用制动速度降低到 0，这是一个不可抑制的惩罚制动，补机上的空气制动故障不会引起惩罚制动。

4. ATP 惩罚

5. 换端惩罚

6. 惩罚复位 | Penalty Reset

当所有下述条件满足时惩罚制动会被复位：

（1）惩罚源切除（如果是失电惩罚，重新加电）。

（2）手柄置于抑制位。

（3）惩罚定时器超时（1 秒钟的惩罚复位）。注意：定时器只有在所有其他条件满足时才开始计时。

【任务检查】

HXD3 型电力机车制动系统任务检查单如表 6-1-1 所示。

表 6-1-1　HXD3 型电力机车制动系统任务检查单

任务编号	6-1	任务名称	HXD3 型电力机车制动系统
一、什么是 CCB-Ⅱ 制动系统？			
CCBⅡ制动系统是第二代微机控制制动系统，为在客运和货运机车上使用而设计。该制动系统将 26 L 型制动机和电子空气制动设备兼容。CCBⅡ制动系统是基于微处理器的电空制动控制系统，除了紧急制动作用的开始，所有逻辑是微机控制的。			
二、CCB-Ⅱ型制动机系统（EPCU）由 8 个模块组成，排列方式是什么？			
BPCP　　ERCP　　DBTV　　16CP 20CP　　BCCP　　13CP　　PSJB CCBⅡ型制动机系统（EPCU） 各模块作用为： BPCP——制动管控制模块； ERCP——均衡风缸控制模块，无火回送塞门装在面部； DBTV——DB 三通阀，电脑失效时，自动控制空气制动； 16CP——作用管控制模块； 20CP——平均管控制模块； BCCP——制动缸管控制模块； 13CP——单独缓解控制模块； PSJB——电源模块。			

任务编号	6-1	任务名称	HXD3型电力机车制动系统

三、CCB-Ⅱ制动系统的优点是什么？

答：
（1）组装部分：
① 采用管路柜集成组装，将 EPCU、IPM、IRM、停车制动、撒砂装置、踏面清扫、升弓控制等模块安装在制动柜中，方便操作和检修。
② 管路采用走廊地板下集中布置，管路连接采用滚压式螺纹连接方式满足制动系统气密性要求。
（2）控制部分：
① CCBII 采用微机（IPM）控制模式，EPCU 上各部件为智能、可更换模块
② 司机室 LCDM 制动显示屏具有本务/补机、客/货、列车管补风/不补风、列车管投入/切除等转换功能，且有系统自检、故障记录、报警等功能、方便司机操作。
③ 采用 MGS2 型防滑器，使制动更加有效、安全。

四、说明 CCB-Ⅱ型电空制动机主要部件的控制方式。

答：主要部件的控制关系如下：
（1）EBV 大闸手柄→ERCP→均衡风缸→BPCP→列车管→16CP→作用管→BCCP→制动缸→DBTV→；
（2）EBV 小闸手柄→20CP→单独作用管→BCCP→制动缸→（侧压手柄）13CP→IPM→作用管→大气。

五、试述列车管控制模块（BPCP）的作用。

答：BPCP 模块接收来自 ERCP 模块控制的均衡风缸的压力，由内部 BP 作用阀响应其变化并快速产生与均衡风缸具有相同的压力制动管的压力，从而完成列车的制动、保压和缓解。它的作用相当于 JZ-7 或 DK-1 制动系统中的中继阀作用。

此外 BPCP 模块可以监测列车制动管的压力，并可接收自动制动阀、IPM 的指令。当发现制动管压力快速下降或接收到来自自动制阀、IPM 的紧急制动指令，BPCP 模块会加快制动管减压产生紧急制动。

六、试述均衡风缸控制模块（ERCP）的作用。

答：本机状态时响应自动制动手柄指令产生均衡风缸压力及列车管控制压力；补机和失电状态时均衡风缸压力将为 0；内部装有均衡（ERT）和总风（MRT）压力传感器，通过 LCDM 显示屏可以读取，如果总风压力传感器（MRT）故障，位于 BPCP 内部的（MRT 备份）将被投入；无动力切除塞门和无动力调整器也位于 ERCP 上。

七、试述单独缓解控制模块（13CP）的作用。

答：13CP 控制模块的作用是实现单独缓解机车制动缸压力。

当单独制动手柄侧压时，13CP 控制 13 号管充风，对 DBTV 里的 BO 阀进行控制，排空 16TV 作用管的风压；同时制动系统控制 16CP 模块中的缓解电磁阀，排空作用风缸和 16 号作用管的压力，实现单缓机车制动缸压力（该压力由自动制动产生）。同时在 EP 备用情况下与 16CP 共同动作来实现均衡风缸的压力控制。

八、试述 16 控制模块（16CP）的作用。

16CP 控制模块的作用是响应列车制动管的减压量、平均管压力和单缓指令，来产生制动缸管的制动压力。

在本机状态时，通过对机车制动管的减压量、平均管的压力、机车单独缓解指令以及单独制动阀的控制指令来产生制动缸的控制指令，从而产生制动缸的控制压力，即 16 号管压力；在补机状态时，除了制动管压力降到 140 kPa 以下并且总风重联管压力开关运作以外，不再根据制动管的减压而产生制动缸的控制压力，重联机车的制动缸压力由平均管的压力来控制。

续表

任务编号	6-1	任务名称	HXD3型电力机车制动系统

九、试述20控制部分（20CP）的作用。

20CP根据列车管减压量、单独缓解命令、本务投入/切除模式下单独制动手柄位置等判断信号，产生本务机和补机的制动缸、平均管压力；平均管控制压力为列车管减压量的2.5倍；当列车管管压力增加14 kPa或者在单独缓解时，因列车管增加产生平均管压力缓解。

十、试述制动缸控制模块BCCP的作用。

制动缸控制模块的作用是响应是16CP或平均管接收到制动缸控制压力，产生机车制动缸压力。

十一、试述DB三通阀DBTV的作用。

DB三通阀的作用是响应制动管的减压量产生制动缸管的控制压力，可以作为16CP的备份模块。在16CP故障情况时，DBTV三通阀为16CP提供一个空气备份功能，来控制制动缸中继阀。制动管充风缓解时，DBTV使制动管向EPCU上的辅助风缸充风。当制动管压力降低时，辅助风缸通过DBTV向16TV管充风。当产生全制动时，DBTV会使辅助风缸与16TV管和3号风缸压力均衡，而达到全制动。

十二、试述电源连接盒（PSJB）的作用和原理。

答：电源连接盒（PSJB）位于EPCU所有节点和IPM的连接中心，PSJB内置电源，为CCB-Ⅱ系统供电（将110 V转换到24 V），在外部具有多个接插件，允许EPCU、EBV、X-IPM和RIM相互连接。

十三、CCB-Ⅱ制动机的主机是什么？有何作用？

答：CCBⅡ制动机的主机是集成微处理器模块（IPM）。安装在机车制动控制柜，执行所有到机车的微机接口。通过网络和EPCU、EBV通信，通过电缆线和LCDM通信。提供二进制输出，驱动机车接口电动机械继电器。

十四、试述CCBⅡ系统的空气备用模式。

答：空气备用模式是指系统采用纯机械来代替电子控制产生16号管压力。通过16TV管线从DBTV LRU向BC LRU发送16号管控制压力，来实现空气备用。同时20CP产生平均管压力和单独作用管压力，和16号管共同实现机车的制动。

十五、试述CCB-Ⅱ系统的ER备用（ERCP失效）模式。

答：当ERCP失效时，它的功能由16CP和13CP实现。由软件控制进行切换，顺序如下：ERCP中检测到失效时，MVER失电实施惩罚制动，停车并显示故障信息；MV16阀失电（16CP），将EAB设置为空气备用模式（DBTV；ERBU电磁阀得电（13CP），允许16CP调节均衡风缸压力；惩罚制动缓解，故障清除，可以行车。

十六、试述CCB-Ⅱ系统的单独制动备用（20CP失效）模式。

答：当20号管控制部分失效时，16CP将响应单独制动手柄的指令，控制本机机车制动缸的压力。对于重联车，将不存在20号平均管压力。

十七、试述CCB-Ⅱ系统的主风缸传感器（MRT）备用模式。

答：当主风缸传感器失效时（ERCP、LRU），系统将使用位于列车管控制部分（BPCP、LRU）的MRT。

十八、试述CC-Ⅱ系统的列车管传感器（BPT）备用模式。

答：列车管传感器失效时（BPCP、LRU），系统使用位于16控制部分（16CP、LRU）的BPT。

【任务训练】

1. HXD3 型大功率电力机车采用了哪种先进的机车用微机控制制动系统?
2. CCB-Ⅱ电空制动机逻辑控制指令由哪些部件发出?
3. CCB-Ⅱ电空制动机由哪些主要部件组成?叙述其控制关系。
4. 电子制动阀的作用是什么?
5. 制动显示屏的作用是什么?
6. 微处理器的作用是什么?
7. 继电器接口模块的作用是什么?
8. 电空控制单元(EPCU)的作用是什么?
9. BPCP 模块的作用是什么?
10. 13CP 控制模块的作用是什么?
11. 16CP 控制模块的作用是什么?
12. 20CP 控制模块的作用是什么?
13. 制动缸控制模块(BCCP)的作用是什么?
14. DB 三通阀(DBTV)的作用是什么?

【任务拓展】

HXD3B 型电力机车检查内容

一、HXD3B 型电力机车全面检查路线(见图 6-1-29)

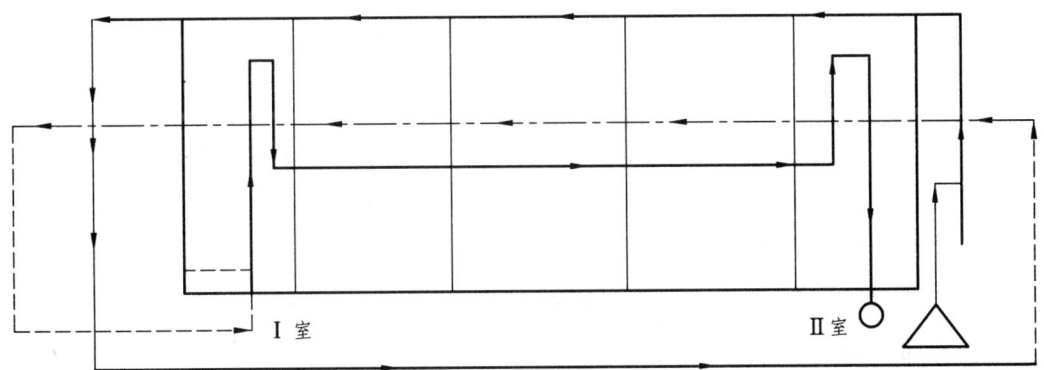

说明:1.始点△;终点○;—— 检查走行线;---- 空走走行线;—·— 地沟走行线;
2.机车Ⅱ端部△——右侧走行部——机车前部——左侧走行部——车底部——司机室——机械间走廊两侧——司机室——电器动作试验——制动机试验

图 6-1-29　HXD3B 型电力机车全面检查路线

二、HXD3B 型电力机车乘务员全面检查项目

表 6-1-2　HXD3B 型电力机车乘务员全面检查项目

顺序	检查部位	检查内容及要求	检查方法	备注
机车后端部	1. Ⅱ端部及排障器左侧	1. 前照灯、副前照灯、标志灯外观完好，重联插座锁闭装置良好，内部密封良好，各插孔无灼痕 2. 前窗玻璃、刮雨器、机车铭牌完好 3. 引导脚踏、各扶手无开焊、脱落 4. 排障器无变形，距轨面高度 100～120 mm	目视手检（无防缓标记的螺栓锤检）	
	2. Ⅱ端左侧平均管、总风管	1. 折角塞门状态良好，无漏泄 2. 挂管卡良好 3. 连接器口面与地面应垂直，胶圈无老化、丢失 4. 软管无老化、龟裂，水压试验牌不超过 3 个月 5. 软管与机车中心线夹角应为 45°		
	3. Ⅱ端车钩	1. 钩提杆支架安装螺丝无松动，焊坡无开焊 2. 钩提杆无变形，提钩时自动开放无抗劲，全开位 220～250 mm 3. 钩舌销无折损，开口销开度 45°～60°，钩舌销径向间隙 1～6 mm 4. 锁铁浮动量 5～22 mm，钩舌与锁铁磨动部润滑良好，钩舌尾部与锁铁的侧向间隙 3～15 mm 5. 钩体钩舌无裂纹，防跳台不少于 90° 6. 钩舌厚度磨损不超过 8 mm，（原形 73 mm），钩舌与钩耳间隙上下 8～10 mm 7. 推动钩舌转动灵活，锁闭位 110～130 mm 8. 吊杆无裂纹，磨动部油润良好 9. 钩体与托铁磨动部油润良好 10. 车钩中心线距轨面垂直高度 870～890 mm，两车钩连接后中心差不超过 75 mm 11. 防跳销作用良好		
	4. Ⅱ端制动管	1. 折角塞门状态良好，接口无泄漏 2. 挂管卡良好 3. 连接器口面与地面应垂直，胶圈无老化、丢失 4. 软管无无老化、龟裂，水压试验不超过 3 个月 5. 软管与机车中心线夹角应为 45° 6. 风管卡子无松动		
	5. 右侧总风管	参照前述检查内容及要求		
	6. 右侧平均管	参照前述检查内容及要求		
	7. Ⅱ端部及排障器右侧	检查内容及要求同左侧		
机车右侧	8. Ⅱ端右侧司机室门	1. 侧窗安装牢固，玻璃密封良好。后视镜安装牢固无破损 2. 司机室门、扶手、脚踏板安装牢固无开焊		

项目 6 　 CCB-Ⅱ型电空制动机

续表

顺序	检查部位	检查内容及要求	检查方法	备注
机车右侧	9. Ⅱ端右侧排障器内侧及撒砂器装置	1. 制动缸管及管卡良好 2. 砂箱外观良好,安装螺丝无松动。箱盖锁闭严密 3. 沙量充足,沙质干燥 4. 撒砂、加热器安装牢固,撒砂管、干砂管、管卡良好、风管接头无松动,接线良好 5. 砂管支架安装牢固,砂管无堵塞,马蹄胶管无破损,管口应与轨面平行,距轨面高度 35 mm 6. 扫石器安装牢固,胶皮完好无变形,距轨面高度 30 mm 7. 单元制动器安装牢固,风管接头无松动,夹钳、弹停装置手动缓解拉手良好 8. 自动过分相感应装置安装牢固,接线无破损、脱落		
	10. 右四油压减振器	上、下支架无开焊,安装螺丝无松动,筒体无泄漏		
	11. 右侧第六动轮及基础制动装置	1. 轮辐无裂纹 2. 踏面擦伤深度不大于 0.7 mm,缺陷或剥离长度不超过 40 mm,深度不大于 1 mm,轮缘垂直磨耗锥形踏面向上 11.25 mm 处测量 33~23 mm 3. 基础制动装置安装良好无裂纹,闸片卡簧锁闭良好,闸片厚度 25 mm,闸片与制动缓解间隙 2~4 mm 4. 制动盘厚度 52.5 mm,热裂纹长度不超过 65 mm,摩擦面摩伤深度不超过 1 mm,凹面不超过 2 mm 5. 缓解拉环及弹簧良好,防尘罩无破损		
	11. 右侧第六动轮及基础制动装置	6. 作用杆防沙土罩良好,调整装置良好,防缓螺母无松动 7. 作用杆及连接穿销、开口销完好,油润良好 8. 蓄能制动器风管接头无漏风		
	12. 第六轴箱及附近	1. 轴箱前后弹簧座无断裂变形,弹簧胶垫无老化龟裂 2. 轴箱止档座无裂纹 3. 轴箱端盖安装螺栓齐全无松动 4. 轴箱温度正常,不超过 80 ℃ 5. 轮缘润滑器油脂罐、各管接头、喷嘴、支架安装牢固,作用良好 6. 轴箱拉杆无裂纹,橡胶关节良好,前后安装螺栓无松动		
	13. 横向止挡、轴箱止挡及附近	1. Ⅱ端空调进气百叶窗完好,无堵塞 2. 横向止挡、轴箱止挡、支架、安装螺栓、链完好 3. 转向架右侧构架各部焊坡无开焊 4. 转向架垂直支撑二系高圆弹簧无裂纹,橡胶座无老化龟裂 5. 二系垂向油压减震器无漏油,安装螺母牢固无松动,上座及托板无裂纹		

续表

顺序	检查部位	检查内容及要求	检查方法	备注
机车右侧	14. 右五轴箱各部	1. 车体侧挡良好,间隙正常 2. 车体与构架接地线安装良好 3. 其它部件参照前述检查内容及要求		
	15. 右五动轮及附近	1. 参照前述检查内容及要求 2. 第五轴机车速度传感器安装牢固、接线良好		
	16. 右五动轮制动装置	参照前述检查内容及要求		
	17. 右四轴箱各部	参照前述检查内容及要求		
	18. 右四动轮	参照前述检查内容及要求		
	19. 右四动轮制动装置	参照前述检查内容及要求		
	20. 右三砂箱及撒砂装置	其他部件参照前述检查内容及要求		
	21. 主变压器	1. 变压器的防护罩板完好,AC380 V 库用插座完好 2. 变压器吊装螺丝无松动,支架无裂纹 3. 各油管、卡箍、法兰安装良好无泄漏,油箱体外观良好无渗油 4. 变压器油泵支架、接线、弹性连接管、流量计、蝶阀完好 5. 加油口、放油口阀无泄漏,手轮铅封完好 6. 第Ⅰ、Ⅱ转向架制动指示器、弹停指示器安装及管接头良好,显示正确。制动状态红色,缓解状态绿色		
	22. 右侧车体	车体应平整		
	23. 右二砂箱及撒砂装置	参照前述检查内容及要求		
	24. 右三动轮及制动装置	其它部件参照前述检查内容及要求		
	25. 右三动轮	参照前述检查内容及要求		
	26. 右三轴箱各部	1. 电机轴头端盖安装牢固,螺栓齐全无松动 2. 接地线安装螺栓无松动,断股不得超过10% 3. 其他部件参照前述检查内容及要求		
	27. 转向架垂直支撑二系弹簧	参照前述检查内容及要求		
	28. 右二动轮及基础制动装置	参照前述检查内容及要求		
	29. 右二动轮	参照前述检查内容及要求		
	30. 右二轴箱各部	参照前述检查内容及要求		
	31. 右一轴箱杆装置	参照前述检查内容及要求		

续表

顺序	检查部位	检查内容及要求	检查方法	备注
机车右侧	32. 第一轴箱附近	参照前述检查内容及要求		
	33. 右一动轮及基础制动装置	参照前述检查内容及要求		
	34. 右Ⅰ砂箱及撒砂装置	参照前述检查内容及要求		
	35. Ⅰ端右侧排障器内侧	参照前述检查内容及要求		
	36. Ⅰ端右侧司机室门及附近	参照前述检查内容及要求		
机车前端	37. Ⅰ端排障器左侧	参照前述检查内容及要求		
	38. Ⅰ端总风管	参照前述检查内容及要求		
	39. Ⅰ端车钩	参照前述检查内容及要求		
	40. Ⅰ端制动管	参照前述检查内容及要求		
	41. 右侧总风管	参照前述检查内容及要求		
	42. Ⅰ端排障器右侧	参照前述检查内容及要求		
车底部	43. Ⅰ端左侧司机室门及附近	参照前述检查内容及要求		
	44. Ⅰ端左侧排障器内侧及左一撒砂装置	参照前述检查内容及要求		
	45. 左一动轮	参照前述检查内容及要求		
	46. 左一动轮及基础制动装置	参照前述检查内容及要求应检查弹停装置		
	47. 左一轴箱各部	参照前述检查内容及要求		
	48. 左二轴箱各部	参照前述检查内容及要求		
	49. 左二动轮及基础制动装置	参照前述检查内容及要求		
	50. 转向架垂直支撑二系弹簧	参照前述检查内容及要求		
	51. 左三轴箱各部	参照前述检查内容及要求		
	52. 左三动轮	参照前述检查内容及要求		
	53. 左三动轮制动装置	参照前述检查内容及要求		
	54. 左三砂箱、撒砂装置及主变压器	1. 库用照明插座、辅电路库用插座安装牢固,盖、锁闭装置良好,内部无灼痕 2. 变压器油泵安装牢固,螺栓无松动 3. 进出油管、波纹管及伐连接法兰盘密封良好无泄漏,法兰螺栓紧固无松动		

续表

顺序	检查部位	检查内容及要求	检查方法	备注
车底部	54. 左三砂箱、撒砂装置及主变压器	4. 油泵电机安装牢固，螺栓无松动，接线无脱落破损 5. 油流表安装牢固，接线无松动破损 6. 变压器吊装螺丝无松动，外罩完整无缺陷 7. 参照前述检查内容及要求		
	56. 左侧车体	1. 车体平整 2. 局段标志清晰完整		
	57. 左三砂箱及撒砂装置	参照前述检查内容及要求		
	58. 左四动轮基础制动状装置	参照前述检查内容及要求		
	59. 左四轴箱各部	参照前述检查内容及要求		
	60. 转向架垂直支撑二系弹簧及二系垂向油压减振器	参照前述检查内容及要求		
	61. 左五动轮及基础制动装置	参照前述检查内容及要求		
	62. 左五轴箱各部	参照前述检查内容及要求		
	63. 左二牵引杆装置各部	参照前述检查内容及要求		
	64. 左六轴箱各部	参照前述检查内容及要求		
	65. 左六动轮	参照前述检查内容及要求		
	66. 左四砂箱及撒砂装置	参照前述检查内容及要求		
	67. 左六动轮及基础制动装置	参照前述检查内容及要求应检查弹停装置		
	68. Ⅱ端左侧排障器内侧	参照前述检查内容及要求		
	69. Ⅱ端左侧司机室门及附近	参照前述检查内容及要求		
	70. Ⅱ端排障器内侧及附近	1. 排障器、支撑杆安装螺栓齐全牢固 2. 排障器及支撑杆无变形、裂纹 3. 左右侧信号感应器接线、螺栓及各串销、开口销完好，安装牢固		
	71. Ⅱ端车钩钩尾框及附近	1. 车钩销无窜动，止退杆螺母无松动，开口销完整 2. 缓冲器箱体丛板与钩尾框无裂纹 3. 托板螺栓无松动 4. 弹簧箱与托板磨动部油润良好 5. 前、后丛板与座油润良好 6. 压溃装置安装牢固，无变形 7. 钩尾框与导框磨动部油润良好		

项目6 CCB-Ⅱ型电空制动机

续表

顺序	检查部位	检查内容及要求	检查方法	备注
车底部	72. Ⅱ端左侧扫石器	1. 扫石器安装牢固,螺栓无松动 2. 夹板螺栓无松动,胶皮无破损 3. 扫石器角钢底面距轨面高度70~80 mm,扫石器胶皮距轨面高度30 mm		
	73. 六轴左撒砂装置	1. 撒砂器、砂管安装牢固 2. 撒砂风管、砂堵及调整螺栓、防缓螺母安装牢固 3. 撒砂管支架无裂纹,安装螺母无松动,砂管U形卡子无松动 4. 撒砂胶管无老化、变形、距轨面高度为30~50 mm		
	74. 六轴左侧制动装置	1. 应检查弹停装置及其手动缓解拉杆 2. 其他检查同走行部单元制动系统		
	75. Ⅱ端右侧扫石器	参照前述检查内容及要求		
	76. 六轴右侧撒砂装置	参照前述检查内容及要求		
	77. 六轴右侧制动装置	参照前述检查内容及要求 检查弹停装置及手动缓解拉手		
	78. 第二转向架	1. 后端梁无裂纹 2. 第六轮对空心轴悬挂臂与端架座无裂纹,悬挂臂销卡簧无裂纹,螺栓无松动		
	79. 六轴左侧及轴箱内侧	1. 轴箱拉杆无裂纹,心轴卡环无脱落 2. 轴箱内侧油封无甩油 3. 轴箱前后圆簧无裂纹,簧距无异变 4. 车轮踏面擦伤深度不大与 0.7 mm。缺陷或剥离不大与1 mm,垂直磨耗锥形深度不大与7 mm 5. 车轮无裂纹 6. 轮缘无碾堆,垂直磨耗锥形踏面向上11.25 mm处测量33~23 mm 7. 轮对内侧距离(1 353±3)mm		
	80. 第六齿轮箱前部	1. 齿轮箱无裂纹、漏油 2. 加油口、放油堵齐全无丢失,油位正常 3. 齿轮箱合口螺栓无松动 4. 齿轮箱安装螺栓无松动		
	81. 第六牵引电机上部	1. 通风道帆布无破损,合口卡子无松动 2. 电机母线无老化、破损,夹板螺栓齐全、牢固 3. 接线插头、插座严密,无松动		
	82. 第六牵引电机悬挂装置	第六电机悬挂装置安装板、吊杆、安全托无裂纹,安装螺栓无松动,吊杆、橡胶球关节无老化、裂纹		
	83. 六轴右侧及轴箱内侧	参照前述检查内容及要求		

续表

顺序	检查部位	检查内容及要求	检查方法	备注
车底部	84. 右六轴及轴箱内侧	参照前述检查内容及要求		
	85. 第六齿轮箱后部	1. 齿轮箱体无裂纹变形。 2. 安装螺栓及合口螺栓无松动		
	86. 第六牵引电机端部	1. 电机通风网无破损、堵塞 2. 轴承加油堵无丢失 3. 电机温度传感器安装牢固 4. 电机速度传感器安装牢固		
	87. 六轴左侧及轴箱内侧	参照前述检查内容及要求		
	88. 第二转向架梁附近	1. 中梁无裂纹 2. 各风管卡子无松动 3. 抗蛇行油压减震器体无漏油,安装螺母牢固无松动,上座及托板无裂纹,上罩与体不接磨		
	89. 左五轴及轴箱内侧	参照前述检查内容及要求		
	90. 第五牵引电机上部	参照前述检查内容及要求		
	91. 五轴右侧及轴箱内侧	参照前述检查内容及要求		
	92. 五轴右侧及轴箱内侧	参照前述检查内容及要求		
	93. 第五齿轮箱后部	参照前述检查内容及要求		
	94. 第五牵引电机端部	参照前述检查内容及要求		
	95. 五轴左侧及轴箱内侧	参照前述检查内容及要求		
	96. 五轴左侧制动装置	参照前述检查内容及要求		
	97. 五轴右侧制动装置	参照前述检查内容及要求		
	98. 第二转向架梁附近	1. 参照前述检查内容及要求 2. 各风管、卡子无松动,接头无漏泄		
	99. 第四轴及轴箱内侧	参照前述检查内容及要求		
	100. 第四齿轮箱前部	参照前述检查内容及要求		
	101. 第四牵引电机上部	1. 参照前述检查内容及要求。 2. 第 2.4 通风机进中防护网安装牢固无破损、杂物		
	102. 右四轮及轴箱内侧	参照前述检查内容及要求		

续表

顺序	检查部位	检查内容及要求	检查方法	备注
车底部	103. 右四轮及轴箱内侧	参照前述检查内容及要求		
	104. 第四齿轮箱后部	参照前述检查内容及要求		
	105. 第四牵引电机端部	参照前述检查内容及要求		
	106. 四轴左侧及轴箱内侧	参照前述检查内容及要求		
	107. 四轴左侧制动装置	参照前述检查内容及要求		
	108. 四轴左侧撒砂装置	参照前述检查内容及要求		
	109. 四轴右侧制动装置	参照前述检查内容及要求		
	110. 四轴右侧撒砂装置	参照前述检查内容及要求		
	111. 第二转向架前端及附近	1. 参照前述检查内容及要求 2. 复合冷却器排风口无堵塞、无破损 3. 各风管接头完好无泄漏 4. 低位斜牵引杆、牵引座、销、牵引关节安装牢固、无裂纹 5. 变压器吊装螺丝串销开口销完整，防爆伐、油样活门无漏油		
	112. 变压器体	变压器安装牢固，外观完整无漏油。25 kV 进线无破损，支架牢固无断裂		
	113. 变压器油泵及附近	变压器油泵安装牢固，进出油管、波纹管法兰接口螺栓无松动漏油		
	114. 第一转向架及一、二、三、轮对各部	参照前述检查内容及要求		
	115. Ⅰ端排障器内侧及附近各部检查	1. 参照前述检查内容及要求 2. 机车电子标签安装牢固，螺丝无松动，接线无松脱		
Ⅰ端司机室	116. Ⅰ端司机室	1. 司机室门锁、手把铅封齐全，作用良好 2. 侧窗玻璃清洁，作用灵活，锁闭器良好 3. 电水壶座、冰箱良好 4. 柜门各转换开关位置正确，转动灵活。柜门后部接线无松脱，柜内部接线紧固无松脱灼痕 5. 紧急放风伐支架、手柄齐全，位置正确 6. 副司机座椅安装牢固，扳手良好，作用灵活，司机室灯安装良好 7. 前玻璃清洁，暖窗器接线无松脱 8. 刮雨器作用良好，遮阳布无破损，作用良好		

续表

顺序	检查部位	检查内容及要求	检查方法	备注
Ⅰ端司机室	116. Ⅰ端司机室	9. 机车信号完好 10. 操纵台表玻璃清洁,风表期限为3个月,其他仪表6个月 11. 各扳键开关及转换开关作用良好,位置正确 12. 风笛按钮安装良好,位置正确,手动灵活 13. 电炉插座完整,空调控制柜各转换开关位置正确,接线无松脱 14. 司机座椅安装牢固,各扳手良好,作用灵活停车位置按钮、弹停制动/缓解按钮、压力组合模块、紧急停车按钮、各仪表状态指示灯良好、无线电状态良好。各按钮开关状态良好,电子制动阀(EBV)、各扳键开关、司控器手柄位置正确,状态良好 15. 微机显示屏、监控显示屏完整清洁安装良好 16. 脚踏警惕阀,脚踏撒砂阀,脚踏风笛作用良好 17. 取暖器安装牢固,接线无松脱。电冰箱良好 18. 空调出风装置良好,车载电话、空调调节开关、各转换开关作用良好 19. 机械间门作用灵活,密封胶条及玻璃压条严密,手把门牌号锁作用良好		
机械间	117. 空调1	1. 空调主机罩壳完好		
	118. 空压机及附近	1. 空压机安装螺丝无松动 2. 电机安装及接线良好 3. 各管路无泄露,进气过滤器无堵塞,玻璃球油表清晰,油质无乳化现象,油位正常,加油口开关良好 4. 散热器风扇良好 5. 总风安全阀、空压机安全阀安装及铅封良好。 6. 各排水阀应在关闭位 7. 总风缸安装牢固,管接头无泄露 8. 双塔式空气干燥器安装螺丝无松动,各单元无泄露,油水分离器、自动排污阀良好,控制电磁阀接线完好		
	119. 前台车牵引通风机	牵引风机风道外观良好,安装牢固,接线无松动,车内通风机1安装牢固,接线良好。防护网、叶片无破损		
	120. 高压柜	高压柜安装牢固及门锁闭良好,接地开关在工作位,黄色钥匙完好		
	121. 制动屏柜	1. 监控传感器安装良好 2. 总风缸塞门在开放位 3. 蓝色钥匙在开通位 4. 辅助压缩机安装牢固,油位符合标准,电机接地良好,接线无松脱,辅助干燥器完好		

续表

顺序	检查部位	检查内容及要求	检查方法	备注
机械间	121. 制动屏柜	5. 中央处理器（M-IPM）安装良好，接线无松脱 6. 辅助压缩机按钮完好 7. 继电器接口模块（RIM、CJB）接线良好 8. 辅助控制模块：调压器模块安装及接线良好，紧急放风模块、停放制动辅助控制模块、升弓控制模块、撒砂控制模块、制动缸切除模块、弹停模块安装牢固，接线无松动，各塞门位置正确 9. 电空控制单元： ① 列车管控制部分安装及连线良好（BPCP） ② 均衡风缸控制部分（ERCP）安装及连线良好，无塞门关闭位 ③ 16#管控制部分（16CP）安装及连线良好 ④ 20#管控制部分（20CP）安装及连线良好 ⑤ 制动电磁阀 BCCP 安装良好 ⑥ 13#管控制部分（13CP）安装及连线良好 ⑦ 电源按线盒（PSJB）安装及连线良好 ⑧ 闸缸塞门在开放位 10. 电空控制单元（EPCU）各管路接头无松动、无泄漏 11. 弹停风缸、控制风缸安装牢固，管路无泄漏，排水阀塞门（U88.A14）关闭位，控制风缸塞门（U77）在开放位 12. 前弓气路控制板、电磁阀、安全阀、调压阀完好，塞门在开放位 13. 前台车轮缘润滑控制气路板，电磁阀、调压阀、各管路接头完好，塞门在开通位		
	122. 低压电源柜	低压电源柜安装牢固，接线完好。电度表清晰完好。各自动开关良好。充电装置电源选择开关 SW 在"自动位"。蓄电池电压表显示应大于 94 V		
	123. 复合冷却器 2	复合冷却器 2 风道、冷却塔外观良好，安装牢固，管路无泄漏		
	124. 变流柜 1	变流柜 1 外观良好，水箱水位在运行位，接地开关在工作位，两个指示灯均熄灭，红灯亮时禁止拉接地开关，门锁闭良好		
	125. 车顶门附近	1. 车顶门锁闭良好 2. 扶梯安装牢固		
	126. 变流柜 2	1. 变流柜 2 检查内容同前 2. 变压器干燥器硅胶为蓝色，油箱、油管、加油口盖完好		
	127. 复合冷却器 1	检查内容同前		

续表

顺序	检查部位	检查内容及要求	检查方法	备注
机械间	128. 辅助滤波柜	辅助滤波柜门锁闭良好		
	129. 卫生间	卫生间门锁闭器良好,内部设施完好、清洁,各空气开关在闭合位		
	130. 变流柜3	检查内容同前		
	131. 控制电器柜	控制电器柜门锁闭良好,各自动开关在正常位。内部输入输出(I/O)模块、自动开关、接触器状态良好。自动过分相装置在运用位		
	132. 后台车牵引通风机	检查内容同前		
	133. TCMS柜	1. 内部接线完好,柜门锁闭良好 2. 绿、白钥匙齐全,在正常位		
	134. 行车安全柜	1. 内部接线完好,柜门锁闭良好 2. 电源开关在开放位		
	135. 空调2	检查内容同前		
Ⅱ端司机室	136. Ⅱ端司机室	检查内容同前		

附 录

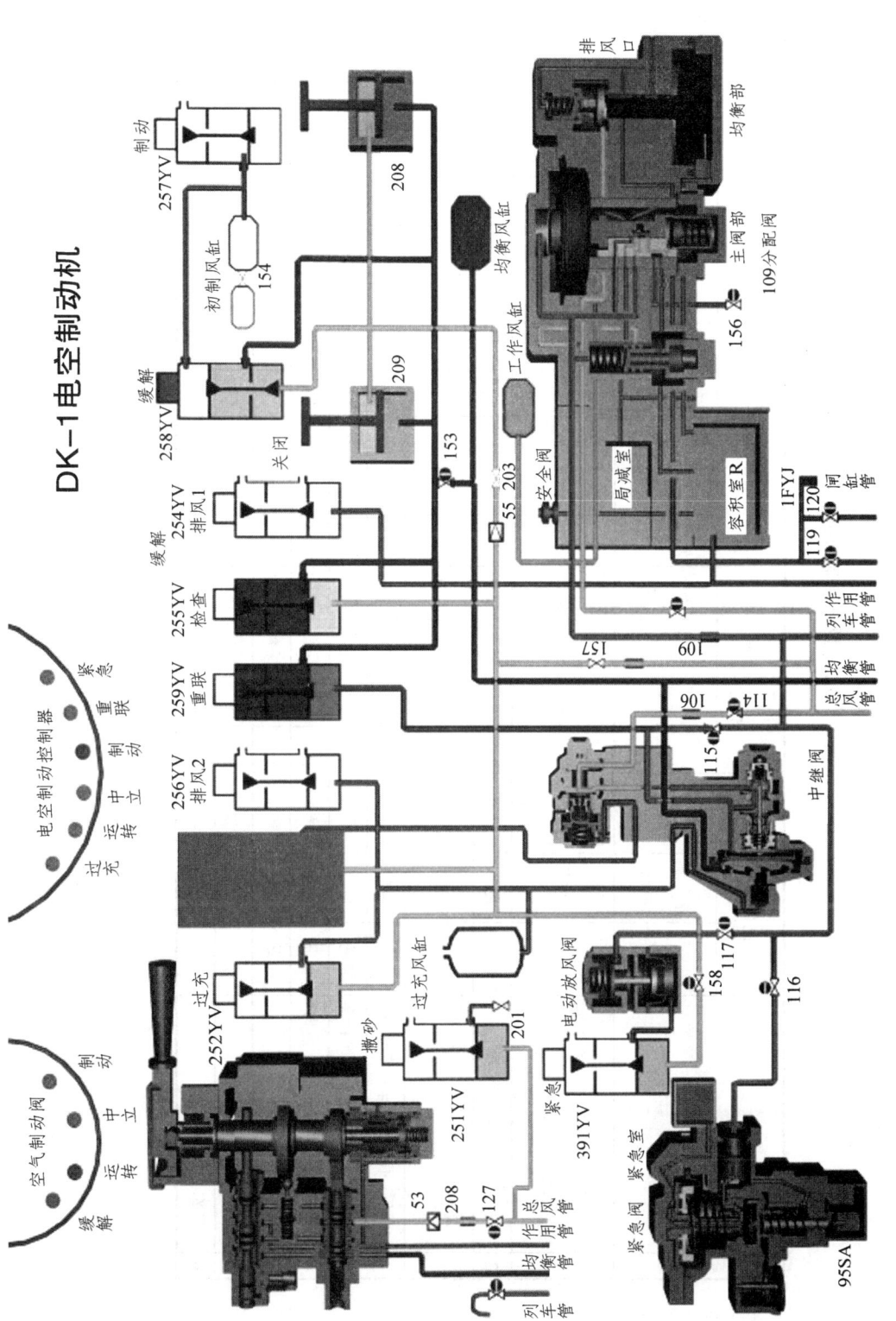

图 1 DK-1 型电空制动机工作原理图

表 1 DK-1 型电空制动机综合作用表

序号	使用目的	手把位置 电空制动器	手把位置 空气制动阀	列车管压力变化	制动机作用 机车车辆	分配阀作用 主阀部	分配阀作用 均衡部	中继阀作用 供气阀	中继阀作用 排气阀	中继阀作用 返断阀	中继阀作用 过充鞲鞴	电空阀 过充252	电空阀 中立253	电空阀 紧急392	电空阀 排风256	电空阀 制动257	电空阀 缓解258	电空阀 重联259	电空阀 撒砂251 250	电空阀 排风1 254
1	速充气,保持机车制动力,检查列车管开通情况	过充	运转	比定压增高30~40 kPa	速缓	充气	保压	开	阀	开	无风	有电								
2	行车时全列车呈缓解	运转	运转	定压	缓解	充缓	缓解	开	闭	开	无风									有电
3	常用制动:正常停车或中速高速	制动	运转	减压	常制	制动	制动	闭	闭	开	无风		有电							
4	保压:保持全列车一定制动力	中立	运转	停止减压	保压	制动	保压	闭	开	闭	无风		有电							
5	紧急制动:全列车迅速停车	紧急	运转	急减	急制	制动	制动	闭	大开	闭	无风		有电	有电						
6	重联,补机,无火,换向	重联	运转	保压	保压	保压	制动	开	闭	闭	无风		有电					有电		
7	机车单独制动	运转	制动	定压	制动	缓解	缓解	闭	闭	开	无风					有电				
8	机车单独缓解	中立	缓解	停止减压	缓解	保压	保压	开	闭	闭	无风						有电			
9	机车单独保压	运转	中立	定压	保压	保压	制动	开	闭	开	无风						有电			

参考文献

[1] 刘豫湘,陆缙华,潘传熙. DK-1型电空制动机与电力机车空气管路系统[M]. 北京:中国铁道出版社,2000.

[2] 李益民,阳东. 电力机车制动机[M]. 北京:中国铁道出版社,2010.

[3] 周大林,杨兆昆,罗鑫. SS_9型电力机车乘务员[M]. 北京:中国铁道出版社,2008.

[4] 莫坚. 电力机车检修[M]. 北京:中国铁道出版社,2010.

[5] 彭俊彬. 动车组牵引与制动[M]. 北京:中国铁道出版社,2007.

[6] 那利和. 电力机车制动机[M]. 北京:中国铁道出版社,2002.

[7] 董锡明. 高速动车组工作原理与结构特点[M]. 北京:中国铁道出版社,2007.

[8] 王爱民. DK-1型电空制动机检修与故障处理[M]. 北京:中国铁道出版社,1999.

[9] 中国铁路总公司. 铁路机车操作规程[M]. 北京:中国铁道出版社,2013.

[10] 张有松,朱龙驹. 韶山$_4$型电力机车[M]. 北京:中国铁道出版社,2006.